張鴻慶傳 形意拳

练用法釋秘

邵義會 著

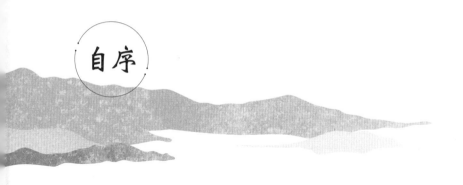

我所傳承的形意拳

我的家鄉天津漢沽，民國時期為河北省寧河縣所轄（今屬天津濱海新區）。舊時家鄉一帶習武之人很多，所習拳術主要是少林拳、形意拳和八卦掌。

筆者受家鄉習武之風薰陶，自幼隨族叔邵芝玲（傅長榮再傳弟子）學少林拳；隨寧河拳師王慶福老師（傅長榮遞帖弟子）學少林拳、形意拳；隨族叔邵長印（張景富、唐維祿再傳弟子）學形意拳；隨唐山開灤趙各莊礦張蘭普（姚馥春再傳弟子）學少林拳、八卦拳、形意拳、楊式太極拳、太極長拳；後隨吳桂忠、張國才老師（張鴻慶再傳弟子）學形意拳、八卦拳等拳械技藝。

形拳意的發展演變

形意拳是我國比較古老的傳統拳術，根據現有史料記載，形意拳是由明末清初山西蒲州人姬際可（字龍峰）所創，至今已有三百多年歷史。

姬際可生於明萬曆年間（1573—1619 年），卒於康

熙（1662—1722 年）初年，壽八十。姬氏曾學藝於少林寺十載，後來研究龍、虎、蛇等禽獸征服他類的動作之長，創立心意拳、心意六合拳。

姬氏後授藝於曹繼武。曹生於清康熙四年（1665年），從姬氏習心意六合拳十有二年，技勇方成，康熙癸酉年（1693 年）武科聯捷三元，欽命為山西靖遠總鎮都督；後因宦途坎坷，致仕歸籍，於池州授藝於山西祁縣人戴龍邦。

戴龍邦，山西祁縣人，於池州拜曹繼武為師學得姬氏所傳心意拳術，得五行、十大形真傳。嘉慶七年（1801年），戴龍邦臨終前留遺囑給其侄兒戴文雄（二閭），曰「心意拳不得外傳」，翌年，戴龍邦去世。

戴文雄，字義熊。為能長久平安生存，父母為戴文雄起乳名「二驢」。有山西傳人講，戴文雄係戴龍邦之弟麟邦之子。他從小學習心意拳，功力過人，將家傳拳械全部學到手。「二驢」藝成名就，為求雅改為「二閭」。

道光十六年（1836 年），直隸深州（今河北深縣）人李老能（1807—1888 年），字能然，號飛羽，聞戴二閭大名，遂變賣部分家產，別母離妻，千里迢迢到山西祁縣小韓村學習戴家心意拳藝。然而，多次登門請教，均遭拒絕。

李老能心誠志堅，深知戴家心意拳的厲害和二閭師的威名，便在這裡以租地種菜為生，等待時機。此後三年間，他每日為戴家送菜，風雨無阻，未曾取過分文。

戴二閭感其心誠，遵母命於道光十九年（1839 年）正式收其為徒，傳授心意拳術。至此戴家拳始傳於外姓

人。得到戴文雄的指教，李老能刻苦練習，拳藝至臻，「學乃大成」，為日後形意拳的創立奠定了基礎。

李老能熟練掌握了戴氏心意拳術，又汲取道家的養生及哲學觀點，同弟子車毅齋以及賀運恆、李廣亨等，對戴氏心意拳從理論和實踐上進行了改造和創新，追求「形」與「意」的完美結合，拳法樸實明快，動作以直線為主，強調先發制人，一寸為先；動作啟動快，嚴密緊湊，範圍小，著重於力量與速度的結合；邁步如行犁，落地如生根，步伐穩健，樁步沉實；全身節節貫通，動作整齊，內外一致，形成了形意拳的雛形。其間，李老能又深得峨眉雲遊道長的指教，形意拳的理法逐步得到完善。

李老能進一步參考研究道家的思想，吸收日月之精華，乾坤之靈氣，模仿世間萬物的精良動作，結合自己多年習武實踐，集眾家門派之長，諸弟子之實踐所得，在「心意六合拳」基礎上，把原來的十形動作，又增加了鼉、鮎二形充實為十二形，在清咸豐六年（1856 年）創立了「心意誠於內，肢體型於外」的拳術，改「心意」為「形意」，形意拳之名由此而始也。

李老能藝成後在山西傳了車毅齋、賀運恆、李廣亨，後來又傳了河北人郭雲深、劉奇蘭、李太和、劉元亨、李占元、張樹德、宋世榮、宋世德等。他們不僅很好地繼承了形意拳學，並且培養了很多學生。

百餘年來，形意拳有了更大的發展，並傳到全國各主要城市，湧現出不少優秀的形意拳家，他們中的很多人在形意拳理論、技術的傳播中做出了重要貢獻。其中河北的劉奇蘭、郭雲深及他們的傳人李存義、張占奎等，山西的

車毅齋、宋世榮，河南的買壯圖、寶顯廷等人，以及後來的尚雲祥、孫祿堂、姚馥春、張鴻慶、傅長榮、唐維祿等都是承上啟下、繼往開來的人物。

形意拳在一百多年的實踐發展中不斷得以充實，拳法內容越來越豐富，並且形成了不同的風格。其中，山西地區練法，拳勢緊湊，勁力精巧；河南地區練法，拳勢勇猛，氣勢雄渾；河北一帶練法，拳勢舒展，穩健紮實。

各地區流傳的形意拳內容也有所不同，近代山西、河北交流頻繁，內容較為接近，基本拳法都以三體式、五行拳（劈、崩、鑽、炮、橫）、十二形拳（龍、虎、猴、馬、鼉、雞、鷂、燕、蛇、鮐、鷹、熊）為主（山西有些地區站樁不用三體式，而用「六合式」「站丹田」；十二形拳為十形），單練套路有五行連環、雜式捶、四把拳、八式拳、十二洪捶、出入洞、五行相生、龍虎鬥、八字功、上中下八手等。

對練套路有五行相剋、三手炮、五花炮、安身炮、九套環。器械練習有連環刀、三合刀、連環劍、連環槍、連環棍、三才刀、三才劍、行步六劍、六合刀、六合大槍、鳳翅鐺，等等。

河南的基本拳法為十大形（龍、虎、雞、鷹、蛇、馬、貓、猴、鷂、燕）。單練套路有四拳八式（頭拳、挑領、鷹捉、粘手）、龍虎鬥、上中下四把、十形合一以及心意拳對練等。

申方林（1850—1926年）是河北固安縣人，1903年經人引薦，來到寧河縣親授形意拳、八卦掌。他早年曾在少林寺學藝多年，精通多種少林門拳藝，後在清廷的「御

國術館」當武術教習，後又拜董海川學八卦掌，拜郭雲深學形意拳，成為名副其實的「全拳王」。

申萬林先生在寧河縣蘆台鎮傳形意拳，使寧河縣成為我國北方傳承發展形意拳的重要地區，培養出了多名形意拳名師，如傅長榮、唐維祿、張景富、申殿俠、高長澤、崔德元、杜福堂、陳計生、劉岐山等。

1908 年，申萬林因處理家事要去東北，臨走前寫信推薦唐維祿、傅長榮等去天津找其師兄李存義繼續學藝。

在本派的傳承中，張鴻慶是一位承上啟下的代表人物。張鴻慶的老家在原河北寧河縣潘莊鎮（今屬天津市寧河縣），師從李存義、張占奎（張兆東）。

張鴻慶所傳形意拳動作簡單古樸，儒雅大氣，內涵深奧，耐人尋味。一般形意拳師所傳練法，明勁外顯，動作剛猛，而張鴻慶要求弟子初練時，從慢練、柔練入手，以三體式、五行拳作為入門基礎，以形意拳八字訣「二十四法」規範架式；重氣法，講胎息，與人交手善用暗勁打法。

寧河縣豐台鎮名拳師褚廣發是張鴻慶、唐維祿的高徒，並且曾得過尚雲祥、薛顛等民國年間形意拳師的指教，吳桂忠老師是褚廣發的嫡傳弟子。

筆者在 20 世紀 80 年代末向吳桂忠老師學習張鴻慶先生所傳形意拳、八卦掌，並曾得到張國才老師的親傳親授。經多年研習體會，深覺張鴻慶傳形意拳不僅具有獨到的技擊藝術，而且具有很高的健身養生價值。

故近年來筆者由博返約，精心研習、探索張鴻慶傳形意拳、八卦掌之奧秘，經多年努力，略有感悟，今編著此

書，願將前輩幾代人傳承之拳術精華及本人習武之點滴體悟奉獻給讀者，僅供同道朋友參考。書中有不當之處敬請大家批評指正。

本書的編寫得到《武魂》雜誌社原主編常學剛先生的熱情鼓勵和幫助，書中圖像由我的朋友楊洋攝影，王淑豔老師對本書的文字錄入、文章編輯、圖像處理等做了大量工作，特在此一併表示衷心感謝。

邵義會

目錄

第一章

張鴻慶傳承傳略

第一節　張鴻慶其人其事

　　張鴻慶是民國年間天津城內頗有名氣的形意拳師。今將本人所瞭解的一些關於張鴻慶先生鮮為人知的武林舊事介紹一二。

　　張鴻慶（1875—1960 年），曾用名張庚辰，天津寧河縣潘莊鎮人。年輕時，他曾到天津郊區的劉快莊向劉雲濟學習洪拳。後來形意拳拳師李存義來到劉快莊教拳，一些學習少林拳的青年人都向李存義學習形意拳，張鴻慶也改投在李存義門下。

　　之後李存義到天津城裡組織成立了中華武士會，張鴻慶也追隨他來到天津城繼續學習形意拳。其間，李存義經常帶張鴻慶走訪當時京津一帶的武術界名師高人。在李存義的調教下，張鴻慶的功夫長進很快，在天津城也是小有名氣。

　　當時李存義的師弟張占奎也很器重張鴻慶，對他說：「你給我遞個帖子，我也收你為徒吧。」就這樣，張鴻慶也成了張占奎先生的門下弟子。

　　1921 年，張鴻慶應邀到天津河北區陳家溝子的天津第 25 國術館任教。幾年後該館因故撤銷，張鴻慶就借用了武友張樹元大車店的三間房子，自己出面辦了一個國術館，自任教官和館長。

　　剛開始學員不是很多，後來有一津門富戶子弟張恩貴夥同幾名弟兄來到武館，指名要與張鴻慶比武較技，揚言

張鴻慶如被打敗，要其立刻關門走人。無奈之下，張鴻慶只得出場與張恩貴比勢（比試），結果只是兩三下，張恩貴就被張鴻慶放倒。

張恩貴不服，又戰又敗，最後輸得心服口服，提出要拜師學藝，張鴻慶當時沒有答應。後來張恩貴多次託人說情，這才允許入門。後來張恩貴在張鴻慶的調教下，功夫長進很快，人也規矩多了。

1933 年，張恩貴曾經代表天津參加了浙江省政府在杭州舉辦的「國術遊藝大會」並取得了優異成績，大會獎勵其一口刻有「蔣中正」字樣的龍泉寶劍。

張恩貴一生追隨張鴻慶先生，直到晚年還常常懷念先生當年的教誨之恩。張恩貴於 2005 年 5 月 7 日去世，終年 97 歲。

邵義會（前排左起第三人）參加紀念中華武士會百年學術討論會留影

張鴻慶雖然也給張占奎先生遞過帖子，但據張鴻慶的傳人講，先生練的形意拳基本是李存義的東西。張鴻慶繼承了李存義晚年所傳形意拳，並在練法上有一些獨特的東西。據說張鴻慶的丹田功已練得爐火純青。

一次天津武術界組織表演比賽，各門人表演了多種拳腳功夫，而張鴻慶上台練了一套他所說的「笨功夫」，就是脫去上衣，露出肚皮，讓隨他上台的一個徒弟掄起三節棍來照著自己的肚子使勁抽打。打完後又請台下的觀眾上台任意用拳腳和三節棍踢打他的腹部，當時贏得了台下觀眾的熱烈掌聲和讚揚。

張鴻慶在天津出了名，到他的武館練拳的人越來越多了，一直到 20 世紀 50 年代初他才返回老家寧河縣潘莊鎮。張鴻慶把丹田內功傳授給了他後來的弟子寧河縣豐台鎮的褚廣發等。

從 20 世紀 20 年代到新中國成立之初，張鴻慶主要生活在天津城裡，以辦武館授徒為業。其間，也經常回寧河老家料理家務。

張鴻慶一生樂善好施，願意幫助人，口碑極好。在家鄉，人們都說張鴻慶的拳很神奇。據張鴻慶的傳人張國才老師講，他父親張樹春（1908—1993 年）年輕時得了肺癆病，家裡為了給他治病弄得傾家蕩產，病也沒治好，只有躺在家裡等死。

這時從天津回家來的張鴻慶來到張家說：「病得這樣，看來請大夫是治不好了，我看就跟我練練拳吧。」家裡人說：「這孩子現在連自己吃飯的力氣都沒有了，練拳能練好他的病嗎？」張鴻慶說：「練練看吧，反正不能就

這樣躺著等死，練練拳，也許能把他的病練好呢！」

說也奇怪，張樹春跟張鴻慶練了一個星期拳，就可以吃飯了；又練了一個月拳，家裡人發現他的精神頭比從前好多了。張鴻慶當時讓張樹春練的是形意拳的劈拳，張鴻慶對張樹春講：「你的病生在肺上，我教你練這個劈拳，對調理你的呼吸和手太陰肺經有一定好處。只要認真堅持練，時間長了，你的病一定會有好轉的。」

張樹春按照先生教的劈拳要領堅持早晚練功。一年以後，他的病竟然就這樣練好了，飯能吃了，氣力也足了，也能和別的小夥子一樣幹農活了。再後來他娶妻生子，才有了張國才這一支張家後人，這是後話了。

「張樹春得了要死的病，跟張鴻慶練了一年拳就練好了！」這話在鎮子上傳開了，鄉里不少人就開始跟了張鴻慶練拳。張鴻慶的教法是根據每個人的具體情況選定一套拳讓他練。

據說當年鄉里先後有一百多人跟張鴻慶練過拳，但由於這些人大都是因為家裡窮，有了病無錢請醫抓藥，聽說跟張先生練拳能治病，就來學拳了，等病有了好轉，為了生計他們就又出門打工幹活去了，所以大多數人並沒有長期堅持練下來。

據張國才老師回憶，他父親張樹春病好以後，張鴻慶曾經問他：「你是就練一套拳（指劈拳），還是繼續深入往下練呀？」張樹春說：「我不想多練，我覺得這個拳就挺好。」張鴻慶說：「那好吧，我就教你這個拳吧，往後你就多下工夫，把形意拳的五行拳練好。」這樣，張鴻慶開始教張樹春練五行拳。

張鴻慶說形意拳的東西都在五行拳裡，把五行拳練好了，其他的東西就好辦了。他還說，練五行拳要靠二十四法，五行拳的每一個式子都要靠二十四法來反覆校正，不弄懂二十四法，就練不好五行拳。

後來張樹春嚴格按照張鴻慶的要求，用二十四法校正自己的拳路，功夫慢慢有了長進，並得到了張鴻慶的認可。張鴻慶曾經對他的弟子們說過這樣的話：「張樹春的拳練得好，功夫純正，他練的五行拳二十四法一法不少。」

當年張鴻慶在天津城裡開武館是收費的，但是他在鄉里教拳卻是從來不收半分錢。村裡鄉親只要來求他教拳，張鴻慶一般都很樂意傳授。

但是有一條，他反對學了拳用於打架鬥毆。據老人們回憶，當年村裡有一個叫二嘎子的小青年平時好打架，他見別人都跟張鴻慶學拳，他也來求先生教拳，先生知道他的壞毛病，就沒答應他。後來，這個二嘎子藏在張鴻慶教拳院子的柴垛裡偷看，張鴻慶發現了他，當場就把他轟走了。張鴻慶說：「我教你們練拳是讓你們練好身體，好幹活養家，不是讓你們練拳長本事去打架惹事的。」

張國才老師說，由于先生教拳有方，當年他們幾個小青年跟先生練了拳後，氣力大增，那時雖然僅有十八九歲，可是每個人幹起活來，都能擔起四五百斤重的擔子，感覺力氣非常足。

張鴻慶的無私傳授使當年鄉里很多人受了益，所以鄉里人都非常尊重他，逢年過節很多人都到他家裡看望問候。雖然他們並沒有什麼禮物送給張鴻慶，可是他們的一

片鄉情，張鴻慶很是領受。平時張鴻慶很愛吃家鄉的小魚小蝦，一些小青年就常捉一些小魚小蝦孝敬張鴻慶。

張鴻慶晚年失去老伴和唯一的兒子，加上女兒又遠嫁他鄉，精神上一度很受打擊，所以晚年的生活全靠鄉里鄉親和他的一些弟子們照料。

張樹春因為跟張鴻慶練拳練好了病，心裡始終對他懷著感恩之情。據張國才老師回憶，在他五歲時父親就讓他跟師爺張鴻慶住在一起，為張鴻慶燒熱炕、燒開水，夜間做伴，爺兒倆朝夕相處，培養了特殊的感情，也為他日後跟張鴻慶學拳打下了良好的基礎。

張國才老師說，他父親對他們兄弟練拳非常重視，在他四歲時，父親就強制性地要他練拳。後來在張鴻慶手把手的傳授下，張國才走上了練武之路。由於他跟張鴻慶的特殊關係，在之後跟張鴻慶習武的十四年中，他在同伴中是屬於學得最認真、最深入的一個。

由於時局變化，張鴻慶於 20 世紀 50 年代初關閉了在天津的國術館，回到寧河潘莊老家過上了隱居生活。後來天津城裡也曾有人多次到鄉里請他老人家回城裡教拳，都被老人家謝絕了。晚年的張鴻慶足不出戶，只在村裡以教鄉鄰孩子習武為樂，安度晚年。1960 年，張鴻慶在老家潘莊過世，享年 85 歲。張鴻慶的後事是由他的女兒和徒弟張樹春共同操辦的。

張鴻慶一生授徒很多，由於筆者所知有限，在這裡僅可向讀者提供如下傳人：張樹春、陳炳魁、褚廣發、張恩貴、廉若增、張國才（張鴻慶之徒孫，但所學拳藝是張鴻慶親授）等。

第二節　傳拳特色及傳人

一、傳拳特色

張鴻慶的形意拳外形上與別家所練差別不是很大,所不同的是練法,具體地說就是勁法、氣法、步法、打法不同。說形意拳簡單,是指它的套路表面動作看似簡單,學起來並不難,就是資質差的人,有一個月的時間也能基本掌握了;但是要說它難,那也是相當難,難的是形意拳在打套路中,有很多不顯露於外的動作,練拳時雖然不能明顯做出來,但心裡要有這些東西。在平時練拳時必須有意識地把那些隱藏於形裡的東西練出來(不是外形上的表露,這裡說不清,但意念中必須有)。這可能也是形意拳既講形又講意的一個特色吧。

張鴻慶所傳形意拳中有很多細節非常含蓄,比如:五行拳的起勢,就暗含有氣運全身之意;而三體式一站,就要具備形意八字訣「二十四法」,而這「二十四法」就是培養渾元整勁、增長內功的根本大法。

比如這八字訣,第一「頂」字訣,講頭(後腦骨)向上頂,有衝天之雄。頭為周天之主,上頂即後三關易通,腎氣因之上達泥丸,以養性;手掌外頂有推山之功,則氣貫周身,力達四肢;舌上頂,有吼獅吞象之容,能導上升之腎氣,下行歸入丹田,以固命,是為三頂。

由此可知,這「頂」字訣,實際就是一個周天氣功的

練法。而這五行拳雖每個拳勢只練一個形，但這每個形的每一個拳勢中都暗含著幾個勁。

有人說形意拳打的是直勁，有點像拳擊，其實不然。形意五行拳出拳收掌都不是走直線的，而是走弧線，而且這個弧線是撐著起，裹著走，鑽著走，翻著走，這些拳勁不明顯，主要是由意識支配。

另外，五行拳的每個形的回身動作都有不同的內涵拳意。比如：劈拳的回身暗含龍形之勢，鑽拳回身暗含熊形之勢，崩拳回身暗含鷹形之勢，炮拳回身暗含鼉形之勢，橫拳回身暗含馬形之勢。所以，形意拳不能把拳練死了，要練活了，一定要把這個一形多勢、一勢多勁釐清楚，要明白形的變化、勁道的變化。而這些勁道的變化，過去老師都不願講。只有真正清楚了這些暗含於拳勢的勁道變化，練拳才會有神韻，再加上每個形回身時的巧妙變化，以及進一步的步法變化，這個拳才是圓滿的。

過去老師常說：「五行拳是死練活變，練的是規矩，變的是身法、步法、招法、勁法、氣法。」至此我才恍然大悟，為什麼那些老拳師一生，日復一日，年復一年，晨昏無間，寒暑不易，不厭其煩地摹練五行拳，不煩不躁，那麼專注，那麼痴迷，其中之奧妙可知矣。

形意拳是內功拳，張鴻慶所傳練法保留了古老形意拳的傳統練法，首重五行拳，特別是劈崩二形。他說劈拳是五行拳的母拳，而五行拳又是形意拳之母。

他說，練形意拳的人入門是五行拳，以後著重下工夫的是五行拳，到老了還是要五行拳不離身。就是說，這形意拳的功夫全出在五行拳上。能不能有所得，這要看學者

後來的練和自己的悟了。所以他讓初學者反覆練這個形，而且是要慢練，一步一拳，像樁又像拳，一把一把抓，很乏味。動作熟了，再教你配合呼吸。

他教的呼吸法也不同於一般練法（後面再講），得了這個氣法，你就沒有了乏味的感覺了，而是越練越想練，欲罷不能。一般人要經過三年的苦練，才能基本上把這五行拳的氣、勁找準。有了這個基礎，後面的十二形拳以及其他的組合拳就好練多了。

現在有一些人看不上形意拳，說形意拳就那麼幾下子，直來直去的沒什麼招法變化，其實這是他根本不懂形意拳。由於歷史的原因，形意拳的發展不像太極拳那樣普及，有群眾基礎，但形意拳畢竟是我國的四大名拳之一，它也曾有過輝煌的歷史，所以，今天我們研究、傳承它，也是時代賦予我們的責任。

從某種程度說，形意拳的功夫是「傻」練（痴迷）出來的。形意拳的築基功夫是三體式，基本套路是五行拳、十二形拳。這裡且不說站三體式樁的枯燥，單說這五行拳，別看這五個拳加起來也不過十幾個動作，可是要練好它，絕非易事。

🌀 二、本系傳人

張鴻慶早年在天津城裡辦武館教授弟子，傳人很多。褚廣發是張鴻慶所傳弟子中的佼佼者。褚廣發家住天津寧河縣豐台鎮，年輕時曾拜同鄉拳師唐維祿為師學習形意拳，後經唐師推薦又拜張鴻慶為師繼續深造，遂追隨張鴻慶從家鄉來到天津。張鴻慶安排褚廣發在武館幹雜役，同

時學習拳術。

　　天津城裡一位老拳師回憶當年跟張鴻慶學拳的經過，曾經感慨地對褚廣發的弟子吳桂忠說：「我們跟你們老師（指褚廣發）不一樣，你們老師學拳是吃小灶，我們是吃大灶的。」意思是他們是在外面跟張鴻慶學，而褚廣發是在家裡跟張鴻慶學。由此可見，張鴻慶對褚廣發的重視。

諸廣發先生像

　　褚廣發對形意拳的感悟頗深。他曾對自己在漢沽的弟子吳桂忠說：「練形意拳一定要得法，不能蠻練，形意拳練好了你就能多活幾年，練不好你就早死幾年。」這話乍聽起來有點糙，可理不謬。褚廣發深得張鴻慶器重，不但傳授了他獨特的形意拳練法、氣法、打法；還引薦他結識了天津國術館的薛顛、北京的尚雲祥，學了薛顛的象形術「五法」、尚雲祥的形意大槍和各種單操手法等。新中國成立之初，褚廣發已經在天津城裡有了自己穩定的工作，後來他還是辭去了工作，回到了寧河豐台老家以務農為生，閒時也教些鄉親晚輩練拳並以此為樂。1985 年，褚廣發老死鄉里，享年 84 歲。

　　褚廣發擇徒很嚴，一般人他不教，他說：「你不喜歡這東西（指練武），教你也沒用。」但是只要他看中收了徒，他就會認真傳授。他授徒延續了前輩師父的傳授教法，初學形意拳，他主張少學多練，按「二十四法」校正動作，慢練，邊練邊悟，邊練邊找勁找氣。

他認為練形意拳不能著急,就那麼幾套拳,動作不多,你著什麼急,重要的是要摸準勁,調好氣。在慢練中自己體會老師所說的拳理,師父給了話,自己要多揣摩。這法子看似得功慢些,可是一旦有了感悟,找準了勁,調順了氣,功夫就會慢慢上身,身上有了東西,再打拳,那個氣勢就是另外一回事兒了。

褚廣發生前在天津寧河漢沽兩地多有傳人。吳桂忠是褚廣發在漢沽所傳弟子中的一個愛徒兒。吳桂忠 22 歲隨褚廣發學拳,隨師二十餘載,直到其去世。吳桂忠老師今年 68 歲,他一生謹守師訓,不事張揚,一心潛習褚廣發傳下的形意拳。

隨著社會發展變遷,諸多因素影響,在世的褚廣發弟子,有的年事已高,有的因病荒廢了武藝,吳桂忠老師別無嗜好,歷經了一生的坎坎坷坷,至今仍然只鍾情於形意拳。他說:「這個拳真是個好東西,讓你天天想它、練它,總也沒有厭倦。」吳桂忠退休後每天在公園練拳,也教一些人練拳,但大多數人只願學一些現代流行的健身套路。吳桂忠常常感嘆,現在社會條件這麼好,可是年輕人愛拳、學拳的卻很少。

吳桂忠繼承了褚廣發的大部分絕學,尤其對褚廣發的形意拳練法、用法,有一

吳桂忠先生像

整套學、練、用的心得，並得到褚廣發傳授的形意單刀、形意盤身刀（雙刀）、形意連環棍、形意十三槍、龍行八卦掌、薛顛的象形術、尚雲祥的形意單操手等拳械功夫。尤其是吳桂忠深得褚廣發氣法的秘傳，他的周天功法運用自如，其上下腹部運氣之時堅如磐石，可任人拳打腳踢而無礙，其手臂一伸，一般人都很難撥動。

吳桂忠老師很有乃師之風，授拳因人而異。有人說吳老師保守不教真東西，其實不是這樣的，現在有不少學拳的人，很多是一時高興來了興趣，死活纏著老師要學拳，他不知道這學拳的難處很多，特別是傳統的形意拳入門是非常枯燥的，長年累月就那麼一步一步、一把一把地抓。有人練個幾天、幾個月感到沒味兒，自己先沒了興趣，熱乎勁兒過去了，反說老師保守不教東西，其實他不懂，這

吳桂忠老師練功照

學拳跟學文不一樣。學拳是老師教了你動作架式，主要靠你自己去練、去悟，老師只是不斷地根據你自己所練的程度，給你規範動作，給你講解拳理，正所謂「入門引路需口授，功夫無息法自修」。

吳桂忠老師常感嘆自己那一輩人學拳是那麼難，感嘆現在教人，特別是教出一個讓自己滿意的弟子更是難上加難。他常常回憶起自己當年跟褚廣發老師學拳的那段艱難歲月。那時他還在一家工廠上班，常常是半夜下班不回家睡覺，而是直接騎自行車去百里以外的褚廣發老師家去學拳。有時到了老師家天還沒亮，不敢叫老師家門，就自己先在老師家外邊空地上練，待老師起來後再跟老師一起練，練半天後再回漢沽繼續上班。

那時去老師家的路都是土路，夏天常常碰上下雨天，一遇到半路下雨，就只能扛著自行車趕路了。冬天北風呼嘯，去老師家的方向正是頂風，可是為了跟老師學習真本事，他酷暑寒冬就這樣幾十年堅持下來了。

雖然吳桂忠常感嘆自己學的東西不容易，但他絕不保守，他對真心學拳的年輕人更是耐心指教，因此一些同門師侄輩的後學都願意向他求教。曾經有一位同門師兄找到吳桂忠說：「聽說你把老師的行步拳都教了？」吳老師回答：「教了，他們都那麼大歲數了（指所教弟子），再不教，老師的東西就失傳了。」

第三節　氣法與形意盤身掌

張鴻慶所傳形意拳的兩大絕技，一是氣法，二是盤身掌法。張鴻慶傳形意拳，有一套嚴謹的練功程序。它以三體式椿起步，以五行拳、十二形拳為載體，以盤身掌法達到本門所傳形意拳法的高峰。其中以氣法為本，以行步拳為功，以盤身掌法為用。

一、氣法

先談以三體式椿起步。初學時老師就要求先站椿，因為張鴻慶傳形意拳的氣法是以椿功開始的，不要求一次非要站多長時間，但要求站椿與練五行拳結合著練，講究「椿裡有拳，拳裡有椿」，用三體式椿調氣、聚勁、通三關。練法是用形意拳「八字訣」（頂、扣、圓、敏、抱、垂、曲、挺）「二十四法」調整。

【要點】前腿要戳住（有撐勁），後腿蹬上勁，兩膝要有挺勁（膝要屈，但勁不能懈，膝沒有挺勁，則穀道不能上提，久之肛門外突易生痔，此為氣病），亦要有合勁。頭要有頂勁，項要豎，背要拔，肩要扣。前手盡量前伸，但不要故意前推，肩要鬆沉，肘要垂墜，肩窩一撒，勁就出去了（不是用力是用意）。後手下按，位在小腹（臍眼）一側。氣沉丹田，尾閭前收，穀道上提。舌頂上顎，牙齒輕叩，目視前手。

這個椿要站到前手一出，掌心感覺出來有一股喝勁

（這個嘬勁的感覺，有點像小孩兒用嘴吸奶），功越深，嘬（ㄗㄨㄛ）勁越大。有了這個感覺，這個樁才算成就了。下一步練五行拳，以劈拳為例，不管是練定步，還是練活步，劈出的拳（掌）也能練出這個嘬勁感覺，並且形不破體，才算成功。這就是「樁裡有拳，拳裡有樁」。

張鴻慶傳形意拳以氣為本，講究胎息，善用暗勁打人，本門之人平時練功就是不厭其煩地反覆操練五行拳，以此為本。

這五行拳的練法，從外形上，外人看不出什麼門道，也是一把一把地抓，一拳一拳地劈，但本門的練法主要注重內修，培元煉丹，這是本門形意拳的基礎。習得此功，後邊的功法才能練好。

邵義會與吳桂忠老師合影

我的師父吳桂忠老師曾給我講過這樣一件事：20 世紀 60 年代，有一次褚廣發老師被漢沽的幾位練形意拳的老師請去教拳。一天晚上，當地一位練了幾十年形意拳的老拳師也來請褚老師給看拳，這位拳師下場練劈拳，褚老師在他身邊一手摸摸他腹部，一手摸摸他後腰，一句話也沒說就進屋去了。

大家不知道褚老師怎麼了，吳老師跟進屋問褚老師：「您老怎麼不給人家說說呀？人家也是漢沽有名的老師，練了一輩子不容易。」褚老師回答說：「說啥呀？啥也沒有，你讓我咋說。」後來吳老師跟我說，褚老師說的啥也沒有，就是說這位拳師沒有練出氣，內裡沒有東西。

筆者自幼習武，曾拜多位拳師學藝，對少林拳、形意拳、八卦掌、太極拳諸藝都有一定涉足。十幾年前，我有緣向吳桂忠老師學習形意拳。起初對吳老師所傳的形意拳認識不深，認為和自己過去所學的形意拳有相當大的差異。過去自己所學的形意拳是明勁在外，發勁剛猛，而吳桂忠老師所教的練法，要求慢練，講暗勁，重氣法，練起來很彆扭。

當時我對吳老師講的氣法也有懷疑，怕練壞了身體。經過吳老師的耐心講解，特別是後來又接觸了陳式太極拳，我逐漸感到吳老師傳的形意拳練法與傳統的陳式太極拳有異曲同工之妙，其勁道、氣法多有相似之處。

形意拳看似簡單，但想真正學好並不容易。當時吳桂忠老師給我講五行拳的勁，如何用形意拳八字訣（頂、扣、圓、敏、抱、垂、曲、挺）二十四法調整姿勢，如何用胎息調呼吸，如何運氣走勁，

邵義會演練形意雙刀（攝於 2000 年）

如何慢練調息找勁，使氣、勁、意到位。由於這些東西一時很難掌握，所以初學要每天反覆地練，有時一個形，一次就連續練四十分鐘，反反覆覆，非常枯燥。

天天這樣魔怔地練，不斷琢磨老師說的那個勁、氣有沒有，幾個月，一年過去了，邵義會演練形意雙刀（攝於2000年）還是沒有，當時我急得想哭啊，真不想練了。吳老師開導我說：「不要急，慢慢來，這個拳就是這樣練，褚老師是這樣練的，我也是這樣練的，沒錯。這樣練現在好像顯得慢一點，等你摸準了（勁），自己有了感覺，功夫上了身，那個時候練什麼都不會費勁了。」

終於有一天我豁然感覺到摸準了老師說的那個勁，真是激動！爾後我就抓住這種感覺不放，每天更加努力地練習、揣摩，經過一番苦練，我終於能基本掌握老師傳的氣法了。

不知不覺，一吸即可氣至中脘，一呼即可氣沉小腹，而且四肢稍一用意，氣、勁隨之即到。整個練拳過程中，四肢末梢、丹田及命門等處，總是熱乎乎的。此時人的精神面貌大有改觀，身上總有一種使不完的勁。

打拳時雖不是故意使勁，可出拳發掌非常渾厚沉實，腿腳也感覺既踏實沉穩又輕鬆靈便，身上也靈活多了。回想起來真得感謝吳老師呀。

後來吳老師又系統地向我傳授了形意拳的各種單操法、實戰技法及拳家心法等，特別是傳了過去比較保密的形意拳行步練法。

吳老師說：「形意拳的功夫出在五行拳上，張鴻慶的五行拳是練意練氣，十二形拳是練身形步法。五行拳是形

意拳的基礎功夫，先練明勁，後練暗勁，再練化勁。所謂明勁就是整勁。」吳老師還說：「形意拳要想打出整勁，首先要動作規範，方法就是用八字訣二十四法調自己的身架。二十四法就是老師，靜是二十四法，動也是二十四法。外形上手腳動作一招一式要合拍，上步出拳要三尖相對，要做到內三合外三合，即心與意合、肘與膝合、肩與胯合。初學一定要慢練，慢練才有功，要用意不用拙力，不要使蠻力打拳。要想打好拳，先要換好勁，把自己的原有拙力換成活勁兒。要動靜結合練，會練也要會養，會練功也要會養功（養氣）。動靜結合練，靜練渾元樁、三體式，動練五行拳、十二形拳。不管是動練還是靜練，注重用二十四法規範全身各部位動作，調順呼吸。」

吳桂忠老師傳我的五行拳是先練定步，一招一式嚴格按二十四法規範，先練順、整、合。外形上練順了，手腳身、意氣力相合了，勁整了，然後練氣法（注意在此以前是自然呼吸，絕不強求呼吸與動作的合拍）。先練胎息調呼吸，再練周天練氣法。

關於內功拳的氣法，有人持否定態度，但是，實踐證明這個東西確實存在，體認中確有如《拳經》所述「內中之氣，獨能伸縮往來，循環不已，充調其間，視之不見，聽之不聞，潔內華外，洋洋流動，上下四方，無所不有，無所不生。」

吳桂忠老師教拳因人而異，不入其門者，吳老師只教一般練法，不會深講氣法，這倒不是保守，主要因為：一是現在人練拳多是玩玩而已，不會下深工夫，所以老師認為講了也沒用（你不下工夫練，說了也練不上身）；二是

有人急功近利思想嚴重，練了一年半載就想入非非，急於求成。

筆者就見過這樣一位年輕人，他跟我說練了幾個月形意拳，現在不敢練了，因為一練就感覺胸口犯堵。我看了他打拳後對他講：你練拳不要老看肚子，不要故意運氣，《拳經》說：「在意不在氣，在氣則滯」，應該是若有若無，若即若離。

初學心思不要放在運氣上，一定要先調整好手、腳、身，把拳架搞好。至於呼吸，先做到自然呼吸，再次腹式呼吸就行了。我還見過不少人練了幾十年形意拳，整個一個自由派，動作隨心所欲，毫無定法，步法飄忽散漫。身上沒有那個東西，所以練出的東西不過是玩玩而已。

五行拳有了定步練法的基礎後，老師會教五行拳的活步練法，即跟步、行步練法。外形上整齊合拍了，再看內氣是否也能像練定步那樣，隨手腳身體外形動作內外相隨，即以氣催形，以形領氣，內外合一。活步練法以行步最難，劈、崩、鑽、炮、橫五拳各有其行步練法，不能只練一拳一形。

吳老師常說：「五個形都要練，不要只練一個，要慢慢找（勁），這個勁不知道在哪個形上碰上，會突然感悟出。有了那個瞬間的感悟，千萬要抓住不放。」他還說：「要想找到真勁，你就要撒開肩，撒開襠。不要僵著勁，肩頭（肩井穴）一撒，上邊勁自然會到手掌。襠胯一撒開，下邊勁自然會到腳底。」

他說：「走行步，你要拿著腳向前走，形意拳的行犁步是拿著腳走的。後腳蹬勁，前腳拿著向前行，身隨步

行，頭要向上虛領，穀道上提，氣要向下沉於小腹再降至湧泉，這樣就圓滿了。褚廣發管這叫『手運乾坤，腳踏七星』。」吳老師講，練形意拳一定要練好行步拳，這是形意拳的精華。不到這一層，氣勁在步法運行中就不能上身，不能上身就達不到養生、技擊的實用價值。

有了行步拳的功夫，練習者能感覺到精氣飽滿，內勁充實，周身氣血流暢，手腳發熱，兩腎（腰部）熱如湯煮，練習者（不拘年齡）總感覺自己體內有一種蒸騰膨脹之感，甚至走路時老有一種欲跑欲跳的衝動。

張鴻慶這派形意拳練功有素者，行拳運氣提放自如，吸氣可至中脘，外形上中脘就像有一口小鍋扣在上腹部，並且後背兩肋隨之向外膨脹鼓起。呼氣氣沉丹田（小腹），隨之命門及帶脈向外鼓盪。

有了這層功夫，以後練定步或是活步，你就會感到下盤極其穩定沉實，勁力渾厚充實而不失輕靈之感，而且周身氣勁有一種用之不盡的神奇之感。有了這層功夫，才能說是進了形意拳之門。

以後還有如何用十二形拳走行步練身形步法，以五行、十二形合演求靈變，用形意盤身掌法走化勁，抽身換影用於實戰，等等，那又是更深一層的功夫了。

二、步法

過去老師教的是拳，不傳的是步法。我曾見過很多練形意拳的人，練了一輩子也沒有得到形意拳的真正行步練法。行步拳的主要步法是七星步，練行步拳以五行拳、十二形拳為主。本門五行拳主練氣、勁，十二形拳主練意、

形。

　　有了五行拳的基礎，練十二形拳要求走起來，要練活步，這個活步主要是七星步法。

　　所謂七星步就是三步一組，左三步，右三步，連續向前走。要求前腳蹚後腳蹬，後腳要蹭著前腿脛、膝走，還要內含雞形步的意念。另外這三步，前兩步的行進路線雖然是曲線，但落腳點是在一條直線上，而第三步則要向外側 45°斜角上步。如果是左三步、右三步加上一個回身的擺扣步，其腳步落點恰似天上北斗七星的星位排列。

　　但實際練功時，不只是左三步、右三步。開始練最好選個空曠場地，一趟拳打出去，能有二三十米再回身才好。練這個行步拳要的不是形式，要的是這三步必須練得與呼吸合拍，第三步出拳與呼氣必須相合（即意念、勁力與呼氣合在一個點上）。拳打出去了，氣要壓到第三步的腳底下，同時意勁也要到位。這三步在行進中每一步都不能停，前腳蹚，後腳蹬，後腿催前腿。步不停，手不停，氣不斷，意不斷，勁不斷，這才是行步拳。

　　正如《拳經》所論：打人如走路，看人如蒿草。膽上如風響，起落似箭躦。這行步拳也是張鴻慶傳形意拳的獨特練法，過去也屬於拳家私功，是不讓人看的東西。

　　過去練形意拳的人不喜歡人家看他練拳，不僅是怕人家偷學他的藝，主要是怕別人干擾他練功。老輩練家講「白練功、黑練氣」，意思是要想練氣法，得黑天練，要練二五更的功夫。因為只有在夜深人靜的後半夜，練功的環境靜心也靜，心無雜念容易得氣。白天不容易靜，練功得氣差些，但可以練勁。

　　我有時在公園看人打拳，有些人像小偷打拳，一邊打拳，一邊左搖右晃，東張西望，旁邊有一點兒動靜他都注意。你說這個拳怎麼能打好呢？老輩練拳有些東西可以讓人看，有些東西是不可以讓人看的。特別是看重「打」的練家，他們的東西很多是自己一個人練，即所謂練「私功」。前輩老師說我們這形意拳是走著練的拳，是「土把式」，意思是腳不離地皮，老是貼地走。

　　張鴻慶的傳人都是非常重視練腿功的，老一輩練拳不光練套路，很多時間他們是練走，練腿功的。打拳前要練，練拳間隙從來不會坐下來閒聊，練完一趟拳就來回遛，遛也不是瞎遛，而是遛一種特殊的步法，這種步法在本門叫「直行步」。

　　此步走法有點像盲人走路，一步一步向前探著走。練時要求頭頂項豎，肩鬆肘墜，兩臂自然下垂，手指向下，手心向大腿一側，鬆腰直背，搭舌拉胯，氣沉丹田，目向前視。兩腳向前蹚著走，腳底輕貼地皮，像穿了鞋沒提後跟，趿拉著一雙舊布鞋走路的感覺，拿著腳向前行。按照以上要求，只要你能放鬆下來走上幾趟，很快就能感覺到兩手發脹，全身舒暢。

　　本門這個走法看似簡單，可若能堅持長期走下去，久而久之，是會收到意想不到的功效的。

　　吳桂忠老師常講，當年褚廣發老師來漢沽教拳，從來不坐車，來回全靠步行。有一次吳老師和師兄到寧河豐台鎮褚老師家接老師去漢沽，哥兒幾個跟老師說：「您老坐我們的自行車，我們帶著您老走。」褚老師說：「算了吧，我才不坐你們的那個車，你們走你們的，我走我的，

你們到了我也就快到了。」吳老師他們無奈只好騎車先走了。等大家到了漢沽，褚老師也過了蘆台了（豐台鎮距漢沽 90 多里，蘆台鎮距漢沽 18 里）。褚老師講，老輩練形意拳早晚有空就到村外大道、河邊大堤上去遛，這形意拳的功夫多半是走出來的。

吳老師講，過去形意拳是「一出一入」的拳，相傳劉奇蘭、郭雲深那一代，在與八卦門傳人的交流中得到啟發，之後在步法上有了發展，並且吸收了太極門的沾黏、腰化勁。這些東西到李存義那一輩又得到了進一步發展。

1900 年，李存義曾到山西太谷縣拜見宋世榮，宋世榮向李存義傳授了內功心法。受到宋世榮的點撥後，以李存義為代表的河北派形意拳又有了新的發展。

應該說，宋世榮、郭雲深、劉奇蘭、李存義等兩代形意拳大師們改造發展了形意拳。但他們的改造並沒有使自家形意拳失去本門的原有特色，只是吸收了別門的精華，充實了自家拳的內涵。

步法練習是張鴻慶傳形意拳的重要內容。歷來老師教拳都不輕易傳步法；就是傳，往往也不輕易系統地傳授步法。據我觀察，練形意拳的人，極少有人能把前輩老師那些系統的步法學到手。

張鴻慶傳形意拳的主要步法有：直行步、三角步、四正步、四隅步、七星步、滑冰步、弧形步、龍行步、陰陽魚步、擺扣步、走圈步、梅花步、九宮步等。以上這些步法都要配合一定手法單獨操練。本門入門弟子練到一定火候，老師都要傳授這些步法。當然由於個人情況不同，老師會因人施教，有選擇地傳授步法功。這些步法功的練

習，是以後學練盤身掌必不可少的基本功法。

由於重視活步練法，因而張鴻慶傳的幾個形意拳小套路（如五行進退連環、十二形合演、八式拳、雞形四把、燕形、猴形、龍形拳等），也別具一格，與別的形意拳支派大不相同，其中靈活的行步法，渾厚、疾猛的發聲發力別具特色。

形意門在張鴻慶這一支還秘傳著一套八卦掌。這就是至今為世人寡聞的李存義「龍形八卦掌」，這套八卦掌不同於八卦門所傳，它的練法不是按八卦圈行拳。此套八卦掌的步法比一般八卦掌的步法更豐富多彩，其中有七星步、龍形步、梅花步、擺扣步、走圈等步法。

此套八卦掌招式清晰，動作簡練實用，主要招式有摔蓋掌、雙風貫耳、飛燕抄水、大鵬展翅、鷂子鑽天、抽身換影、白蛇纏身、黃鷹打旋、腦前摘盔、腦後摘盔、金龍鎖扣、金剛通背掌等，腿法有狀元腿、童子腿、龍形腿等。此套八卦掌以三體式起勢，這是本門李存義傳八卦掌的標誌。

三、盤身掌

盤身掌（亦叫身盤掌、盤路）是張鴻慶這支形意拳秘如珍寶的絕技，多少人想學這個東西，可是歷代拳師都不願向外人輕露此技，就

形意盤身掌

是本門傳承也是極看重弟子的德行和資質的，所以一般人只能窺其一斑，難見全豹。其實這盤身掌法並沒有什麼固定套路，可以說好學也不好學。

為什麼我在本文前面用了很大篇幅介紹張鴻慶傳形意

拳所要學習的主要內容呢？其實前面的東西如果掌握了，那麼可以說就已經具備學習盤身掌法的條件了。

盤身掌法不像一般拳套由幾個或幾十個固定招式串連。它沒有固定招式，準確地說，演練時也說不出來這是什麼掌法那是什麼拳，似曾見過，沒有完整招式，全是似有似無的東西。

嚴格地說，盤身掌法就是散手打法。它為打而合，為打而練。這個盤身掌法就是把前面形意拳學到的所有各種步法、手法糅到一起，加上身形變化隨意演練，所以也可以「說它是啥，就是啥」。

演練盤身掌，沒有起勢也沒有收勢，想練就練，想停就停；隨意而練，隨意而轉，隨意出拳發掌；練到興起可見演練者臂似蟒蛇，身若蛟龍，身盤步繞，步隨身轉，如影隨形，四面八方，前後左右，上打下打，前打後打，左打右打，進打退打，指上打下，聲東擊西；左轉右閃，翻身吞吐，閃轉騰挪，掌隨身盤，渾身是法，有法無法，有意無意，無形無象，瀟灑自然，自然而然。

練習盤身掌法的要點是：搖肩擰項，晃中盤，搭舌拉胯，龜背蛇腰，藏頭縮項，兩手空中繞，兩腳步不停。身盤步繞，如影隨形，有人打人，無人打空，出手如銼，回手如勾，沾衣擄袖，見空就擱。頭肩肘手腕胯膝，三盤九節，節節盤，節節繞，繞中打，打中繞，隨打隨變，變化之中見神奇。

盤身掌法的演練，沒有脫離形意拳的東西。它的練法是把形意拳的東西隨意組合。但不像有些人把一門或幾門拳的一些固定招式混編到一起，形成一個新的組合套路。

那種練法，可以作為一種表演形式，但於實戰無用。

形意盤身掌是完全為散打實戰而練，它是一個形意拳家精神氣力功、手眼身法步全部功夫的集中展示。說它無法，其實有法，「無從有中求，有至無則神」「拳本有法，無法則空，法至靈動，才為真法」「一法不定，萬法皆有」。盤身掌就是這樣，它沒有固定招式，怎樣練都可以。看似無法，可是演練起來，又感覺它通身是法。就像那高超的藝人，登台亮相，舉手投足，全身是戲。

盤身掌一人可自練，兩人可對打。它的最大特點是，怎麼練就怎麼打，沒有勢只有招。有人打人，無人打空。地方大可練，地方小也可練，吳老師說，以前褚廣發老師來他家教拳，老人家高興時，在他家裡屋曾練過這盤身掌，那是 1976 年地震前的平房老屋，屋內南面是土炕，北面有一排家具，屋內僅有不足四平方米的空地，但他老人家練起盤身掌，一樣是身盤步繞，移形換影，前穿後打，閃轉騰挪，真個是「拳打臥牛之地」，而那時褚老師已是年近七十歲的老人了。

吳老師說，過去本門前輩老師到老時，經常練的就是五行拳和這盤身掌。前輩老師常常囑咐後輩弟子「什麼都可以丟，這五行拳和盤身掌不能丟」，可見老一輩拳家對這盤身掌是何等重視。

我曾向多位老師學習形意拳，對這盤身掌更是痴迷已久。多年來我多處尋師訪友，虛心求藝，有幸得到了吳桂忠老師的垂愛，傳授了我盤身掌法。經過三十多年對形意拳的追求、探索、研習，我對形意盤身掌法有了更深的理解和掌握。

有了盤身掌法的基礎，經老師稍加指點，就可以隨意演練刀槍劍棍諸類器械，不需什麼固定套路，照樣可以使槍弄棒。

盤身掌法是本門形意拳高層次的形式展現，它是水到渠成的結果，不是想練就可以練的東西，必須要有形意拳紮實的基礎功夫，才能練成此藝。若是非要超前舞弄個三招兩式，那也只是花拳繡腿，擺擺架子，空有其名而已。

我向大家介紹形意盤身掌這個掌法，意在提示喜愛傳統武術的朋友，形意拳這個古老的拳種，古代曾有過輝煌，今天也並未過時。形意拳套路簡單、古樸，招式簡練、實用，練法科學，於強身健體、防身自衛都有益處，非常適合現代人學習演練。形意拳在我國流傳廣泛，各地都有隱居的名師高手。願有同好的朋友們珍惜大好時光，虛心向前輩老師求教、努力傳承，千萬不要讓這古老優秀的拳種在我們這一代失傳。

第四節　形意行步拳

張鴻慶傳下一種叫「形意行步拳」的練法。形意拳練到一定程度後，放棄過去那種亦步亦趨的呆板練法，改用活步。這種活步練法，是根據習者所練之形配上相宜的步法組合而成的。

形意拳散打實作

這一練法相傳是李存義所傳，一直只在這一支形意門內少數弟子中傳授，張鴻慶——褚廣發——吳桂忠三代傳

人基本保持了這一練法。

我從十幾歲就開始學習形意拳，先後歷經七位老師的傳授與指導，但是到目前為止，還沒有見到其他形意支派有人傳授或介紹這種「形意行步拳」。在我的經歷中，只有唐山趙各莊礦的張蘭普老師傳過我形意劈拳的行步練法，並且在傳授劈拳行步練法時，他老人家還傳了快步劈拳（雙劈）、行步單（腿）劈，另外還傳授了二十四劈、二十四崩。據張老師講，這二十四劈、二十四崩是形意拳的散手練法，也是屬於意拳的練法，張老師說這一練法是河北遵化的汪廣生先生傳給他的。

張蘭普老師是河北遵化八間房少林六合門名師李振江先生的義子，也是姚馥春——宋振石這一系的傳人，並得到河北固安郭孟申、河北遵化汪廣生等名師傳授。張老師生前是河北省武協委員，退休後多年主持開灤趙各莊礦武術館工作。

形意拳在我的家鄉也稱「行拳」，有腳不離地、邊行步邊打拳之意。形意行步拳對於有形意拳基礎的人來說，並不難學，一看就明白，一學就會。但是若沒有三年五載的苦工夫，要想功夫上身，練出東西來，談何容易。行步拳是形意拳的高級功夫，要想練好此拳需要有形意拳定步、跟步練法的基礎功夫。

在此特別強調，形意拳的定步、跟步練法是形意拳的重要基礎功夫，但不是形意拳的全部功夫。如果一個練習形意拳的人，一生只練習定步、跟步打法，那麼他的形意拳功夫只會永遠停留在拳藝的初級階段。因為平日人們經常見到的多是形意拳的定步、跟步這些基礎練法，難怪有

人寫文章說現在形意門的很多傳統練法在逐漸失傳。雖然如此，我們也不能說常見的形意拳家的練法不對，比較全面客觀的說法應當是「不完善」。

老輩人講：「不練行步拳，不會與人交手」，我還要加上一句：「不練行步拳，健身也會大打折扣。」筆者體會，張鴻慶傳形意拳比較系統、規範、科學。現代科學認為，中老年人最佳的健身方式之一是快走、慢跑。而張鴻慶傳的這套行步拳走起來，就是一種似跑非跑似走非走、一邊行走一邊打拳的獨特練功方法。

形意行步拳練法並不神祕，若有定步、跟步練法基礎，師父一教就會。具體來講，定步練法是一步一出拳（掌），而行步拳則是三步一組，形式上有直行步（形意直行步另有專文介紹），也有七星步，回身多為擺扣步。關鍵是，要想練好行步拳，必須先練出充盈的丹田內氣。若無此功，打出的行步拳會像水上漂木，一起一伏毫無根基；又像跛子走路，左歪右斜勁力不整。

訓練有素者打起行步拳來應當像天馬行空，形奔神馳；又像行雲流水，流暢自然。行步拳打的是「拳」，行的是氣。此時形體上已經完全擺脫了僵硬呆滯，而是意動形隨，形領氣催。褚廣發老師講：「打行步拳要腳踏七星步，手運乾坤轉。」正如《拳經》所言：道本自然一氣遊，空空靜靜最難求。得來萬法皆無用，身形應當似水流。

過去練形意拳的人很少願意讓人家觀看，就是發展到今天，傳統練家也不會像現在廣場練普及太極拳那樣，大庭廣眾放著音樂，群起而舞。我感覺之所以如此，原因大

概有兩條：一是形意拳動作簡單、難看，怕別人看了不懂者閒言難聽；二是怕內行人看了偷了藝去。

老輩人學武往往是一學二挖三偷藝，聰明的學者，看了人家練武，往往是拿眼一掃，好的東西就能看在眼裡，記在心上，化為己有。當然這是對有一定造詣者而言，而一般人就是師父手把手地教，也未必能學進去。

功夫是有層次的，上了層次才會出意境。行步拳就屬於這種高層次的東西。表面的東西好學，內涵的東西則需要名師點撥，有了層次當然一點即透。但是，這個層次不易達到，這也許就是練形意拳的人多而練行步拳者罕見的原因吧。

行步拳重在一個「行」字，行步拳是在行走中打拳，不是一步一拳，也不是躥蹦跳躍，轉身時不是碾步旋轉，而是用擺扣步閃化回身。行步拳主要以五行拳、十二形拳為主進行操練，但在五行連環、四把、八式、十二橫捶、十二形合演等這些形意拳組合套路練到一定層次時，師父也會將行步練習糅到其中，以提高這些套路的難度和實用性。行步拳以七星步法為主，但有的形也用直行步，如劈拳、鴿形等。張鴻慶傳的崩拳則更異於常人所傳。他傳的崩拳行步練法是一個三種步法組合（寸步、尺步、丈步），再加一個近似八卦掌的回身和狸貓上樹的動作小組合，整個行步崩拳是自成一體的完整小套路，操練起來很是提氣。

另外，行步拳的回身練法不像定步、跟步練法那樣過於拘謹。行步拳的回身練法是和行步拳形成一體的，因此這時的回身步法是擺扣步閃化回身。有的形則用抽身換影

法，如五行拳中的橫拳回身就運用了此法，更彰顯該形的靈活多變與神祕莫測（橫拳在五行為土，土生萬物，故橫拳有五行之母之稱謂）。

形意行步拳練法要則是：頭要頂，項要豎；肩要沉，肘要墜；腰要塌，背要直；腰要鬆，膝要屈。前腳蹬，後腳蹬，手要領，肘要隨，肩要追。神要緊，意要專，氣要運，勁要整。

具體練法是：丹田運氣，周身鼓盪，百會領起，腰胯坐住，拿著腳行步，鬆著身子打拳，往復自如，一片神行。

既然是行步，腳的作用舉足輕重。專家認為足底是人生命活動的一個縮影，人體的臟器、五官、大腦等所有組織器官，在足底都有自己的反射區。

行步打拳要求頭頂項豎、塌腰直背、鬆胯屈膝、氣沉丹田，由於人體重力作用，因而足底與地面摩擦，就可以在足底各反射區起到按摩作用，從而調整人體整體功能，達到強身健體的作用。

另外，從技擊角度講，形意行步拳也是練習散打的重要環節。過去老輩人常講：教拳不教步，教步打師父。

筆者認為習練傳統拳術者，不論習練何門，如果一生只注重套路練習，不研習拳術散打之實用步法，那麼套路練得再精彩（不論你拿過多少金牌），推手功夫再好，一旦與人（精於散打者）交手，必敗無疑。

筆者在南京的一位師弟林某，自幼習武，幾十年來少林、形意、八卦、太極等諸家拳術套路練了幾十套，尤其陳式太極拳、大悲拳練得非常規範，勢架很低，基本功紮

實，三十多斤重的春秋大刀舞動起來呼呼帶風，多年來經幾位名師教拳拆手，甚至還練了打燈功，可是一經交手什麼勁都沒了，甚至連步都不會邁了。

他曾十分感慨地說，自己雖然非常喜愛傳統武術，也肯下苦功練習，可是幾十年來就是不得要領，得不到真傳。他說自己曾發過誓言，若到五十歲時再遇不到真懂武術的明師，以後再也不練武術了。

其實學習散打並不難，也不神祕，比如太極拳，我們學習了拳架、單操、功力訓練、推手（包括活步散推）、拆拳講勁（也叫拆手或拆招），這些都不能直接用於散打實戰，嚴格地講這些還都屬於基本功範疇。若學習散打，還要過學習步法這一關。這個步法練習，籠統地講可稱之為行步，具體細分還有很多變化，但萬變不離其宗，事間萬事萬物皆有個規律。若抓住散打實戰步法變化之規律，則千變萬化任自由。

形意行步拳是張鴻慶這一支形意門代代相傳的技藝。善打行步拳者的體會是：行步練法易於氣血疏通，經絡通暢，練之得法則五臟六腑、四肢百骸周身一氣，暢通無阻。此拳得功快，即使是數九寒冬，打上幾趟行步拳就會感到內氣蒸騰，神清氣爽，自身由內而外產生一股強大的混元氣感，使人振奮，激情四溢。

行步拳練的是形隨意、意隨神、神運氣、氣催形，步不停、手不停，以身帶形，以氣催身。打的是拳，行的是氣。練到好處，人如在氣海之中暢遊，人在氣中，氣在人中，此時人與自然渾然一體，身心愉悅，心曠神怡，自是美不勝收。

第五節　內功練法

　　張鴻慶傳形意拳，不管是五行拳還是十二形拳，每個形都有三到四種練法。

　　第一步是練定步，以調息、摸勁（練氣）。

　　第二步是練跟步，練意、氣、力相合，練發力，以內催外，煉丹田抖絕，整體爆發。

　　第三步是練行步，練意、行、神。這步功夫是身形、步法、手法、氣法的高度協調統一。行步拳也有兩種練法：一是在行進中練力，以內催外，丹田抖動，整體爆發；二是練暗勁，步如犁行，身似龍形，以氣運身，以身帶手，形神合一，混元一氣，行雲流水。

　　第四步功夫是練活步。這是行步練法純熟後，在演練技術上的更進一步昇華。活步練法是形意拳的化勁功夫，其核心技術是身靈、步活，招法變。活步練法練的是身盤步繞，步隨身轉，如影隨形，移形換影，變化無窮。練習時沒有起勢也沒有收勢。想練就練，想停就停。隨意而練，隨意而轉，隨意出拳發掌，沒有定式沒有定法，無形無相，正所謂「拳無拳，意無意，無意之中是真意」。

　　過去有人說形意拳「邪性」，不敢練形意拳，因為有人練了，反倒越下工夫毛病越重。很多老拳師不願意教小孩子練形意拳，認為成年人會更容易接受形意拳（這和少林拳正好相反）。這是由於形意拳更加側重於內氣的修練，因而對於身體還沒有發育成熟的青少年更要慎重。總

之，習練形意拳，不管是青少年還是成年人，都要練之得法。過去有不少地區的拳師在習練形意拳時都偏重於剛勁爆發，不少人熱衷於震腳發力，這樣練之日久，腿傷腦損。有些拳師到老年時落下嚴重腿疾，不要說練拳了，甚至連走路、蹲廁都困難。

我的恩師張蘭普先生對此深有體會。他年輕時練拳，由於腳下過重震傷了腦海，一度走路腳不敢沾地，記得蘭普先生生前曾多次告誡我說：「義會呀，這形意拳你以後可千萬不要落腳太重，形意勁是發在身上，不是發在腳上。」另外，練形意拳重視「八字二十四法」的要求，因為二十四法對人體各部位按照形意拳的法則進行了嚴謹的規範。要整體地認識，落實二十四法；千萬不要只偏重其中一法，而忽略其他。常見一些練形意之人，後來成了嚴重的駝背之形（太過於強調含胸圓背之故）。好好一個人，卻形如殘疾，實在可悲。所以早年間小孩子練形意拳都是有老師嚴格看顧的。

張鴻慶的形意拳師承李存義、張占奎。李存義、張占奎師承劉奇蘭。這一支形意拳屬於李老能傳的河北派。傳到李存義這一輩時，已經很講究氣法的運用和練法的靈活性了。張鴻慶在繼承前人的基礎上又有所創新（主要在內涵的感悟發掘上），在長期的修練與教學過程中，逐漸形成了自己的獨特風格。

張鴻慶傳形意內功，主要以渾元樁和形意拳三體式樁入門，以形意五行拳定步操練法為最基本功法。其目的是練氣、養氣、摸勁（關於以上兩個樁法和五行拳定步操練法，本書後文另有專門介紹，讀者可參考，這裡從略）。

一、用五行拳培元練內功

本門注意以形意拳五行功法調整呼吸，修煉丹田內功。前輩傳下的功法是首從劈拳起步。可以說一套劈拳從起勢、行拳到收勢，都一步都深含著拳家內功修練之法，其中奧秘說難則難，說易則易。難的是本來簡單的事讓人給搞複雜了，說易則是因為只要你明白了其中的核心要點，一頭鑽下去，功夫自然得矣。

這步功法的基本練法就是慢練劈拳。以拳為椿，以椿為拳，一步一椿，每打一式要停頓一會兒，細心體會自己的拳架是否到位；體會呼吸是否合乎要求。

劈拳呼吸之法，初習是自然呼吸，待手腳內外相合後，可以改為逆腹式呼吸，即丹田呼吸，具體要求是，起鑽時要吸氣，落翻時要呼氣。吸氣時小腹內收，膈肌上升，丹田之氣由小腹上升，胃部自然隆起，胸廓自然擴張，肺活量加大；呼氣時小腹外凸，膈肌下降，內氣下沉至丹田，胃部與胸廓自然平復。當後手向前劈出、後腳向前上步落地之時，中脘之氣降至丹田再沉至湧泉。要做到手到、腳到、氣到、意念到。

透過日復一日操練劈拳，找到行氣、走勁，內外相合的規律。有了此步功法，可再繼續修練鑽、崩、炮、橫諸拳，其中行拳之理念與劈拳一樣，只是動作不同而已。

形意五行拳的定步練法，是修練形意內功的最基本功夫，也是形意拳家修身養性、練氣養生的終身修練之法。此功法修練到一定火候後，可以進一步練習五行拳的跟步發勁練法，然後再進一步練習行步抖放和活步化身（盤

身）練法。

透過以上形意拳樁功、行動的修練之後，習練者可感受到周身輕盈靈活，神清氣爽，精力充沛，丹田氣充足沉實，一呼一吸內氣能上能下、能收能放，周流無間，混元一體。此時形意內功已初見成效。在此基礎上，可進行下一步形意內功「叫氣法」的操練。

二、叫丹田

叫丹田也稱叫氣法。丹田要叫，不叫不活，不叫不靈泛。此功有三步練法。

1. 推丹田

甲乙二人相向而站，中間相距一手臂，甲上右步以右手掌橫掌推乙方丹田（臍下小腹部），乙在甲方右掌推到乙之小腹時，左腳向後撤一步成右弓步，呼氣，氣貫丹田，小腹凸起，內氣鼓盪，以丹田之內氣接納甲方推來之右掌。稍停，吸氣，乙左腳向甲方襠內上步，左腿前弓撐住勁，右腿後蹬，呼氣。隨上步以左手橫掌推甲之小腹；甲退右步以小腹接乙方推來之左掌，同時小腹凸起，氣貫丹田。如此一左一右、一進一退反覆推接，操練時兩人手腳可以輪換進行。

【注意】①上步推掌，兩腳踏實，氣沉丹田，力從腳跟生，以腰為樞紐，力達手掌。用的是暗勁，切不可用剛猛之勁硬性推打。②接掌時兩腳踏實，氣貫丹田，全身內氣鼓盪，以一身整體內勁接住對方之推掌。

2. 拍丹田

每天在練習完五行拳以後（此時身體氣血充盈，氣感

已非常強），稍事休息，身體放鬆，平心靜氣，精神內斂，然後身體成高馬步站姿，用面、切、點三種手法進行操練。

（1）**面擊法**：用手掌心依次拍擊腹部、軟肋，最後拍擊胃部（中脘）。

【注意】①用手掌拍擊以上三個部位時，要配合呼吸，拍擊時要內氣鼓動，以內氣接外拍之掌擊。拍擊腹部時要呼氣，小腹凸起。拍擊軟肋、胃部時吸氣，軟肋及胃部要隆起。另外還要配合發聲助力，拍擊時可發哼聲；②因用手掌拍擊面積相對較大，人體不易受損，所以先用掌心拍打以上三個部位；③拍打時要由輕到重，要循序漸進，切不可盲練；④操練時要左右手輪換拍打；⑤操練時以拍擊小腹為主，中脘、軟肋次之。

（2）**切擊法**：當用手掌拍擊有了一定功效後，可進一步使用切擊法。此法主要是用小指一側掌沿，切擊前面所說的三個擊打部位。

【注意】方法及要領與面擊法基本相同。

（3）**點擊法**：先主要用中指、食指、無名指三個指頭直戳小腹、軟肋及中脘三個部位；經由用手指戳擊，逐漸過渡到用拳頭擊打以上所說三個部位。用拳頭擊打時主要是用小指一側擊打。

【注意】其方法及注意事項與上述兩法其本相同。只是由於拳頭的力量大，操練時自己要掌握好力度，以個人能承受為度。

待以上三種操練法實施一個階段並取得了一定成效（可以經受一般人的拳掌擊打了）以後，可進一步使用器

具進行輔助操練，如可以選用乾淨的紅磚代替拳掌，繼續拍擊以上三個部位。

【注意】用紅磚拍擊時，一定要一下一下由輕到重，掌握好節奏，不可盲練。

練到拳打其腹、胃部咚咚作響，與人交手能隨意接對方拳打腳踢而身體絲毫無損，則此功成矣。

3. 砸丹田

這是在行拳走架中操練「叫丹田」的一種功法。以達到丹田之氣隨叫而發，使內氣既充實、又活泛的目的。練習時可以形意拳的行步炮拳為導體。以三體式起勢，左腳墊步，右腳直上一步，同時雙拳下砸小腹，拳心向上，左腳向左斜角上步打出右炮拳；然後向前上右步，同時打出左炮拳。如此左右行進操練。

【注意】①行步炮拳是三步一組，前兩步走直線，第三步走斜角。當進第一步時，雙拳從上向下砸擊小腹，力達小指一側。拳擊小腹時要呼氣，氣貫丹田，小腹凸起，全身內氣鼓盪。②練此功法前，要先練劈拳功、鑽拳功、崩拳功，然後練習炮拳的定步、活步功法，待感到自己內氣充盈之時，方可操練「吸手炮砸丹田功」。砸擊要由輕到重，切不可盲目用力。

《拳經》曰：「精養靈根氣養神，元陽不失方為真。丹田練就長命寶，萬兩黃金不予人。」我們練習傳統內家拳功法，就是由肢體動作的抻筋拔骨，由呼吸導引吐納之功，充盈丹田內氣，運化氣血，使四肢百骸周身一體氣血暢通無阻。堅持以上丹田內功的操練，可以使我們強身健體、精神愉悅。

形意內功「叫氣法」是形意內功較深層次的操練法。此功法必須在形意五行拳練氣、養氣有了一定內功基礎上，才能進行練習，在練習時一定要有懂得此功法的老師具體傳授指導，切不可自己瞎練。

俗語說：「讀哪家書，識哪家字。」形意拳在過去幾百年的傳承中產生了眾多分支流派，各支派都有自己一套行之有效的練功方法，各有所長。本文只是意在介紹張鴻慶拳法體系之內涵，雖說這裡介紹得較為詳細，但對形意門朋友來講，僅作為參考而已。

三、形意拳內功養生之作用

張鴻慶形意內功，主要以形意五行拳為載體練意、練氣、練勁，調神怡志。五行拳以極其簡單的拳式動作操練，對應人體內心、肝、脾、肺、腎五臟器官。以外形帶動內氣，涵養人體之內臟，而這內氣的修練，主要依靠運用其獨特的丹田呼吸之法。

丹田呼吸是採用以膈肌上下運動為主的腹式呼吸。吸氣時膈肌上升，肺體膨脹，肋骨微微外開，下邊提肛縮腎將腹內臟器托住；呼氣時，膈肌下降，兩肋向內向下和，腹內臟器自然下垂，真氣沿任脈下行，注入丹田，形成心腎相交以補命門之火。

練拳是動功，拳式有開有合，有蓄有發，呼吸也必然隨之有入有出，其氣也要有升有降。不能認為氣沉丹田就是氣入丹田而不動，形成僵滯狀態。我們講的氣沉丹田要活入活出，即能上下、左右、前後滾動不止。

拳家為什麼都非常重視丹田氣的修練呢？從保健養生

的角度看，人從少壯至衰老的發展過程，也就是腎氣的生長、發育、充實到衰退的過程，如能延緩腎氣的衰退，也就能推遲人體衰老的到來。

我們知道中醫所說的腎，包含範圍很廣，不僅僅是兩個腎臟，還包括了生殖、泌尿和部分重要的內分泌系統。一般認為從臍下到恥骨、帶脈一圈及後面命門可籠統稱為丹田，道家謂之煉氣結丹之所。

現代醫學認為此處也是產生性激素的位置，男子內有前列腺、睪丸，女子有卵巢等，腎臟也在其附近，施行腹式呼吸，膈肌上下運動和提肛縮腎的鍛鍊，肯定會增強這部分臟器的功能。由於腎上腺皮質激素功能的加強，人不但會精力充沛，免疫能力也會大大提高身體，為健康長壽提供了保證因素。

氣沉丹田的腹式深呼吸，加大了腹壓變化，改善了腹腔血液循環，減少了體內瘀血，也改善了心臟的工作壓力。實踐證明，丹田內功的修練，對提高人體的消化功能、提高心腦供血能力、改變人體微循環的經絡通暢等都是非常有益的。

從技擊角度看，採用腹式呼吸，虛胸實腹氣向下沉，以及肩沉肘墜、塌腰鬆胯、身體放鬆等，可使腹部內氣充實而凝重，亦使人體重心降低，下盤穩固。同時，由於人體上部胸背、臂等部位處於虛空、鬆靜狀態，能使這些部位既輕盈靈活，也更具有彈性力，與敵交手易於進退旋轉、聽化蓄發，沾實爆發只在彈指一揮間。

另外，此功吸氣時內氣上至中脘、胃部及兩側軟肋都會膨脹起來，我們知道胃及兩肋也是人體最薄弱環節之

一，如能練得此功，使此二處之內氣隨意鼓盪，必能增強其抗擊打之能力。張鴻慶傳形意內功之法，不只是練常人呼吸之法，更重要的是要練出丹田內氣的活運之法。氣能下沉，亦能上提，還要隨意貫諸四肢百骸，周身運轉，洋洋流動，循環不已。

第六節　褚廣發與「圓滿手」

　　褚廣發雖然大字不識幾個，可是鄉里人都說他練的是文人拳，看著文縐縐的，動起手來，比匪拳還匪，還不知怎麼回事就被他打了。受他的影響，鄉里有不少人都會抓幾把（指打五行拳）。褚廣發過世雖已二十多年了，但至今在天津寧河豐台鎮提起他來，人們還能講出幾段關於他的故事。

　　褚廣發家境貧寒，從小沒唸過書，但他的武學淵源很深。少年時啟蒙於同鄉的形意名家唐維祿，後來拜師於張鴻慶，並在張鴻慶的引薦下，結識了津京兩地的一些武林高人，如尚雲祥、薛顛等，並有幸得到他們的青睞和點撥。可以說影響褚廣發一生的就是這四位形意門大師級的人物。

　　褚廣發的拳法，主要是承襲了張鴻慶的東西，但在教學實踐中也摻入了一些唐維祿、尚雲祥、薛顛所授的內容。這些內裡的區別並不是他所有的弟子都瞭解，只有那些最能得到他的信任和真情傳授的弟子才知道，師父對前

輩的傳承有清晰的交代，是有嚴格區別的，絕不混淆。

　　褚廣發在教弟子操練五行拳的同時，教過一個奇怪的拳套，或者說是一個單操式子，即「圓滿手」。這個式子很簡單，也是以形意三體式起勢，然後左手向左向下劃弧，同時身微左轉，右手外旋從右腹側向左胸上穿手，經面前（手心向裡，手指向上）向右劃，然後手心內旋向下劃至右胯外側，同時身向右轉。

　　上動不停，左手外旋從左向右沿腹前向右胸上穿手，經面前（手心向裡）然後內旋再向左向下滑至左胯外側（手心向下），身向左轉，同時左腳外撇約 45°。然後重心前移，重心漸至左腿，右腳向前上一步，仍為三體式。

　　上動不停，右手外旋從右腹下向左胸上（手指向上）穿手，經面前（手心向裡）向右劃至右額前，此時右手內旋。左手外旋劃至腹前，手心向上，此為右式。

　　然後身微右轉，右手繼續向右下劃至右胯外側，手心向下。左手向右胸上經面前向左劃弧，左手劃至左胯外，同時身微左轉。然後身向右轉，右手外旋經腹前向左胸上穿手，經面前（手心向裡）向右劃，同時右腳尖外撇45°，重心前移至右腿，然後左腳向前上一步，成左三體式，重心在右腿，隨上左步左手經腹前向右胸上穿手，經面前（手心向裡）劃至左額前，手內旋，手心斜向下，此時右手外旋劃至腹前，手心向上，與左手上下斜相對，兩臂抱圓，此為左式。

　　練習「圓滿手」的要領是：向前上一步，兩手向左右各劃兩圈，要求劃圈要圓，兩手低不過腹，高不過頭。以腰帶手，看似手劃圈，實則是腰轉圈，腰要塌，脊要正，

項要豎，頭要頂，肩要鬆，肘要墜，手掌內旋、外旋要分清。初步練習可以走直趟，要回身時可以扣前腳，左右轉身都可以，轉身後繼續上步練習，走到原起勢處，轉過身，前腳收回兩腳併攏，兩手從身兩側托起過頭，然後經面前沿胸下捋按至腹前，最後收至大腿兩側，起身收勢。這是一般練習方法。也可以不回身倒步練回來，如果沒有場地或在室內，可以原地練習。

上面幾種方法練習熟練後，可以進一步練習圓滿手的活步練法，練習時是以擺扣步為主要步法，帶動身體向四面八方轉動，但是不管你怎麼轉，上邊的兩手還是以前面講的「圓滿手」練習原則操練，絲毫不可隨意改變。只是兩手的轉動要和身形步法的盤帶協調一致。

老實講，吳老師當時在教我這個式子的時候，我並沒有感到有什麼新奇的東西，不就是兩隻手臂左右來回劃圈嗎？說他是形意拳，還不如說更像太極拳的「雲手」，所以當時學是學了，可我並沒有重視，更沒有去深刻領悟這個式子中的奧妙，每天只是不經意地比畫而已。後來經過吳老師進一步指教，才知道不能看輕了這個式子，更不能盲目地瞎比畫。

吳老師說，要想練好這個式子，首先要搞清楚它的細節、內涵。此式的要訣是：挑掛、圓領。操練時手向上是吸氣，此時明走掛勁，暗含截勁，食指領勁，力點在橈骨一側。翻掌向下走時要呼氣，手心翻轉向外走領帶勁，其中暗含有拿勁，大指領勁，力點在五指間。圓滿手主要練身法，練習時左右盤手，但是身體旋轉角度不能太過，一般以左右旋轉 45°為宜。角度大過身體容易失去平衡，重

心不穩於技擊不利。另外操練時還要注意手腳與身體相合、呼吸與動作相合。進退運轉身體要基本保持在一個高度，不要上下起伏，左右搖擺。

常見一些同門練這個式子，身體亂擺，腦袋亂晃，悠悠哉哉貌似很是瀟灑，其實早已失去了此拳之真諦。

關於「圓滿手」是薛顛傳象形術五法的初始練法，其實一般人並不知道，就是我們門裡人，至今也有相當一些人不知此情。褚廣發晚年在他的少數弟子中傳授了薛顛的象形術五法。

吳老師說在傳五法時，褚老師對他們說：「我過去教你們的『圓滿手』是薛顛象形術五法中的『雲法』。『圓滿手』是雲法的初級練法，『圓滿手』是一步一劃圈，雲法是晃起身子、蹚開步，是在行進之中走挑掛圓領。」吳老師說經由褚老師的點化，他們方明白，同是一個拳，在練法上會有這麼大的差異。

後來褚師爺在他老家豐台鎮向村裡一個弟子傳雲法時，這個弟子就多說了一句話，他說：「老師不是已經教了嗎？」褚老師一聽，就說：「好啊，你既然已經會了，那我就不用再教你了。」說完他老人家真的就不給講了。後來他們幾個師兄弟勸老師再給這位師兄說說，可是師爺再沒有給他講這個方法。

其實這位前輩當時忽略了一個問題，過去老先生教學生練拳，開始都是先教死步（定步），以後根據學生學的程度再一點一點給你活步眼。其實不管是少林、形意、八卦，還是太極拳，傳統的教法過去都是這個程序。

為什麼同樣一個師父教的學生，練的本是同樣的一個

拳套，這些學生卻會練出不一樣的東西來呢？這個奧秘就在步法上。身法、步法、手法變化上是有很多講究的。

另外，老師在屋子裡面和在外邊場地上教可能會不一樣，老師中年和晚年時教的東西也會有一定區別。這就是所謂因地、因人、因時不同吧。

前兩年與我們同門的已故的李仲軒老人曾講過象形術是薛顛在五台山十年修行得於靈空禪師，說這象形術與形意拳有很深的淵源，還說也許象形術就是古傳形意拳的另類練法。

我個人認為，李老說的是也好，否也罷，總之象形術與形意拳從理論的闡述與拳法的走勢上大致相同。形意拳拳法嚴謹，而象形術是一種非常靈性活潑的拳術，學了形意拳，如果再能吸收薛顛的象形術，兩拳相互補充，我想這樣對形意拳研習者提高拳藝定會大有裨益。

「圓滿手」雖然練法簡單，但是它內涵非常豐富，既有形意拳的步型、步法，又有太極拳的柔化腰功，還暗含八卦掌的擰轉掌法，可謂一式融三拳。如果能在練拳前先走上幾趟圓滿手，會感到周身氣血通暢，呼吸和順，內氣充盈，精神振奮，往下再繼續練拳，會越打越有精神。

練拳必練「圓滿手」，現在已經成了褚廣發的弟子和再傳弟子們一個不成文的規矩。

第二章

形意拳基本功

第一節 椿 功

椿功是中國傳統武術各門派入門必練之功。各門派都有適合自己拳技的功法，形意門亦如此，歷來把椿功作為一項重要的入門基本功夫。過去形意門前輩多強調「入門先站三年椿」。

形意門椿法分養生椿和技擊椿兩種，有渾元椿、熊形椿、虎形椿、伏虎椿、降龍椿、三體式椿等。本門根據師傳，現主要練習渾元椿、熊形椿、虎形椿和三體式椿。

本門所傳椿法分靜（椿）功和動（椿）功兩種，靜椿練法是下盤兩腳不動，按要求站好一個步型，上肢兩手配合一種姿勢即可，如渾元椿和三體式椿。

練習靜椿之目的，在於使周身氣血通暢。練習時以靜為主，摒除一切雜念，保持身體正直，胸舒、腹鬆，周身放鬆，呼吸均勻，逐漸達到至靜至寂之境。至靜才能神清氣爽，心平氣和，經絡疏通，氣血順暢，進而達到健身養生之目的。像渾元椿、三體式椿就屬於這種。

動椿練法是兩腳基本不動或原地小動，主要是兩手臂配合呼吸做一些簡單的拳式動作。這種椿功的主要目的是鍛鍊內氣之鼓盪，使內氣在緊張中仍能沉著，仍能保和，去浮躁之氣，存神清之氣，使心與意合，意與氣和，氣與勁合，勁與神合。

練習時是以動為主，所謂「動即要求周身運動，在動（運動）中求靜」。如熊形功、虎形功均屬此種功法。另

外，本門所練形意五行拳基本練法，也屬於這種練法範疇，練習時一步一樁，一拳一樁，動中求靜，動中煉氣，動中摸（找）勁，動中有靜，靜中寓動，一陰一陽互為其根。本門稱此種練法為「活步樁法」。

總之，樁功是練好形意拳必不可少的基本功夫，它也是延年養生、學好套路和正確掌握技擊要領必不可少的基礎訓練。它的功效包括通經絡、養真氣、定形式、固地盤四個方面。

用於技擊方面，透過站樁功訓練，使下盤穩固，足膝有勁，內氣充盈，心靜神清，如是方能在與敵交手中，神氣不躁動，腰腿有力，足膝輕靈，進退操縱得宜，從而獲得以靜禦動、克敵制勝之效。

1. 渾元樁

渾元樁，一作渾圓樁，又有抱雲樁、雲門樁、養氣樁等異名。其襠步成二字馬步，或作八字馬步（圖 2-1）。具體方法如下：

兩足並行站立，與肩同寬或比肩稍寬。兩足尖指向正前方，或略成八字。兩腿屈膝下蹲，初學或體弱者，可採用稍微屈膝的高樁；久練者可採用大小腿之間彎成 135°角左右的「半樁」。重心放在兩腿之間，足心虛空，全足踏實，上體自然正直，頭頂起，襠落下，精神提起，含胸拔背，沉肩墜肘，尾閭中正，立身安舒。

其手法基本要領與內家拳（形

圖 2-1

意、八卦、太極拳）要領全然相合。在屈膝下蹲的同時，兩手由兩側迴環上提，環抱於胸前，使兩掌心與乳心遙遙相對，中間相隔 30～35 公分，兩手十指和掌心也是遙遙相應，兩手指尖之間距 20 公分左右，兩掌心朝裡而略為朝下，腕根塌沉，掌心虛含，兩肘須略低於腕部，並用意裡裹。全身務須有下沉的氣勢，但百會穴虛頂之勢不丟。

這種兩臂環抱的站樁姿勢，在技擊意義上含有「守中」的意思，即以頭頂百會穴至襠下會陰穴一線為中心線，使全身重心自然地落在兩足之間的中心，這樣身法與襠步自然中正安舒，穩定性好。

其所以置兩臂、兩手於圓圍線上，乃是含有防禦和待機反擊、搶攻之防守意識。因此，腋窩要虛，而兩肋空隙相對要實。兩腋虛，則臂部彈性充足，伸縮餘地較大；兩肋實，則邊門不易受侵，但腋虛肋實是結合兩臂、兩肘來說的。兩臂既要用意外撐，又要用意裡裹，這是有意識地鍛鍊兩臂的掤撐之勁，兼含待機掤發擊敵以及守中防護心窩、胃脘、肋腋等部的職責。

在此姿勢的基礎上，一旦化靜為動，只需以肘為軸，舉手向上即可護住頭面，落手向下又可防守襠膝部。這充分說明武術站樁與養生氣功站樁，在要求上是不盡相同的，突出地表現在武術站樁的心理意志訓練、放鬆訓練、耐力訓練、形態訓練和呼吸訓練等，幾乎無一不與武術技擊要求密切相關。

如此站定後，兩眼向前平視，不怒不閉，息氣靜氣，無思無慮。先輕輕搖晃一下身軀，覓得最適中的重心垂直點，然後大口吐出濁氣，以鼻深納清心三至五次，繼而氣

斂神凝，舌抵上齶，以鼻緩緩呼吸。一般可採用順腹式呼
吸法，久練者可採用逆腹式呼吸法。吸氣時氣貼脊背，呼
氣時沉於丹田。

「氣沉丹田」一詞，通常泛指腹式呼吸法，而這裡也
借指腹部鼓盪的自我感覺。但切忌做得過分，尤其不宜做
傚硬氣功表演者那樣把大、小腹肌都收緊貼到脊背上去，
須知內家拳主張取法於自然，不應該強硬造作。

初練站樁的人，只需純任自然地練習，每日一次，每
次 3～5 分鐘，然後可根據各人的實際情況循序漸進，逐
步遞增至 20～30 分鐘。這樣持之以恆地練習，就會自然
感覺下盤日趨穩重，腰腿有勁，丹田之內氣充盈，四肢內
勁也相應增加。至此，此功初見成效。

練習日久，可在手勢上稍做一些變化，形成多種樁
式。不論手上有多少變化，都可統稱為渾元樁。另外，也
可以將形意五行拳和十二形拳中的一些拳式用於站樁姿
勢，這樣做一些靜式練習，都可以得到靜心養氣、強健筋
骨、疏通經絡之目的。

本門練習站樁功，不主張死站樁（固定時間或一味地
長時間傻站），主張因人而異，練習者可根據個人實際情
況，選擇自己合適的時間、地點隨時可練，一次幾分鐘、
十幾分鐘都可以，這只是對一般以健身養生者而言。若想
在武術技擊上有一定造詣，那麼站渾元樁一次不能少於半
小時才能有所收益，而且必須是在一個比較安靜的環境下
練功。只要能堅持練習，日久定會積功見利。

2. 三體式樁

本門傳形意內功，主要以形意拳三體式樁入門，以形

意五行拳定步操練法為最基本功法。其目的是煉氣、養氣、摸勁（找勁）和規範動作。

三體式椿又叫子午椿、三才椿、三體式。三體式椿是形意拳最重要的一個基本功。形意拳的椿法有很多種，但本門師父一般只讓入門弟子站這個三體式椿。因為三體式椿基本包括了形意拳對人體各部要求的基本法則，以後的形意拳套路、技法，不管怎樣千變萬化，基本原理和要領都與三體式椿是一致的，所以過去曾有「萬法不離三體式」之說。

三體式椿練功之要領如下：

（1）身體直立，兩腳跟併攏，左腳直向前，右腳向外撇約 45°，身體半面向右，兩手臂自然下垂，目視正前方（圖 2-2）。

雙膝微屈，兩手外旋，邊旋邊握拳，拳心向上，靠於腹臍兩側（圖 2-3），重心左移，右拳外旋上提沿胸向上至下頦處向前上方鑽出，路線呈弧形，拳心斜向上，並微向外傾斜，小指一側向上擰轉，肘尖下垂，右臂極力前

圖 2-2

圖 2-3

伸，但不可伸直，右拳高與鼻尖
平。左拳不動，目視右拳。右拳
前伸時吸氣，勢成氣至中脘。

　　上動略停，然後重心右移，
左腳跟離地，以左腳掌虛著地，
同時右拳不動，左拳沿胸前提
（鑽）至右小臂內側，左小指根
輕貼右小臂尺骨處，位於肘前腕
後（此式內含雞腿、龍身、熊
膀、虎抱頭之勢）（圖2-4）。

圖2-4

　　（2）接上式，左腳向前蹚出一步，重心在後（右）
腿（初習可練前四後六勁，及功深後可練前三後七勁）。
前腳後跟距後腳跟約兩腳半；橫向之距，前腳內側與後腳
內側約在一條直線上；後腳尖外撇約45°，前腳尖指向前。
同時左拳前鑽至右小臂內側時，兩拳內翻變掌，左小指掌
根一側沿右拳虎口處輕擦向前推出，然後右手回拉至腹臍
後側，手心向下，踏掌根，大指根輕貼右腹側，小臂貼靠
右肋。兩臂抱圓，右肩內扣，左掌前
推，腕與肩平，尺骨有搓撐勁，掌心
向前，掌指向上，腕屈45度，勁力在
神門穴，臂極力前伸，但不可直，掌
要推上勁，肩要撒（鬆）開，不可僵
硬，勁到掌指，虎口要圓，掌心內
含，要有吸勁，食指要上翹，目視食
指前（圖2-5）。左手食指尖、左腳
尖與鼻尖上下要三尖基本相對。前腳

圖2-5

要撐住勁，兩膝要屈，但要有挺勁，不能軟，也不要硬挺（後胯不能繃直，臀不能上翹）。總之，兩膝要有彈簧勁。

此式練習時，右腳不動，左腳向前蹚出一步，要求左腳跟先著地，然後前腳掌著地，待至全腳踏實，意氣勁先落至前腳，前腳踏勁，勁由前腳底向前腿向上返勁至腰至脊背。然後後腿蹬勁，兩腳向下蹬踏勁反彈向上，同時腰胯向下鬆沉（氣沉丹田，降至湧泉），兩膝屈，但要有挺勁，背要拔勁，項要豎，頭要頂勁，後肩裡合，前肩撒開，肩窩吐氣。

掌要頂，頭要頂，舌尖頂上齶。兩膝裡合扣，兩胯要正，身似斜似正，氣要下沉丹田，尾閭要前收，穀道上提，胯要鬆，腰要塌，背要拔，脊骨要挺直，兩臂要屈，腕要屈，膝要屈。丹田要抱，兩肋要抱，心氣要抱。虎口要圓，脊背要圓，前胸要圓。兩肩要下垂，兩肘要下垂，氣要下垂。頸項要挺，脊骨要挺，膝蓋要挺。心要敏，眼要敏，手要敏（毒）。

以上是三體式樁的基本要領。三體式是形意五行拳的母式。五行拳各拳都以三體式起勢而展開，故形意拳有「萬法出於三體式」之說。

三體式是形意拳的主要樁式。初習者以三體式入門，可以換去自身之拙勁（化僵去拙），培元煉氣養氣，進而體會體內產生渾元一氣之感。

此功法也是習練形意拳者終身修練之法。功深者只要一舉手投足，全身騰挪之氣感即可出矣。但本門不主張死練站樁，站三體式樁常與五行拳配合練習，一動一靜互為補充，相得益彰。

　　初站三體式椿，一次以 3～5 分鐘為宜，日後逐漸延長時間，但最長也不得超過 30 分鐘，要求左右式輪換練習。練完椿功後，不可立即坐下，要走一走，遛一遛；再練習一會兒放鬆功，如動靜八法功、熊形功等，可緩解因站椿帶來的肌肉僵滯。

　　3. 虎撲功（雙推手）

　　虎撲功，又稱虎形功、雙推，此功屬於形意拳椿功中的動功。練習時先雙腳平行站立（兩腳相距等於肩寬或略寬於肩），平心靜氣，去掉雜念，全身放鬆，頭頂項豎，鬆肩墜肘，含胸拔背，塌腰落胯，氣沉丹田，兩眼平視前方。上式稍停半刻，然後繼續做以下動作。

　　（1）兩腿屈膝下蹲成馬步。隨之兩手握拳提至腹臍兩側，小臂尺骨一側貼靠兩肋，拳心向上，吸氣；目視前方。（圖 2-6）

　　（2）上動稍停，兩拳上提至兩乳下方，然後兩拳臂內旋使拳心轉向前下方，隨之兩拳變掌，兩掌向前緩緩推出，呼氣，目視身前。（圖 2-7）

　　【要點】馬步要穩，盡力下蹲（但兩膝不可超過腳

圖 2-6　　　　　　　　圖 2-7

尖），身體要中正，不可彎腰翹臀，頭頂百會穴要領起，身體放鬆。向前推掌時兩手臂要邊內旋邊向前推勁，邊推氣邊向下沉，氣沉丹田後漸漸降至湧泉穴，意有內勁生自足底之感，然後順兩腿上行至腰腎，以腰間之力（丹田內氣）催動脊背兩臂膀向前發力，兩掌推（伸）至盡頭，而氣隨之呼盡，意氣勁神均至兩手掌，此即老譜云「力達四梢」也。此時自有氣沉丹田、內氣充盈、周身內氣鼓盪之感。

（3）上動稍停，兩手掌邊外旋，邊抓握，邊向後擄，漸至成拳，回收至腹臍兩側，兩小臂貼靠兩肋，拳心向上，吸氣；目視身前。（圖 2-8）

【要點】兩手向回抓擄時，要有抓物之意，邊抓邊握拳，此即《拳經》所云「出手如挫，回手如鉤」之意。回抓之時，身體有意向下鬆沉，塌腰坐胯，頭宜上頂，脊背挺拔，兩肩宜扣，兩肋宜抱，內氣宜提。

以上虎形功是初習者之練法，此時練之宜慢、宜柔、宜緩，用暗勁，氣宜緩運。待練習純熟，感到腰腿有勁、內氣充盈之時，可加練發力功。

其動作與上述練法基本相同，只是在兩手向前推出時，要配合呼氣並發抖絕力（驚炸爆發力）。此功發力重在丹田抖動，以內氣催動外形，瞬間爆發驚炸之力。切記非有丹田內氣充盈者，不可盲練此功。

上述功法得矣，可再練虎跳發力功，即在向前雙推掌時，突

圖 2-8

然兩腳原地向上跳起，邊起跳邊旋張向前突發爆炸力，兩腳下落時要內氣下沉，沉氣、震腳、發力同時而作。要求手腳相合，內外相應，整體一致，瞬間爆發。

4. 熊形功

熊形功亦稱熊形單操。它是形意拳熊形功法中的一個單操練法。此套功法主要練習兩足蹬踏、兩手提按和腰身晃動以及兩膀活力等。在練習時掌握腰身和手腳四肢的協調配合。

練習方法如下：

（1）雙腳開立，兩腳間距與肩同寬，兩手臂自然垂於身體兩側，全身放鬆，凝神靜氣，摒棄心中雜念。稍後，重心左移，重心完全移至左腿，左腳踏實，同時左手內旋略向下按掌。隨之右膝上提，膝尖與腰齊，意注膝頂。同時右手外旋從下向上提至右耳側，手心向上，吸氣；目視身前，兼顧身體兩側。（圖2-9）

【要點】重心向左移動時，左手向下按掌，左腳向下踩踏勁，同時提右膝向上頂勁，右手向上提托勁。左右上下勁力對立平衡。

（2）接上動，右腳下落到原地，重心略右移，右腳踏實，隨之右手內旋從上向下踏掌至右胯外側，手心向下，呼氣。上動略停，重心繼續右移，全部移至右腿，左膝上提至與腰齊，左腳自然下垂；同時左手外旋從下向上提至左耳側，手心向上，吸氣，

圖2-9

圖 2-10

鬆肩墜肘；兩眼平視身前，兼顧身體兩側。（圖 2-10）

【要點】右腳下落要有蹬踏勁，右手下按要踏掌根，呼氣。左膝上頂、左手上提時，右腿仍要屈膝略下蹲，身體不可隨之長起。兩手雖然是上提下按，左右晃動，但身體仍要保持中正，不可左右歪斜、隨意搖擺，頭部頂勁不能丟。如上動，兩腳在原地左右上提下踏，同時配合左右手上提下按，反覆操練。次數多少可根據個人體力情況而定。

上述練法是熊形功原地練習法，此法練習純熟後，可練習活步操法。

活步練法與原地練法手腳動作基本一樣，區別是練習時隨著手腳之動，身體隨步繞向左右轉圈。如身體向左轉圈時，左腳每一動時只在原地隨身轉向上提膝，腳尖外擺原地落步（以左腳為圓心）；然後右腿每一動先提膝，向前沿圓圈弧形落步，腳尖內扣。左右腳每一動都如此。左右手動作仍與前原地熊形功相同。這是左式，右式動作則以右腳原地提膝擺腳落步為圓點，其他動作與左式相同。

歌訣

提膝轉胯足踏地，搖肩晃膀轉身形。

一吸一呼陰陽合，上提下踏緊相連。

熊形功法看似拙，練功日久力無窮。

第二節　圓滿手

　　圓滿手是張鴻慶先生的得意弟子褚廣發傳下的一個練功方法。圓滿手練法看似簡單，但內涵非常豐富。既有形意拳的步型、步法，又有太極拳的柔化腰功，還暗含著八卦掌的擰轉掌法，可謂一勢融三拳。

　　如果能在練拳前先走上幾趟圓滿手，會感到周身氣血通暢，呼吸和順，內氣充盈，精神振奮，情緒盎然，越練越有精神。

一、圓滿手練法

1. 起勢

由三體式站樁起勢（練法上節內容已述）。

2. 圓滿手右式

（1）接三體式，左手向下劃弧，同時身微左轉，右手外旋從右腹側向左胸上穿手，手心向裡，手指向上，然後右手內旋經面前向右劃至額部右前方，手心斜向下；左手劃至左腹前，手心向上，同時身向右轉。眼隨手動，左顧右盼。（圖2-11）

（2）上動不停，左手外旋從左向右沿腹前向右胸上穿手，手

圖 2-11

心向裡，同時右手向右下劃，然後左手內旋經面前再向左劃至左額外前方，手心向下；身向左轉，同時左腳外撇約45°，重心前移至左腿，右腳向前上一步，仍為三體式姿勢；同時右手向下弧形劃至右腹前，手心向上。（圖2-12）

（3）上動不停，右手外旋從右腹前向左胸上穿手，手指向上；左手向下劃，然後右手內旋經面前劃至額部右前方，手心斜向下，身微右轉；同時左手外旋劃至腹前，手心向上；眼隨手動，左顧右盼。此為圓滿手右式。（圖2-13）

圖 2-12

圖 2-13

3. 圓滿手左式

（1）接上式，身微右轉，右手繼續向右下劃至右胯外側，手心向下；左手從腹前向右胸上穿手，手心向裡，手指向上，然後左手內旋經面前向左劃至左額外前方，手心向下；右手劃至右腹前，手心向上，同時身微左轉；眼左顧右盼。（圖 2-14）

（2）上動不停，右手外旋經腹前向左胸上穿手，手

心向裡，然後右手內旋經面前向右劃至右額外前方，手心斜向下；左手下劃至左胯外側，手心向下；身微右轉，同時右腳尖外撇 45°，重心前移至右腿。然後左腳向前上一步，仍為三體式姿勢。左手劃至左腹前，手心向上；眼左顧右盼。（圖 2-15）

（3）兩腳不動，左手從腹前向右胸上穿手，手心向裡，右手向下劃，然後左手內旋經面前劃至額部左前方，手心斜向下；身微左轉，同時右手外旋劃至腹前，手心向上，與左手上下斜相對，兩臂呈弧形。此為圓滿手左手。（圖 2-16）

圖 2-14　　　　　圖 2-15　　　　　圖 2-16

二、練習圓滿手的基本要領

練習時，每向前上一步，兩手向左右各劃兩圈，要求劃圈要圓，兩手運作低不過腹，高不過頭。以腰帶手，看似手劃圈，實則是腰轉圈。腰要塌，脊要正，項要豎，頭要頂，肩要鬆，肘要墜。手掌內旋外旋要分清，腰肩肘手皆走圓。

　　初習可以走直趟，回身時可先扣前腳，轉身後前腳外擺，後腳向前上步，仍成三體式姿勢。兩手隨轉身左右劃圈不停勢，左右轉身都可以，轉身後繼續上步練習。走到原起勢處，轉過身前腳收回，兩腳併攏，兩手從身體兩側向上托起，兩手過頂後，經面前沿胸向下捋按至腹前，虎口相對，手心向前下方，然後兩手收至大腿兩側，起身收勢，恢復預備式姿勢。這是一般練習方法。

　　也可以不回身，倒著步練回來，如果沒有場地或在室內，可以原地練習。

　　上面幾種方法練習熟練後，可以進一步練習圓滿手的活步練法，練習時主要是以擺扣步為主要步法，帶動身體向四面八方轉動，但是不管怎麼轉，上邊兩手還是以前面講的圓滿手練習要領操練，不可隨意改變，只是要特別注意兩手的轉動須和身體、步法的盤帶協調一致。

第三章 ——

五行拳

五行者，金、木、水、火、土是也。古人以五行對應形意五行拳（劈、崩、鑽、炮、橫），並內有五臟（心、肝、脾、肺、腎），外有五官（舌、目、鼻、耳、口），皆與五行相配，故有以五行相生相剋之理演練五行拳之法。

五行拳是形意拳的基本拳法，也是最重要的拳法。五行拳動作極其簡單、古樸嚴謹。動作形式是左右反覆練習，循環不已。形意拳其他拳法多由五行拳演變而成，故古人學形意拳多由五行拳開始，由此打下紮實基礎。

五行拳雖然拳式動作簡練，但其勁力及技擊內涵相當豐富，形意拳的各種勁道和技擊招式大多出自五行拳的基礎，故自古形意拳技擊家名此五拳為「形意拳之母」；而形意門養生家則有五行培元功、五行真氣運行法之稱謂。透過五行拳的鍛鍊，習者可以逐漸領悟形意拳之內家拳技擊、養生之精奧內涵。

在健身養生方面，長期練習五行拳可以疏通經絡，培補五臟元氣，起到有針對性地治療五臟疾患的作用。

比如練習劈拳，其拳性屬金，氣發於肺，其拳順則可以理肺；鑽拳性屬水，其氣發於腎，故久練之則可以強腎固精；崩拳勢直而疾速，性屬木，氣發於肝，其拳順則可以疏肝養目；炮拳勢猛性烈，性屬火，其氣發於心，用之得當，則可以養心血；橫拳性屬土，其氣發於脾，故練之

可以健脾。

習武之人，其演武之動作，要以心為主，以氣為用，以丹田為根本。練好丹田內氣，則腎精充盈，精神旺盛，動作敏捷；心血足則神經敏銳，腦力充沛；肺氣足則呼吸強健有序，吐故納新涵養內臟；肝氣足則發力迅猛；脾臟健則肌肉豐盈，毛髮光鮮，內勁充沛。

拳術之道注重內養、聚氣，然後以形引氣，運氣於全身四肢百骸，此與道家導引修練有異曲同工之妙。故拳術修練不在姿勢多寡，在於體正氣順，在於內氣運轉，運轉得法則得道，不順則疾病生矣。

五行拳流傳久遠，支派繁多，自古名家輩出，傳授各一，各有千秋。但其基本練法、拳勢勁道、呼吸行氣之法及祛病養生之作用，則大體一致。習者若能細心精研體認，用功日久，必受大益矣。

第一節　劈　拳

🌀 一、劈拳歌

雙塌雙鑽氣相連，起吸落呼莫等閒。
易骨易筋加洗髓，腳踩手劈一氣傳。

劈拳多種練法

🌀 二、劈拳之要義

劈拳在五行之中屬金，在五臟之中屬肺；在五官之中

與鼻相通；在方位之中劈拳為正西方向，謂之西方庚辛金；在八卦之中為兌卦；在竅為大椎；在氣為上焦之肺氣；在身軀（包括頭在內）之經絡為任督二脈；在上肢的經絡中，主要運用的是手太陰心經及手太陽小腸經。陰脈與陽脈，陰氣與陽氣，互相合一即謂之陰陽相合。

劈拳是陰陽連環一氣之起落運動，在練習時主要運用的是肺氣，從氣息上講，練習呼吸之吐納，一出一入，一升一降，出為呼為陽，入為吸為陰。一呼一吸循環無端，連接不斷，透過劈拳呼吸之法的運用，達到陰陽一氣連環起落、通任暢督的鍛鍊效果。

劈拳的運動形式是以左右劈拳和左右步輪流交換直行練習，其拳式和順嚴謹。拳譜稱劈拳是「五拳之首，其形似斧，有劈物之意」，是形意拳的基礎拳，也是形意拳的重要基本功法。

三、基本練法

1. 預備式

身體斜向東南，立正站好，兩腳跟靠攏，左腳向前（東），右腳尖外撇 45°；兩手臂自然下垂，手心向裡，指尖向下，身體放鬆，神意內斂，氣沉丹田，降至湧泉；兩眼平視前方。（圖 3-1）

2. 起勢

圖 3-1

接上式稍停半刻，兩手外旋，手心翻向上，從身體兩側經腹前向胸部

上托，至胸前向身體兩側分開，分至兩肩外側，然後再向上托起，此時兩腳跟離地，以兩腳前掌蹬地，提（吸）氣至中脘，同時百會穴領起，當兩手上托略過頭頂時（圖3-2）。

　　兩手掌內旋向面前相合，再從面前向下，似雙手捋鬚狀捋至小腹前；此時隨兩手下捋要塌腰落胯，兩膝下屈，兩手下按，虎口相對，兩掌小指上翻，大指朝下，兩臂撐圓，氣沉丹田；目視前下方（圖3-3）。

　　【要點】形意拳起勢動作看似簡單，其實不然，上述起勢過程其實就是一套完整的運氣任督二脈，循環周流的小周天行氣之法。按法操練此式，會體會到有氣遍身軀之感。習者平時也可以單獨操練此法，可養生健身。

圖 3-2

圖 3-3

3. 三體式

　　練法及基本要領同前三體式椿法，唯步子略小，前後腳相距約本人兩腳長即可。（圖3-4～圖3-6）

4. 劈拳左起勢

　　（1）接三體式，兩腳不動，右手前伸與左手齊（圖

圖 3-4　　　　　　圖 3-5　　　　　　圖 3-6

3-7）。然後雙手一起向後下抓擄，邊抓擄邊外旋，擄至腹臍兩側，雙手握拳拳心向上，兩前臂靠緊腹部兩側，吸氣（圖 3-8）。兩手向回抓擄要走下弧，邊抓擄邊握拳，握拳時中指先向手心內捲指，捲至中指第一節貼住內勞宮穴，再依次捲無名指、小指，中指要輕貼手心；然後捲食指和大拇指，大指第一節輕壓在食指和中指的第二節之上。此勢曰「雙捞手」。

【要點】握拳如捲餅，雙手邊回邊捲，回擄內含抓拿之意。捲要外緊內鬆，頭頂項豎，沉肩墜肘，含胸拔背，塌腰正脊，坐胯屈膝，吸氣提肛。

（2）左腳向前墊步，腳尖外撇約 45°，膝略屈，重心前移至左腿；右腳不動，右腿後蹬勁，成似直非直狀。同時左前臂外旋，左拳經胸前由下頦處向前上方鑽出，路線呈弧形，拳心斜向上，並微向外傾斜，小指向上擰轉，肘尖下垂，臂盡力前伸，但不要伸直，拳要有向前頂勁，左拳高與口平；吸氣至中脘；右拳不動；且視左拳。（圖 3-9）

圖 3-7　　　　　　圖 3-8　　　　　　圖 3-9

【要點】左拳前鑽必須與左腳墊步動作一致。前腿要撐住勁，後腿要有蹬勁。頭要頂勁，腰要塌，背要拔。左手臂要有撐鑽勁。此式要吸氣，吸氣至中脘，膈膜肌上升，功深者可見胃部隆起，再深者可見兩肋部同時隆起兩道橫帶。

5. 劈拳右落式

（1）重心前移，左腳、左手臂不動；右腳上步至左腳內側，右腳掌虛著地，重心在左腿。同時右拳經胸前伸至左小臂內側，右小指根輕貼左小臂，位於左手臂肘前腕後處；目視身前。（圖 3-10）

【要點】右腳上步時兩膝相靠，稍停（熟練時可不停）再向前蹚步，前蹚時後腳內踝骨要擦著前腳內踝前邁，此即《拳經》云「磨膝磨脛意氣響連聲」是也。兩肩要抱，兩肋要束，項要豎起，頭要領起，身要蓄勁，神氣要凝。

（2）左腳不動，右腳向前蹚出一步，右腳跟先著地，然後前腳掌著地，前腳踏實撐住勁，後腳蹬勁，重心偏於左腿。隨進步兩手臂內旋至拳心斜向下變掌，然後右

圖 3-10　　　　　　　　圖 3-11

掌小指一側沿左小臂向前輕擦至左手虎口向前推出；呼氣，氣沉丹田，隨之膈肌下降，小腹慢慢凸起。同時右手臂盡力向前伸，但不可伸直，右手腕高與肩平；左手收至腹臍左側，手心向下，掌根下塌，拇指根節輕靠腹部；目視右手食指尖。（圖 3-11）

【要點】右掌前劈與右腳落地要整齊一致，上步時身體要保持平穩，且不可向上躥起，整個劈拳操練，除了預備式與收勢外，應當在一個水平高度行進。

其他要領與三體式相同。定步劈拳練習時身形一縮一展，兩手一起一落，兩腳一墊一進，其動如老譜所云：「行如槐蟲。」此義習者細悟之。

6. 劈拳右起勢

（1）右掌不動，左手前伸與右手齊，然後兩手向右下抓擄，邊抓擄邊握拳至腹臍兩側，拳心向上，兩前臂緊抱於腹部兩側；目視前方。

【要點】與劈拳左起勢動作一相同，惟左右相反。（參閱圖 3-7、圖 3-8）

（2）右腳向前墊步，腳尖外撇 45°，膝略屈，重心前移至右腿；左腳不動，左腿後蹬，成似直非直狀。同時右前臂外旋，右拳經胸前由下頦處向前上方鑽出，路線呈弧形，拳心斜向上，並微向外傾斜，小指向上擰轉，肘尖下垂，手臂盡力前伸，但不可伸直，拳要有向前頂勁，拳高與口平；吸氣，小腹內收，膈肌上升，內氣上行聚於中脘，胃部自然隆起；左拳不動；目視右拳。

【要點】與劈拳左起勢動作二相同，惟左右相反。（參閱圖 3-7～圖 3-9）

7. 劈拳左落式

（1）重心前移，右腳、右手臂不動；左腳上步至右腳內側，左腳掌虛著地，重心在右腳；同時左拳經胸前伸至右小臂內側，小指根輕貼右小臂，位於右小臂肘前腕後處。

【要點】與劈拳右落式動作一完全相同，惟左右相反。（參閱圖 3-10）

（2）右腳不動，左腳向前蹚出一步，左腳跟先著地，再前腳掌著地，前腳踏實撐住勁；後腳蹬勁，重心在後腳。同時兩手臂內旋至掌心斜向下變掌，然後左掌小指一側沿右小臂上向前輕擦至右手虎口向前推出；呼氣，氣沉丹田，膈肌下降，胃部內氣下行至丹田，小腹凸起，胃部自然平復，帶脈膨脹，衝脈氣旺，命門穴有微往後撐之意（氣）。同時左手臂盡力向前伸，但不可伸直，左手腕高與肩平；右手收至右腹側，手心向下，掌根下塌；目視左手食指尖。

【要點】與前劈拳右落式動作二相同，惟左右相反。

（參閱圖 3-11）

如要繼續前進練習，可仍墊左步，進右步劈右拳成劈拳右落式。如此反覆交替練習，次數多少可根據場地和個人能力自行掌握。

8. 劈拳回身

圖 3-12 左右回身均可，以右回身為例，當打到左腳在前，劈出左掌時，左掌不動，右手前伸與左手齊，然後兩手向後下抓擄至腹臍兩側變拳，拳心向下；同時左腳尖極力回扣，右腳呈倒八字形，隨之身體向右轉 90°（圖

3-12）。上動略停，身體繼續向右轉 90°；左腳不動，右腳向前墊步，腳尖外撇 45°，同時兩拳心翻轉向上，右拳上提經胸前由下頦處向前鑽出，拳高與口平，小指盡力向外擰轉，左拳不動（圖 3-13）。

目視右拳，上動略停，重心前移，右腳右手臂不動；左腳上步至

圖 3-12

圖 3-13

圖 3-14

圖 3-15

右腳內側，腳尖虛點地；同時左拳伸至右小臂內側（圖3-14）。然後上左步劈左掌，成左式劈拳。（圖3-15）

【要點】轉身要穩，出拳要快，墊步出拳同時起落。轉身時切不可左右搖擺，腰要塌住，胯要坐，脊要正，頭要頂，切不可低頭彎腰，氣要順遂。

9. 劈拳左起勢

動作說明與要點均與前劈拳左起勢相同，惟行進方向相反。（參閱圖3-7～圖3-9）

10. 劈拳右落式

動作說明及要點均與前劈拳右落式相同，惟行進方向相反。（參閱圖3-10～圖3-11）

此後動作可左右交替向原起勢處的位置打回去，打到原起勢處劈出左掌後，可以做右轉身。回身動作及要求與第 8 式劈拳回身完全相同，惟方向相反。（參閱圖3-12）

11. 劈拳收勢

當拳打到原起勢處，身向右轉，墊右腳鑽右拳，再上左步劈左掌，成左式劈拳（圖3-16）。此時兩腳不動，兩手臂外旋翻轉至手心朝上（圖3-17）。

然後兩掌從身體兩側向上托舉至頭上，兩手臂內旋，兩手掌向內翻轉，經胸前向下捋至腹前下按，兩掌變拳，拳心向下，虎口向內，呼氣，氣沉丹田；目視前下方（圖3-18）。

上動略停，重心前移至左腳，右腳前提至左腳內側與左腳並步，兩膝微屈；然後身體起立，隨之兩拳鬆開變掌收至大腿兩側，手心向內，指尖向下，兩眼平視前方；身

圖 3-16　　　　　　圖 3-17　　　　　　圖 3-18

圖 3-19

鬆心靜，一氣歸元，恢復預備式姿勢。（圖 3-19）

【要點】兩手上托要吸氣，小腹內收，吸氣至中脘，胃部自然隆起；向下捋按時要呼氣，氣沉丹田，小腹慢慢凸起；兩手臂要撐圓，兩膝屈膝並靠緊；起身時頭要上頂，同時心氣下降，然後全身放鬆，精神內斂。

俗語講：起勢沒練好，打拳沒效果；收勢練不好，打拳沒收穫。故收勢要穩（萬萬不可草草收勢），要始終如一，氣運全身，收氣歸元。

【注意】以上介紹的是定步劈拳的練法。劈拳定步練法是最基本的練法，初習階段最好先練定步打法。先練定步劈拳，再練跟步、活步劈拳；猶如學習書法之先習楷書，再習行書、草書；如此用功，步步紮實，日久必受大益矣。

🌀 四、練功路徑

　　張鴻慶傳形意拳以五行拳煉氣、練功、練步、練身法，具體分四個階段來練習。

　　五行拳是形意門的母拳，對於形意門來講，五行拳是煉氣築基的主要功法。而居五行拳之首的劈拳在五行性屬金，在拳術中打的是陰陽連環成一氣之起落。

　　劈拳之勁有練法和用法之別。過去形意門老師常講「練有練法，用有用法」。練法是用法之基礎，是煉氣、練勁、練步、練身法。這些功法不是打法（用法），但它是打法的基本功法。

　　練形意五行拳首先要明確一個道理，五行拳主要練的是氣和勁。初習五行拳要練明勁。這個「明勁」有兩層道理：

　　其一，是練好拳架（拳式），出手投足要有明確地方（薛顛語：擱對地方），要做到外三合（肩與胯合，肘與膝合，手與足合）。這是從身外找；再往下練，要從身內找，要做到內三合（心與意合，意與氣和，氣與力合）。

　　這個階段要把沒練拳時的散架子（身架）練成整架子，要逐步做到內外相合，整體一勁（氣）。總之，整個身體從上到下、從內到外各部位都要有講究，要與《拳經》中「八字二十四法」對上號，按二十四法慢慢調整自己的身架。

　　其二，是懂勁，練劈拳始從三體式樁開始，站這個三體式樁就是讓習練者有一個初步知勁、懂勁的過程。透過站樁體會拳勁，然後逐步達到換勁（慢慢將自己身上的拙

勁換成活勁、渾圓勁）。有了這個過程，下一步就是練定步劈拳。劈拳看似簡單，動作就是一鑽一劈，可這兩下子，就練了兩個拳，練了劈拳也練了鑽拳。

這裡要說的是劈拳，現在有些老師教學生練劈拳，一上來就教學生這拳怎麼打、怎麼用。

其實不用著急，凡事都有一個過程。說打，五行拳就那麼點東西，一說就明，一點就透。可是如果沒練出功夫，招式學得再多也用不上。教人先要教功法，教道理，「方法對頭，一生受益」。還是那句話，初習五行拳就是練基本功，功夫是一步一步練得的。

形意拳各流派在劈拳練法上都有各自的獨到練法。劈拳在練法上有多種勁法。這裡所述只是其中一二而已。

第一步是練定步劈拳。要求慢練、柔練、不發力。主要是規範拳架，進而練調息運氣摸勁（練外三合、內三合，用身心去領悟拳架）。劈拳的動作極其簡單，基本動作就兩個式子，上一步鑽一拳，再上一步劈一拳。式子雖然簡單，但它涵蓋了形意拳勁道的主要精義，《拳經》云：「起為鑽，落為翻；起亦打，落亦打；起落如水之翻浪，方是真起落。」起為鑽，內含撐、鑽、橫、沉、頂諸勁。落為翻（順），內含劈、撲、推、搓之勁。劈拳的勁道雖然很多，對初習者來說卻是越簡單越好，形意拳有明勁、暗勁之分，初習者在此階段，主要弄懂明勁就行了。

練定步劈拳主要練推勁，不強調帶意念，不講「劈拳如推山」，只管向前推，做到腳到、手到、氣勁到即可。一切都是在有意無意之中，「有物則僵」。這個階段練的是「形」。主要是規範動作，明理知法，練身鬆、勁柔、

氣順，以外形帶動內勁（氣）之運行。

初習劈拳可用自然呼吸法，不強調呼吸與動作配合。但是當動作熟練，有一定基礎後，應當逐步學習呼吸與拳式動作配合之法。並且要逐步採用逆腹式呼吸方法，做到長吸短呼。

如以左三體式變左腳墊步，同時左拳變掌向懷中抓攦，然後向前鑽出為例，要配合吸氣，膈肌上升，氣到中脘，胃部隆起（初習者，此式運行中可加一個小呼吸）；然後右腳上步，同時右手向前推掌，呼氣，膈肌下降，氣至小腹，腹部凸起，胃部自然平復。推掌時內氣（勁）摧動，脊背發力，以肩催肘，以肘催手，勁到掌指。

以上動作操練時一定要慢，一步一樁，一動一個勁，一吸一呼，逐步達到外三合、內三合，最後實現內外相合，整體一勁（氣）。

初習五行拳主要是練規矩，與其說是練拳不如說是「擺拳」。每打一個式子，邁一步同時出一拳（掌），最好是停頓5〜10秒鐘，從中體會其式之勁道。這個階段的練法要求架式開展大方；呼吸順暢自然，說是練拳又似練活樁。透過此段練習，以達到拳架規範、抻筋拔骨、通順經絡之目的。

有了形體的規範，下一步就是「摸勁」。形意拳的發勁特點是「整勁」。要能發出這個整勁，就要先練出充盈的丹田內氣。但是得到這個內氣（勁）不是一蹴而就的，需是要經過一定時日的系統訓練。

五行拳以極其簡單的招式，千萬次有意識地操練，其目的就是要摸（練）準這個拳勁。「拳法之妙在於運

勁」，其實運勁就是運氣。所謂拳勁，絕不是外形所表現的那一出一猛的剛硬之力，而是經過特殊方式的訓練，人體內五臟六腑生化形成的一種內勁（內氣）。張鴻慶傳形意拳的練法講究以身運氣，以氣催形。經由形體的強化訓練而產生充盈的內氣，需要時靠丹田鼓盪迸發內力，內氣越足，發力越大越猛。由拳操練中可知，劈拳之勁源於足下，起於腰隙，發於脊背，由沉肩墜肘，順胯抖腰（丹田），傳於肘前小臂，胯略下坐，帶動小臂將此勁發出。

張鴻慶傳形意劈拳的第二步功法是跟步練法。有了練定步劈拳「推勁」基礎，下一步可練習跟步劈拳。所謂跟步練法，有三字秘訣，即蹬、蹚、跟。

蹬，即後腳用力蹬勁，此蹬勁大小決定前蹚之步之大小。

蹚，即前腳向前蹚進，蹚步之腳要平，要直，此即老譜所云「步如行犁」是也。

跟，跟步要穩、要實。跟步之時身體不可向前栽，後腳跟進要落實，定勢重心在後腿，仍為三體式，但步幅略小。

另外，當前腳前蹚落步之時，一定要與前劈之手同時到位，即腳到手到，眼神到、意到、氣到、勁到，做到內外一體。

跟步劈拳可練習兩個勁。一個是把定步劈拳的推勁進一步發揮，要求前腳進步要上大步，前腳向前蹚，後腳蹬勁，整個身體向前整體移位，隨上步推掌，整個身體要有向前衝撞之意，這是動態中的整體推勁。

另一種練法是練「撕扯」勁。練習時步法也是跟步，

在進步同時，兩手同時瞬間發勁，前手向前（略偏下）發勁，後手向後下方發勁。舊時布店夥計給顧客量好布料，用剪子剪個口，然後雙手一扯，刺啦一聲，布料撕開，其勁乾淨俐索。故形意拳家有句老話「劈拳如扯布」，即講此勁也。

定步劈拳是練形練氣，有了一定基礎，下一步要練快，練快的方法是練行步劈拳。行步練法叫「踩影」打法，也叫「追風趕月」，就是說打拳時要追著自己的身影往前打。一步緊跟一步，一掌緊追一掌。正如《拳經》所云：「起如箭，落如風；追風趕月不放鬆。」

劈拳的行步練法有兩種：

一種是左右腳向前直行三步，當第三步前腳落地時，後腳跟進半步，重心在後腿，成三體式。同時後手向前推掌。

另一種練法是左右腳連續向前上步，每當上第三步時，隨上步後手（與腳同側）向前劈出。要求步不停，手不停，隨上步隨鑽拳，隨劈拳；隨走隨劈，步步緊追，勢勢相連。這一劈有講究，要做到劈中有化，就是在後手前劈之中，手掌含有向外化一小圈之意，這個圈極小，最好是練到外人看不出，只有操練者自己知道為妙。有句老話講：太極腰劃圈，八卦腳走圈，形意手打圈。劈拳在練法上是有這一講究的。

以上講的是劈拳單劈練法，熟悉後還可以練習雙劈法，練習時步法還是走直線三步一組，但手法上要隨上步雙手向前雙劈，然後雙手回捋至胸前，再隨上步劈出。

有了行步直行練法基礎，再往下要練「換影」打法

（即抽身換影練法），步法還是行步，但要走「七星步」。前兩步往前直蹚，第三步雞形步向斜角上步。要求身法要活，以身帶手向前鑽劈；不但走七星步，還可以走四面，向四面八方運轉；這時的兩掌勁法更加豐富，出手即帶劈、撲、化、蓋、拍諸多勁力。

所謂行步拳就是「腳踏七星步，手運乾坤轉」。練到這步功夫，行拳時要求勁力含蓄圓潤，由明轉暗，亦剛亦柔，不著意於力，由內而外，勁力順達，順勢而發，進而向無形無象、純任自然的化勁階段轉化。

《拳經》云：道本自然一氣遊，空空靜靜最難求。得來萬法皆無用，形體應當似水流。再往下練就是形意盤身掌法了（盤身掌法可參閱前文《張鴻慶傳形意盤身掌》），劈鑽崩炮橫五拳都可以這樣練。

形意拳有練形練意之說，初習形意拳是練形，進一步就要練意。定步、跟步劈拳是練整架子，行步練法和盤身法是練活架子。從有形到無形，從有意到無意，逐步達到神行境界。

劈拳練法有很多，不止以上這幾種，用什麼勁法練劈拳，習練者可根據個人情況有所選擇。但要明白的是練法不是用法，只是練功之法。初習時可以用劈拳找勁，兼練其他四形。經過一定時日，使拳勁上身，以增自身之功力，為下一步深造打好基礎。

五、技擊應用

形意門拳法屬實戰短打之拳法。學者要想把自己所學應用於實戰，平時還要多操練一些重點單式。形意拳除了

有各種套路練法外，還有多種單式操練法，這是增加功力的有效途徑。另外，若想把技法用於實戰，平時還要多練習雙人對練操演，多練活步對操，在雙人活步對操中，將自己所掌握的各種技法應用其中。

反覆操練，務必求精、求通、求變化。由少而博，由博返約（精）。熟能生巧，巧能生絕，這樣至臨陣應用之時，才能做到隨心所欲，變化萬千。

（一）椿步單操法

1. 劈蓋法

習者站好左三體式，左（前）手向內劃按至腹前，手心向下；同時右手從下向外向上劃至右耳側，然後向身前發力劈掌；上動不停，右手劃至腹前手心向下；同時左手從下向外向上劃至左耳側，然後向身前發力劈拳。

如此反覆劈掌，左右腳可以隨時輪換位置。（圖3-20、圖3-21）。

【要點】右（左）掌上下劃抹要走弧形，以丹田帶動兩手臂發力，向前劈掌內涵拍蓋之勁。

圖 3-20

圖 3-21

2. 抖放法

站好左三體式，左手慢慢回收，右手慢慢向前推，當兩手在胸前相交時，右手從左手上突然發力向前抖放。然後右手慢慢回收，左手慢慢向前推，當兩手在胸前相交時，左手從右手上突然發力向前抖放。（圖 3-22、圖 3-23）

如此反覆操練（也可以先只練一手發力，後練另一手發力），可根據個人體力情況掌握運動量。

【要點】前手回收，後手前推時要慢；同時吸氣蓄勁，要頭頂項豎，塌腰坐胯，兩腿屈膝，腳趾抓地；後手向前發力時，前手回收向下捋按，前後掙力。發力時丹田抖動，沉氣至湧泉穴，雙腳蹬地，力由腳跟生，兩膝挺勁，腰身略長，脊背發力，內氣催動手臂向前抖放。

圖 3-22　　　　　　　　　圖 3-23

（二）活步操練法

有了樁步單操的基礎，可以接著練習活步劈拳用法。

1. 直行步劈拳法

練習時兩腳並步站立，然後左右腳連續向前直行上步；同時左右手隨上步向前劈掌，上左步劈左掌，上右步

劈右掌；也可以上左步劈右掌，上右步劈左掌；可以連續
上步劈掌，也可以連續退步劈掌；隨時轉身，然後再繼續
上步或退步劈掌（圖 3-24、圖 3-25）。回到原地收勢。

【要點】不論上步劈還是退步劈，都要做到：梢節
（手）起，中節（肘）隨，根節（肩）追。腳到手到，氣
到勁到眼神到。

圖 3-24

圖 3-25

2. 連環劈掌

左三體式起勢，身略右轉，
隨之左手略向右後劃再向身前掄
劈；右手不動，同時左腳向前上
半步，重心偏於右腿（圖 3-26）。
上動不停，右腳向前上一步，重
心偏於左腿，成右三體式（圖
3-27）。

同時右手略向後向上經右耳
側向身前掄劈，左手劃至左胯外；

圖 3-26

圖 3-27　　　　　　　　　　圖 3-28

上動不停，兩腳不動，右手收至右腹側，手心向下，同時左手從下向上向前劈出（圖 3-28）。

　　以上是上兩步劈三掌為一組。然後繼續上右步劈右掌，上左步劈左掌，再收左掌劈右掌一組；如此反覆操練，可根據場地和個人情況轉身繼續向前掄劈，劈到起勢處再轉身收勢。

　　【要點】上兩步劈三掌，中間不可停頓。連續上步，連續劈掌，兩臂如鞭左右掄劈；腰為大軸，肩為小軸，手臂如輪，舞動如風，氣勁到手。

3. 斜行劈掌

　　左三體起勢，左腳撤至右腳內側不停向左側橫跨半步；然後右腳沿左腳內踝稍向右斜角上步，重心偏左，成右三體式；同時右手從左手上向右斜角撲出；左手收至左腹外側，手心向下，目視右掌。上動不停，右腳撤至左腳內側不停向右側橫跨半步；左腳沿右腳內踝向左前方斜角上步，重心偏於左腿，成左三體式；同時左手從右手上向左斜角撲出。

　　如此反覆操練，回身後繼續操練，至原起勢處轉身收

圖 3-29　　　　　圖 3-30　　　　　圖 3-31

圖 3-32　　　　　　　　圖 3-33

勢。（圖 3-29～圖 3-33）

【要點】上步走斜角，身隨步轉，步動掌劈，前劈之掌內涵撲打之勁。

4. 左右化（劈）手

習者兩腳左右站立，間距略比肩寬，兩手自然垂於大腿兩側，兩腿略屈膝下蹲成馬步。身向左轉，同時左掌提至胸前，然後向左側劈出，手心向外；高與左肩平；重心略向左移，右手至右胯外側，手心向下；目視左掌。上動不停，身向右轉，重心略右移，同時右手提至胸前，然後

向右側劈出，手心向外；左掌收至左胯外側，手心向下；目視右掌（圖 3-34、圖 3-35）。如此左右手隨腰身轉動向左右兩側劈掌，時間長短根據個人體力情況而定。

圖 3-34 　　　　　　　　　　圖 3-35

【要點】馬步左右化（劈）掌，以腰為樞紐，帶動身體向左右轉動，隨之左右掌向兩側前劈，要做到肩鬆肘墜，鬆胯活腰，兩腿屈膝略蹲，以內氣催動兩手臂左右運轉。

5. 四面劈掌法

四面劈掌也稱轉身劈掌。左三體式起勢（面向南），身向右轉 90°（西），隨之右腳向右前方上步，左腳不動，成右三體式；同時右掌向前劈出，目視右掌（圖 3-36、圖 3-37）。上動不停，身向左轉 180°（東），隨之左腳向前上步，右腳內扣成左三體式；同時左掌向前劈出，右掌收至右腹側手心向下，目視左掌。（圖 3-38）。上動不停，身向右轉 90°（南），隨之右腳沿左腳內

圖 3-36

踝向前上步成右三體式；同時右掌向前劈出，手心向前，左掌收至左腹側，手心向下，目視右掌（圖 3-39）。上動不停，左腳向前上步（南），右腳不動成左三體式，同時左掌向前劈出，手心向前，右掌收至右腹側，手心向下，目視左掌（圖 3-40）。上動不停，左腳內扣，身向右轉 180°（北），隨之右腳向前上步，成右三體式；同時右掌向前劈出，掌心向前，左掌收至左腹側，手心向下，目視右掌（圖 3-41）。上動不停，左腳向前上步，隨之左掌向前劈出，右掌收回，目視左掌（圖 3-42）。

圖 3-37　　　　　　圖 3-38　　　　　　圖 3-39

圖 3-40　　　　　　圖 3-41　　　　　　圖 3-42

以上為一組，然後身體向右轉 90°（東），上右步劈右掌，左掌收回；目視右掌；上動不停，右腳內扣，身向左轉約 135°（西），隨之上左步劈左掌，右掌收至右腹側；目視左掌。身再向右轉 90°（北），隨之上右步劈右掌，左掌收回；目視右掌；然後再向前（北）上左步劈左掌，右掌收回；目視左掌；上動不停，左腳內扣，身再向右轉 180°（南），隨之上右步劈右掌，左掌收回；目視右掌。上動不停，左腳前上一步，隨之向前劈左掌，右掌收回；目視左掌。此組打完，回到原起勢處。

初習可按上述兩個組合反覆操練。待熟悉後，每打到一個方向（位），均可加練前述之直行上步劈掌、斜行上步劈掌，也可以隨時加練馬步化手或加練擺扣步轉身（似八卦掌的背身掌）劈掌。

總之，熟練之後，操練者可向四面八方上步劈掌，其間可隨意加練多種步法和掌法，習者自悟，切不可拘泥不化。

（三）磨盤轉

所謂磨盤轉，就是單人或雙人沿一個圓圈向左（右）走圈。行走時左（右）手伸向前，掌心向圓心，右（左）手按於前手臂肘內側，目視前手。行走時可走八卦步，也可走自然步。一人走轉時，可以走空圈，也可以繞樹走轉。二人走轉時，可以前手相搭，也可以不搭手走轉。

1. 磨盤轉（單人）操練法

雙足並立站於圈外一側，兩手臂自然下垂，目視前方。然後左腳向前上一步，兩手掌心向上向前托起，左手在前，指尖與鼻齊，後手置於左肘內側，目視左手。兩腳不動，身略左轉，同時兩手臂內旋，左手成豎掌，掌心轉

向圓心，右掌成俯掌按於左肘內側；目視左手前。然後上右步沿圓圈向左走八卦步。（圖 3-43）

【要點】整體要求是走圓圈，但此圈可大可小。若要轉身時，可上步扣腳走穿掌，如向左沿圈走轉，當左腳在前時，如要轉身，可先上右步扣腳，然後隨身左轉，右手從左手臂下向前穿出，手心向上，同時左手回收至右肘內側，手心向下，隨之左腳外擺，腳尖向前；目視右手。然後上右步，沿圓圈向右走轉，隨走右掌內旋掌心朝向圓心。（圖 3-44）

練習熟練後，轉身時也可以走抽身換影式。比如：當走左旋圈左腳、左手在前，面向圓心時欲變式，可先右腳向前上步扣腳，隨之身向左轉，左腳略外擺，同時右手從左手下向前（圓心）穿出；上動不停，左腳尖內扣，右腳不動，身略右轉，同時左手從右手臂下向前（圓心）穿出，右手收至左肘內側；上動不停，身略右轉，右腳外擺，同時左手內旋向上托掌至頭頂，手心向上；右手從身前經腹部屈肘沿右肋繞向右腰後，掌背貼身，拇指外側向上，頭右轉目視右肘後。

圖 3-43

圖 3-44

　　上動不停，身繼續右轉，左腳向右腳前扣步轉身（面向圓心），隨之右手外旋向前（圓心）探掌，掌心向上，左掌落至胸前，手心向下。上動不停，身略右轉，隨之右腳向右後撤步，同時左手從右手下向前穿出，手心向上，右手收回，手心向下；上動不停，身向左轉，右腳尖內扣，左腳略外擺，隨之右手從左手下向前（圓心）穿出，手心向上，左手收回至右肘內側，手心向下；目視右手。然後右腳上步沿圓圈向右走轉。

　　轉身變式不管怎樣變化，意念、面向方向、前穿之掌

一定要始終對著「圓心點」的假想敵。此即《拳經》所云「前面無人似有人」的練法。

　　練習時可多練轉身，這裡內含步法、身法、手法的精妙變化。轉身後不拘只練穿掌一手，可變化多種手法，如劈、蓋、斬、削、擄、帶、崩、彈等。另外，其中也暗含多種腿法之應用。這些可在操練中慢慢悟出。

圖 3-45

　　走轉時可以邊走轉邊打空（用手足向面前假設之敵發出各種攻防動作）；也可以繞樹走轉，邊繞邊向身前樹樁發出攻擊，如用肩、背、臂、掌、胯、腳做各種攻擊動作（速度要慢，用勁宜適度）。（圖 3-45、圖 3-46）

圖 3-46

2. 磨盤轉（雙人）演練法

操練者甲乙二人面向對方上右步，左腳不動，重心偏後腿；同時雙方伸出右手，兩腕相搭，左手伸至右肘內側，手心向右，目視對方。然後身向右轉，同時上左步沿著圓圈向右轉。

當甲方走到右腳在前時，左腳向右腳前上步扣腳，身向右轉，右腳前邁半步；腳尖略擺向前。同時左手從右手下向前穿出，掌心向上再內旋外擰使掌心向外，右手收至左肘內側，手心向左；然後上左步沿圈向左走轉。

當甲方做上述轉身換式動作時，乙方也要隨著做同樣的動作。這樣轉身換掌後甲乙雙方再沿著圓圈向左走轉，如此反覆操練。初習時要求有一人主動領轉，另一人相隨而轉。熟習後，甲乙雙方在轉動時，可任尤其中一人隨時變換方向同時換手，另一方應及時相隨對方變換。

圖 3-47

另外在變式時，可加練直行上步穿手、劈掌，直行退步穿手、劈掌，斜行進退步劈掌，轉身擺扣步回身劈掌，轉身原地化手劈掌等手法。原則是一人隨轉隨變，另一人隨變隨接。雙方練習在動轉中的步法、身法、手法變化反應能力。（圖 3-47、圖 3-48）

圖 3-48

　　經過一定時日的操練，雙方有了初步走圈變換之基礎，可進一步演練步法、身法和手法的組合招式變換。如當甲乙雙方從左向右沿圈搭手走轉時，甲方突然左腳扣步向右轉身，隨之右腳外擺墊步，同時左手從右手下向前穿出吃住對方之接手；隨之甲方身略左轉面對乙方，同時迅以右掌劈擊乙方頭面；乙方若攔截甲方右手，甲以左手拍擊乙方頭面；若甲方之左手被攔，甲即迅速腰胯下坐，兩腿略屈，沉氣丹田，以右掌突發抖勁，擊打乙方胸部，使之受創。

　　又如甲乙雙方左手相搭向左轉圈，甲方突然上右步扣腳身向左轉，隨之左腳外擺，同時右手從左手下向前穿出；若對方以右手相接，甲速用右手纏拿乙右腕，然後速交與左手拿之，隨即甲略左轉向乙身前上右步，同時以右掌橫切乙方右肋腹；乙方如以左手推按甲之右手臂，甲則迅速身向右轉同時以左掌猛劈乙之胸面；乙若躲過此掌，甲可身略左轉，同時以右手臂抽擊乙之襠腹，使之受傷。

　　以上二例，只是操練中假設之招式，演習時沒有固定招法，不可拘泥成法。正所謂：法無定法，全憑心法。操練時，雙方要審時度勢，機敏善變，力求把所學拳術招法，隨意拿來應用，所謂「招從心出」，「運用之妙，存乎心也」。

　　這個磨盤轉練法，糅入了形意、八卦、太極三門拳術之精華，是形意門前輩傳下的寶貴遺產，後學有心之人若能按此道細心揣摩研練，經過日久之功，可練得身腰如球，手臂如蛇，步法賽粘，眼光如電，對日後提高技擊實戰能力會有很大幫助。

（四）技擊用法

說到用法，形意門有一種近似實戰的操練之法，各支派叫法不一，如操手、領手、餵手、搓手、散手等。而在筆者的家鄉則管這樣的操法叫「撕扒」「抓蛤蟆」。各家叫法不同，其實操法相似。

下面簡單介紹一下這種操法的具體練法。

甲乙雙方對面站好，各出右（左）腳前上一步，同時順步出手相搭，也可不搭手。然後甲方向乙方進攻，乙方接招化解。進攻方可以形意五行拳十二形拳及七拳十四處打法靈活運用；防守方接招換勢隨意化解應對。

練習時可一方連續進攻，一方防守。也可隨時變換攻防角色。練習時雙方可像太極推手那樣沾黏連隨、纏拿推放，也可像八卦掌那樣步繞身轉拆招換勢，又可像中國跤那樣手扒腳拌。

總之這種操法不拘形式，重在實作，可以說它比太極推手內容更豐富、更近於實戰，首先從技法運用上，它涵蓋了形意拳入門打法的全部內容，包括拿筋抓脈和點穴術。步法上更加講究靈活多變，有進步退步、逃身不逃步、逃步不逃身、逃身又逃步、斜行三角步、擺扣步轉身、弧形繞步等。腿法上講究勾、掛、踢、踩、踏、掃、拌以及膝頂撞跪等下盤腿膝之應用。

形意拳這套操法不講究什麼形式，沒有太極推手那些套套框框。上步搭手，隨意走轉，拆招換式純任自然；你黏我隨，你剛我柔，你進我退，你走我送；你快我也快，你慢我也慢，沾著黏著你，見空就打你；柔中寓剛，剛中有柔，拿纏擴打，吞吐隨機，自然而然。玩的是團球轉，

練的是筋長、體鬆、氣足、勁實、肉彈簧。

需要說明的是，這種近於實戰的操練法，在實際操練時，習練者必須注意以下幾點要求。

（1）操練者要有武德，二人較技重在交流，不計勝敗。互相信任，互相尊重；操練時絕不施重手、冷手、毒手。致命之處決不允許擊打。

（2）操練者必須有一定形意拳套路和對打拳套的基礎。

（3）操練者練習過一定的拍打功和氣功基礎以提高自身抗擊打能力；練過樁功和操活樁，自身具備一定的整體攻擊發放力。

（4）在操練時先要慢練，逐步加快速度，不施重手腳，先重在掌握自身頭肩肘胯手腳膝的攻擊技術和綜合應用能力，提高自身各部位敏感度以求化解對方之攻擊於無形中。

總的原則如下：由慢到快，由單一到多變；由柔到剛，剛柔相濟；攻之無形，解而隨意，挨傍擠靠，貼身近打，拿纏採擄；步繞身隨，貓撲狗閃；龜背蛇腰，搭舌拉胯，千手千眼千身佛；三盤九節十八球，節節轉，節節發，身如球轉，手如龍爪，臂似蛇纏，渾身處處似彈簧，換到何處何處擊；動之無形，發之隨意。

操練此法，貴在有對手（陪練者）相互配合長期操練。熟練後可以找不同類型的對手操練，不斷提高自己的攻防技術和多種適應能力，為今後真正進入實戰打下堅實基礎。

劈拳的基本練法是一鑽一劈，而實際應用時就要複雜

多了，並有明手、暗手（小手）之說。

如對方以右直拳擊我前胸，我即以右手從對方來拳外環接手，隨之可旋腕纏扣其腕，並順勢向下向後擄帶之，以破壞對方重心；緊接著我手腕外旋上鑽對方咽喉或頭面部；也可在接對方來手後，順勢翻腕向後擄帶，同時後腳上步，左掌隨之向對方胸面部猛劈，對方若接我左掌，我兩腳不動，只可擰腰順胯，身微左轉，左手略回手，後手（右）迅速向前打出。此為劈拳「連環掌」。

劈拳在實用時，一般起手鑽接對方來手時，我身若離對方較近，那麼起手時下邊前腳可同時起腳踩踏對方前腳之腳面，也可用暗腿蹬踏對方小腿迎面骨，後腳上步時亦可踢踏對方下盤腿腳，但要注意以上腿法均屬暗腿，一般用法以擊打對方膝部以下部位為宜。形意拳古有「起腿不過腰」之說。

劈拳有裡外、左右、上下、前後等各種方法。

具體手法應用時則有劈、拍、蓋、化、推、鑽、捋、按、放、撥、擰、翻、採、拿、穿、戳、挫、撲、斬、砸、抓、托、塌、摘、切、抹、撩、抄、晃、洗等多種手法和綜合應用。

六、養生作用

練習劈拳若以健身養生為目的，其練法一般可採取定步劈拳的練法。動作宜緩慢、柔和，不要求發迅直剛猛之整勁。劈拳打的是一氣循環之起落，所以要特別注意呼吸與起落鑽翻的有機配合，做到內外六合（心與意合、意與氣合、氣與勁合；肩與胯合、肘與膝合、手與腳合）。

劈拳的每一個起落，定勢時都要保持三體式樁的姿勢，而且要求每到定勢時稍停一下（一般停 3～5 秒），為的是充分體會意氣勁和身體各部位拳架結構的調整。調整的要義是按形意拳八字二十四法（頂扣圓敏抱垂曲挺）去細心體味。

練習劈拳時，起鑽落翻，兩手皆從中府、雲門而出，此兩穴是肺經的主要穴位，落時虎口圓撐，肺氣直貫大指端之少商，而後轉入食指端大腸經之商陽穴、中府是肺經之募穴，又是手太陰肺經和足太陰脾經之會合處，對肺經的肺氣至關重要。

少商是肺經的井穴，關係到對呼吸系統一切疾病的治療。眼為心之使，眼到心即到，心到神到而意、氣隨之。故目視虎口則肺氣暢通。

兩手起鑽落翻，帶動了肋間肌、肋下肌的運動，使肋骨上提、下拉，增大了呼吸時胸腔的擴張和收縮，使肺通氣量增大，也起到了養肺的作用。

《內經·素問·經脈別論》有云：「脈氣流經，經氣歸新天地肺，肺朝百脈。」《形意拳要論·五行》中說：「肺經動而諸脈不能靜。」故肺脈通暢則諸臟脈氣皆隨之而動。

西醫認為，肺向人體輸送氧氣是由肺血流量的控制，而肺泡壁的微動脈又受體液因素的調節，所以欲治呼吸系統的疾病或增強體質，必須做到養肺與補腎同時並舉。由於劈拳定勢與三體式樁相同，一動一定（靜），既有養肺之功，又有補腎之能，所以說練習定步劈拳是治療呼吸系統疾病較為理想的功法。

第二節　鑽　拳

一、鑽拳歌

鑽拳原是地反天，上下同打是真訣。

左右相同隨意發，收吸發呼勁合丹。

二、鑽拳之要義

鑽拳在五行之中為水，在形態之中似閃電；在八卦之中為坎位，在方位之中為正北，是謂北方壬癸水；在人身的竅位之中為會陰；在發力點上為命門；在臟腑之中為腎；在下肢和身軀的經絡之中為足太陽膀胱經和足太陰脾經；在上肢的經絡中為手陽明大腸經和手厥陰心包經；在五官之中通於耳。

鑽拳是陰陽一氣，流通曲折，無微不至的運動。《拳經》有云：「鑽拳性屬水，是一氣之流通無微不至，鑽上如龍，又似湧泉上翻。取諸身內屬腎，以拳中為鑽拳。」

所謂「陰陽一氣」就是說內氣與外氣要相合為一，營氣與衛氣要相合為一，陰氣與陽氣要相合為一。「天地陰陽相合能下雨，拳之陰陽相合方能成其訣」，此乃形意運用之大要。

所謂「流通曲折」，主要是講鑽拳在練習中其氣血是沿著上肢的手陽明大腸經和手厥陰心包經、下肢的足太陽膀胱經和足太陰脾經而曲折運行的。

所謂「無微不至」，主要講的是用法和練法。從用法上來講，鑽拳除了有上鑽、中鑽、下鑽的打法以外，還有側鑽、繞鑽等不同的鑽打方法。運用時就好像流水一樣，要有無洞不入、無空不鑽、無孔不進、無縫不入之妙用。

鑽拳在練法上，從步法來講主要有順步鑽拳、拗步鑽拳兩種。鑽拳之步法與劈拳相似，但用勁較劈拳猛烈，練習時兩拳輪換上鑽，快似閃電，故古拳譜比喻「鑽拳似電」。鑽拳在具體練習中有三種形式，即定步鑽拳、跟步鑽拳和行步鑽拳。

三、基本練法

1. 預備式
2. 起勢
3. 三體式
4. 右鑽拳

（1）接上式左三體式，左手臂略外旋向前攢鑽，手心向上，小指一側攢轉朝上，吸氣；同時，右手變拳外旋略向後攢轉，拳心向上，小臂尺骨側緊靠右肋處。左腳在

左手向前攢鑽同時向前墊步，腳尖外撇 45°，重心前移，左腿略向前弓步；右腳蹬勁；目視左小指中節。（圖 3-49）

【要點】左手攢鑽和左腳墊步要動作一致，左腳墊步時左掌外旋要有向前攢鑽之勁。另外，手掌還要暗含上托之勁，手指要有前頂之

圖 3-49

勁（力達梢節），頭要向上頂勁（衝發）。同時，左肩要
鬆沉前順，不可有絲毫回縮之意；右手臂外翻擰轉時有向
後摩擦之勁，小臂內側要緊貼右肋。左膝前弓要有撐勁；
右腳要有蹬勁，右腿似直非直。腰要下塌，胯要坐住，脊
背上拔，頭要頂勁。吸氣時要緊縮穀道，提氣至中脘（胃
部隆起）。

（2）左腳不動，重心繼續前移，右腳前提停於左腳
內側（熟練後也可不停頓，直接向前邁步），前腳掌虛著
地，重心偏於左腿，兩膝緊靠。同時左手內翻變拳，拳心
朝下，位置不變；右拳上提沿胸前伸至左小臂內側，位至
肘前腕後，拳心向上；目視左手前。（圖 3-50）

【要點】右腳上步至左腳內側，是一個過渡動作，動
作熟練後，手腳可不停，連續做下一個動作。連續走式
時，右腳前蹬時，右膝與左膝、右踝與左踝要相摩而行，
此即拳諺所云「磨經磨脛意氣響連聲」。此動作要求做到
緊中有鬆，兩肩要抱，兩肋要束，頭要領起，神氣要凝。

（3）上動略停，右腳向前上一步，左腳不動，中心
仍偏於左腿。同時，右拳由左拳臂上向前鑽出，呼氣，右

圖 3-50

圖 3-51

拳臂極力外撐，撐至小指一側向上，高與鼻尖平；左拳回落至左腹外側，拳心向下，拇指根緊靠腹部；目視左拳。（圖 3-51）

【要點】右上步鑽拳，初習者可先練四六勁（前腿四分勁，後退六分勁），待練到一定程度後可練三七勁。上步時後腳要蹬著走，落步時要有踏勁，腿要撐勁；後腿要有蹬勁，兩腳要抓地（湧泉穴要虛空）；兩膝上挺勁，且含合扣勁；腰胯向下鬆落（塌腰坐胯），脊背挺拔，頭頂項豎，穀道上提（縮勁），尾閭（骨）前收，氣沉丹田。

鑽右拳時，勁要撐著向前鑽出，右肩要極力向前順（肩勁要撒開），兩拳一出一收都要撐著勁出入，不可直出直入，右拳前鑽小臂暗含向前靠勁。

5. 左鑽拳

（1）右腳向前墊步，腳尖外撇 45°，左腳不動，重心前移成右弓步；同時，右拳外撐前伸變掌，掌心向上，吸氣；右手小指尖高與鼻齊；同時，左拳外翻拳心向上，小臂內側與左肋摩擦略向後帶；目視右手。（圖 3-52）

（2）右腳不動，重心前移，左腳前提至右腳內側，前腳掌虛著地；同時右手內翻變拳，拳心向下；左拳上提伸至右小臂內側，拳心仍向上；目視右手前（圖 3-53）

（3）上動略停，左腳向前上步，右腳不動，重心仍偏於右腿；同時，左拳沿右拳臂上向前鑽出，呼氣，右拳回落收至右腹側，拳心向下，小臂橈骨側緊靠肋部；目視左拳。（圖 3-54）

【要點】與前右鑽拳動作（1）、（2）、（3）相同，惟左右相反。如此反覆交替練習，次數多少根據場地

圖 3-52　　　　　　圖 3-53　　　　　　圖 3-54

條件而定。

6. 鑽拳回身

（1）鑽拳左右回身均可，以右回身為例，當打到左順步鑽拳時，前（左）腳尖回扣，隨之身向右轉 90°；同時，右腳向右側橫跨半步成半馬步式，重心略偏於右腿；隨右腳跨步，左拳變掌內旋經胸前向下按至腹前，掌心向下，大指一側朝內；同時右拳變掌隨轉身向身右側踏掌，手心向右側前下方，呼氣；兩臂呈弧形；目視右手外側。（圖 3-55）

（2）上動略停，身向右轉 45°，右腳向前墊步，腳尖外撇 45°，重心前移；同時右手外旋向前撐穿，吸氣，小指一側斜向上，高與鼻尖齊；左拳變掌內翻收至左腹側，拳心向上，小臂內側貼靠肋部，略向後摩擦；目視右手。（圖 3-56）

圖 3-55

（3）上動略停，重心前移，右腳踏實；左腳前提至右腳內側，左腳掌虛著地，兩膝相靠；同時右掌內翻扣手變拳，拳心朝下，置於胸前，左拳提至右小臂內側，拳心仍朝上；目視身前。（圖 3-57）

（4）左腳向前上步，右腳不動，重心仍偏於右腿；同時，左拳經右手臂上向前鑽出，呼氣；左拳臂極力外擰，擰至小指一側斜向上，高與鼻尖齊；右拳回收至右腹側，拳心向下，小臂橈骨側貼靠肋部；目視左拳。（圖 3-58）

【要點】動作（1）鑽拳回身暗含熊形式，此式是走身法，名曰「黑熊踏掌式」。從技擊角度講，是打前顧後之法，兩手運作與身法變化要協調一致。動作（2）、（3）、（4）動作要快、要穩，上鑽下踩，轉身探掌，手腳身法要動作聯貫，反應敏捷。其他要點可參閱前左鑽拳式之要點說明。

圖 3-56   圖 3-57   圖 3-58

鑽拳回身有上、中、下三盤練法。上述回身為中盤練法。上盤回身也稱「鷂子回身」，如打到左順步鑽拳時，向右回身，左腳內扣，身向右轉 180°，隨之右腳向前上

半步成右三體式；同時左拳下按
至胸前，拳心朝下；右拳從左拳
上向前鑽出，拳心向上。然後再
上左步打出左鑽拳。

圖 3-59

　下盤回身練法也稱「錦雞撒
膀」。如打到左順步鑽拳時（左
腳左拳在前），向右回身，左腳內扣，身向右轉 90°，隨
之左腿屈膝下蹲，右腿向右側伸出仆腿；同時左拳變掌內
旋下按至左胯側，手心向下，虎口向內；右拳變掌內旋反
掌沿右腿內側向右伸出，掌心反向上，虎口朝前；目視右
手前。（圖 3-59）

　上動略停，身向上起，右腳尖外撇 45°，隨之重心前
移；同時，右掌外旋向前探掌，指尖向前，高與鼻尖齊；
左掌外旋變拳收至左腹側，拳心朝上；然後重心繼續前
移，左腳經右腳內側向前上步，成左三體式；同時左拳上
提經右拳上向前鑽出；右掌內翻變拳回收至右腹側，拳心
向下；目視左拳。（參閱圖 3-52～圖 3-54）

7. 右鑽拳

　左腳墊步，重心前移，左腿略前弓步，右腳不動；同
時，由拳變掌向前擰穿，吸氣；同時右拳外旋拳心翻轉朝
上，小臂尺骨側貼靠肋部；目視左手（圖 3-60）。

　重心前移，左腳踏實；右腳前提至左腳內側，腳掌虛
著地；同時，左手內翻扣掌變拳；右拳上提至左小臂內
側，稍停，然後經左拳臂上向前鑽出；右腳前蹚上步，重
心仍偏於左腿成右三體式。左拳收至左腹外側，拳心朝
下；目視右拳。（圖 3-61、圖 3-62）

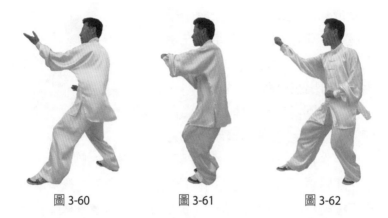

圖 3-60　　　　　　　圖 3-61　　　　　　　圖 3-62

　　此後動作又可左右式交替向原起勢的位置打回去，待打出左順步鑽拳之後再做回身式，回身動作和要點說明與前第 6 式回身式完全相同，惟方向相反。

8. 鑽拳收勢

　　（1）接上式，兩腳不動，左拳變掌向前伸，同時右拳變掌略外旋向右側平伸，手心均向上；當兩手向上托舉過頂後，雙手內旋從頭上經胸前向下捋按至腹前，兩掌變拳，拳心向下，虎口向內，呼氣；目視前下方。（圖 3-63、圖 3-64）

　　（2）上動略停，重心前移，右腳前移至左腳內側與左腳並步，兩膝微屈，然後身體起立，兩拳撒開變掌收至大腿兩側，手心向內，指尖向下；兩眼平視前方，恢復預備式姿勢。（圖 3-65）

　　【要點】兩手上托時，兩腳掌要有向下蹬地、身體向上抻拔之意；同時吸氣。兩手向下捋按時，要屈膝、鬆胯，呼氣，氣沉丹田，百會穴領勁不丟；立正還原，呼氣（呼之再呼），全身放鬆，氣靜神凝。

圖 3-63　　　　　　圖 3-64　　　　　　圖 3-65

四、練功路徑

鑽拳的基本練法是定步鑽拳，這是鑽拳的初級練法。這一階段主要是掌握鑽拳的基本姿勢動作；明白領悟鑽拳之勁道；進而學習鑽拳的呼吸之法。定步鑽拳是鑽拳的基礎功夫，也是入門之路徑。

鑽拳與崩拳、炮拳是形意五行拳中三個威力比較大的拳路，也是較難掌握的拳法。難就難在它的勁道難以領悟，功夫不易上身。鑽拳步法雖與劈拳相似，但它發拳較劈拳快速猛烈，柔中有剛，剛柔相濟，且轉身靈活，變化莫測。

練習定步鑽拳，要時刻以形意拳起鑽落翻的要旨為準則，動則擰鑽、滾動；動則翻轉裹扣，勁走螺旋，絕無直來直去。

學習定步鑽拳與形意五行拳其他四行一樣，初習階段一定要慢練。欲速則不達，一定要耐得住性子。只有慢練才能隨時修正拳式，才能找得準拳勁，才能調整好內氣。

慢是手段，不是目的。慢也是快，有了慢練基礎，少則三年，多則五年，或慢或快，或剛或柔，則可隨意而行之。

定步鑽拳練到一定程度，可進一步練習活步鑽拳。活步鑽拳包括跟步鑽拳和行步鑽拳兩種練法。跟步鑽拳是活步鑽拳的初步練法，其步法包括：墊步、上步、跟步等。其上盤手法與定步鑽拳手法相同。這個階段練功可配合單操發力，以增強內氣和外力的有機相合。在此基礎上，再結合跟步練習時發力、找勁。這是進一步調動全身各部關節（外五行）與內臟各器官（內五行）的密切協調，增加內外相合，整體行功的練法。

練習跟步鑽拳，要求做到進步如行犁，蹬蹚有力；湧泉起勁，氣發丹田；束身而起，急如閃電；拳打連環，剛柔相濟，內外相合，五行合一；丹田抖動，力達四梢。

有了定步、跟步的鑽拳功夫，可進一步練習行步鑽拳。行步鑽拳步子要活，身子要靈，上肢要敏捷。步子活要進退自如、輕靈敏捷；身子靈要轉換無滯，圓活自然，起落如水之翻浪，不停不息；上肢敏捷要撑轉鑽翻，變化莫測，剛柔相濟，得心應手。

這一步功夫是由暗勁功夫起步，進而至化勁功夫。行步鑽拳初習時練習可在一條直線上連續進步（三步一組）出拳走式，勁力柔和暗含內勁，行步流暢。當勁力練到圓順柔和，神氣飽滿時，可不為拳式步法之固定程式所束縛，此時行拳步法可走直線，也可按「七星步法」走式。包括回身換式，練習時不可停步、停式。此時可連續上步，連續鑽拳。

行拳走勢要體現出行如流水，滔滔不絕；活似蛟龍，

蜿蜒柔韌；靜若遊雲，悠悠蕩蕩；動似雷鳴，快如閃電般敏捷。前後左右、上下來去，一切唯以我意而行之。

五、技擊應用

（一）單操法

單式操練是學習技擊應用之法的基本功之一。加強單式練習，可以加強習練者內氣和外力的有機結合，提高實戰應用的能力。

本篇向讀者介紹四種鑽拳單式操練法。

1. 原地鑽拳

（1）以右三體式開始，兩腳不動，左手前提向上向內橫扣至胸前變拳，拳心向下；同時右手回收至胸前變拳與左拳相交，再外旋從左拳上向前鑽出，拳心向上，高與鼻齊，右拳臂極力前伸，但不可伸直；同時左拳收至左腹外側，拳心向下；目視右拳。

（2）上動略停，兩拳撒開成掌，還原三體式姿勢；然後左手再向胸前橫扣變拳；同時右拳略回收再從左拳上向前鑽出，拳心向上，左拳收至左腹側，拳心向下；目視右拳。

如此反覆操練，此為「右鑽拳」單操；如換「左鑽拳」操練，練法一樣，只是左右手、腳換位。

【要點】原地打鑽拳，主要是鍛鍊鑽拳的爆發力。當兩拳在胸前相錯時，右（左）拳突發寸勁向前鑽打，此時左腳（前足）踏地，要有向前下的鑽勁，左膝也要同時突發向前的短促的頂勁；右足和腿必須突發蹬勁和挺拔之勁。同時全身都要突發抖勁（抖絕），此時腰身微向左擰轉，

右拳在突發寸勁中略向右擰轉，成為拳心斜向上的陽拳。

此式有兩種練法：一是兩腳不動，反覆打出右（左）鑽拳；二是兩腳不動，兩拳左右輪換向前鑽打。不論哪種練法，其發勁要點都與上述要求相同。

2. 連環鑽

（1）從左三體式開始，左腳墊步，隨之左手外翻向前探掌，掌心向上，指尖向前，右手不動。上動不停，左手內翻扣至胸前，隨之右腳向前上步，成右三體式，同時右拳從左拳上向前鑽出，拳心向上，高與鼻齊；左拳收至左腹側，拳心向下；目視右拳。

（2）上動不停，右拳內扣，左腳向前上步成左三體式，同時左拳上提從右拳上向前鑽出，拳心向上；右拳收至右腹側，拳心向下。

（3）上動不停，左腳內扣，身向右轉 180°，隨轉身左拳向後向胸前橫扣，拳心向下；隨之右腳向前上半步成右三體式；同時，右拳從左拳上向前鑽出，拳心向上；左拳收至左腹側，拳心向下；目視右拳。

（4）上動不停，右拳回扣，左腳上步成左三體式；同時，左拳從右拳上向前鑽出；然後左拳回扣，上右步鑽右拳。然後再向左回身，隨之右拳從身後向胸前橫扣，左腳墊步同時鑽出左拳；再連續打出右順步鑽拳，左順步鑽拳。

如此反覆操練，運動量根據個人體力而定，隨時可收勢還原。

【要點】此步功夫是鍛鍊在行拳走勢中內氣與外形的協調相合及整體發勁的能力。

3. 黑熊踏掌

（1）從左三體式開始，左腳墊步，同時左手外翻向前探掌，掌心向上，指尖向前；上動不停，左掌內翻扣掌，隨之右腳向前上步，重心偏左，成右三體式；同時右掌從左掌上向前穿出，掌心向上，指尖向前，高與鼻齊；同時左掌收至右小臂內側，手心向下；上動不停，右掌內翻扣掌，左腳向前上步成左三體式；同時左掌從右掌上向前穿出，掌心向上，高與鼻齊，右掌收至左小臂內側，手心向下；目視左手。

【要點】連續上步穿掌，出掌收掌要擰轉而出，勁貫指尖。此式曰「黑熊取物」，有出手不空回之意。

（2）接上式「左穿掌」，身向右轉 90°，重心略右移，同時左腳尖內扣，隨之左手內翻橫扣掌至腹前，屈臂橫肘，掌心朝下，重心略左移，右腳向右側橫跨一步，兩腿屈膝略下蹲成馬步。同時，右掌向身右側踏掌，掌心朝下，小指一側向右，高與腹平，兩臂呈弧形；目視右側。

【要點】回身踏掌練的是沉踏勁，當連續上步穿掌後，突然轉身踏掌時，兩腿屈膝下蹲，兩胯要坐住勁，發力時，兩腳蹬勁，丹田抖動，左手下按，右手前踏，此式腰要塌，背要拔，頭要頂，氣要沉，內外相合，整體發力。此即為「黑熊踏掌」。

（3）上動略停，身向右轉 90°，隨之右腳外擺，右手外翻從下向上穿出，掌心向上，指尖向前，高與鼻齊，左手輕按於腹前，手心向下；上動不停，左腳向前上步，右手內翻按於胸前，左掌從右掌上向前穿出，掌心向上；上動不停，右腳上步，左手回按，右手從左手上向前穿

出，左手收至右小臂內側，掌心向下。然後做左回身變馬步左踏掌，再墊左步穿左掌；再上右步穿右掌，上左步穿左掌。

如此反覆操練，時間多少根據個人體力而定。

4. 錦雞撒膀

（1）從左三體式開始，左腳墊步，同行左手外翻向前探掌，右手不動。上動不停，右腳向前上步，重心偏於左腿；同時右手從左手下向前穿出，手心向上，指尖向前高與鼻齊，左手收至右小臂內側，手心向下；目視右手。上動不停，左腳向前上步，重心偏於右腿；同時左手從右手上擰轉著向前穿出，手心向上，右手收至左小臂內側，手心向下；目視左手。

（2）上動不停，左腳內扣，身向右轉 90°，重心左移，左腿屈膝下蹲，同時右腿向右側伸出成右仆步；隨兩腿屈膝仆腿，左手內翻下按至左腰側，手心向下，右手反掌沿右腿內側向前下方伸探出，掌心反朝上，指尖向前；目視右手前。

（3）上動略停，身略上起，右腳外擺，隨之右掌外翻向前探掌，手心向上，左手收至左腹前；上動不停，左腳向前上步，隨之左手從右手下向前穿出，手心向上，指尖向上，隨之右手從左手下向前穿出，左手收至右小臂內側，手心朝下；然後做左回身左仆腿；再墊左腳穿左掌，上右步穿右掌；上左步穿左掌。

如此反覆左右操練，根據個人體力掌握運動量，及時停功收勢即可。

【要點】①連續上步穿掌要手腳相合，動作聯貫，做

到手到、腳到、勁到、眼神到。兩掌前穿要有擰轉勁，滾出滾入，勁走螺旋。

②屈腿下蹲時，前仆腿不可伸直，兩腿要有撐勁，這樣容易練出襠胯的彈簧勁。

（二）技擊用法

鑽拳用法在五行拳中比較快速激烈，所謂沾手即得，沾手即打。鑽拳之鑽有兩個含義：一是鑽（ㄗㄨㄢ 一聲）有如流水尋隙之巧；二是鑽（ㄗㄨㄢˋ 四聲），有輕勁省力之巧。

水有無微不至之靈，鑽有無物不透之力，水有無孔不入之妙，鑽有閃電穿針之速，因而鑽拳在實戰運用中，即可以直攻正取，又可蜿蜒曲行，因勢而變，見機而行。

鑽拳的練法比較簡單，表面看應用招式不會很多，但是鑽拳步法、身法、手法靈活敏捷，反應迅速，變化莫測。本篇所示數招，不以為例，僅供參考。

（1）如對方以右順步拳擊我胸面，可以右拳從其來手外環向上鑽接來手，對方若來勁弱，我之鑽拳可速變仰掌，向前探掌穿擊其喉面，此謂「白蛇吐信」。

若接手時對方給勁，我即右拳內翻變掌扣手，同時身略右轉，向我右後方採擄對方右手臂，同時我即出左拳向前鑽彼之喉面。

若採擄對方手臂時，對方向後退，我可乘勢上左步，跟右步，並以左拳鑽打其胸面部。

（2）鑽拳之穿手，另有上托之意，如對方以右拳向我面部打來，可用左掌從其來手臂下向上托起臂肘，同時上後步以右拳擊其胸；此時如與對方貼近，可用右立肘靠

打其胸，亦可用拳上鑽其頦。

（3）如對方上左步以左拳擊我胸，可用左鑽拳從其來手外側接之，順其來勁左手內翻略向左擄帶其腕，隨之速上步鑽右拳擊彼胸面。對方若接我右拳，可右拳內翻變掌扣按其腕，同時速以左拳鑽打其胸面，此謂「連環鑽」。

（4）如對方用右順步拳從正面擊打我胸面部，可略向左側閃身，隨之左腳向左側橫跨一小步，同時以左手從對方來手外側向我右側橫推對方右肘臂，破其來勢。上動不停，速向前（對方身右側）上右步，同時以右拳向上鑽擊對方頭面（側面）；對方若接攔我右拳，我可右手內翻扣其腕，並速上左步，同時用左拳鑽擊對方頭面部。此謂「繞步鑽」。

（5）鑽拳回身用法豐富，變化多，可打上盤「連還手」，可走下盤「錦雞散膀」截攔對方攻腿之法，亦可走中盤攔腰擊肋之法。

如我與對方搭手轉圈，對方突然轉身法右掌穿擊我喉面，我速以右手從其來手外環穿接，隨之我身略右轉，右手內翻向我身右採擄其腕；同時略移左步，以左掌向其右肋按踏。如對方用左掌攔擋我左手，我腰身速向左轉，閃化其來勢，並速出右鑽拳擊打對方胸面；若對方再接我右拳，我左拳可順勢直崩其心口處。此即「黑熊踏掌」之用法及變化。

如對方發右腿蹬踢我前腿（右）膝脛部，我速略屈膝下蹲，同時身略左轉，用右手反手向外截撩對方右小腿外側，敵若收腿後撤，我可順勢以右手穿擊其喉，再上左步鑽左拳擊其胸面。這是「錦雞散膀」的用法及變招。

如對方突然以右順步拳從我身右後方擊我上部，我可左腳內扣，身速向後轉180°，隨轉身左拳從前向後扣拳下按對方擊來之手臂；同時我突發右拳鑽擊對方胸面部；此時我亦可用右腳蹬踏對方前腿膝腳。敵若快速向後撤步，我即迅速上左步再鑽拳打敵頭面。此即鑽拳回身之「鷂子回身」式變「鷂子鑽天」式的打法。

鑽拳在實戰中可以任意與五行拳中其他各形組合運用。如對方以右順步拳打我胸面，可速以右拳從其來手外側向上鑽接，然後順其來勢右手內翻扣其腕略向下採捋；同時上左步以左拳直崩其肋腹。此即拳論「木由水生，一鑽即崩」之理也。

鑽拳在實際應用中，不可拘泥於成法，不要侷限於一進一退，進中取正之打法。

可大膽運用靈活的步法、身法，進也鑽、退也鑽；左也鑽、右也鑽；上也鑽、下也鑽；直進斜行，繞身鑽打，進步如行犁，出拳似流水，無空不鑽，無孔不進，無縫不入，故所謂「無微而不至也」。

六、養生作用

古拳譜比喻「鑽拳似電」，是說鑽拳打法激烈，出拳快似閃電，這是用法。如練習鑽拳以健身養生為目的，不需練其快速似「閃電」，也不打其手腳整齊的整體發力。可以練柔順，動作協調為主；並注意呼吸與動作有機配合。鑽拳練的是一氣之流行，其氣發於腎，拳論曰：「如水之委婉曲折，無微不至。」

西醫認為腎是人體內重要臟器，位於腰部左右各一。

兩腎後面上部與膈肌相貼，下面由內向外依次與腰大肌、腰方肌、腰橫肌相鄰接，它能維持人體內環境的恆定。其健康與否，與其結構和腎血供應有決定性關係。任何因素改變了腎血管的正常供血功能，都將改變腎臟的功能。

中醫認為，腎除了兩個腎臟之外，還包括生殖泌尿系統及前列腺、胰島、腎上腺、女子胞等重要生殖腺和內分泌腺，包括命門在內為先天之本，生命之源。

《形意拳要論》中說：「背脊十四骨節皆為腎，此固五臟之位。然五臟之系，皆繫於背，通於腎髓，故為腎，至於腰側兩腎之本位，而為先天之第一，尤為諸臟之根源。」我們以健身養生為目的而練鑽拳者，要以慢練為主，練拳時要注意動作和順，身體上下相連，手足相顧，兩手擰裹鑽翻，一起一回，兩臂肘交替向身體中線擰裹，形成全身以腰為主的運動形式，而且整個脊柱在不停地蠕動，使其頭、頸上下肢肌群都參加運動，從而使身體上下內外都得到平衡、協調、穩定的鍛鍊。

練習鑽拳時，脊柱的一伸一縮，肌肉的一張一弛，內氣的一起一伏，兩肋的一開一合，直接按摩和激發了腎臟、腎血管和神經，改善了脊柱本身和腰部諸臟器的供血狀況，起到了洗髓作用，使腎臟得以充分調養並增強其功能，人體內廢物也得到及時排泄。同時還可以增強腰間肌韌帶的牢固性。人身腰脊上下是督脈之通道，此處經脈血液通順可以有效防止脊柱病的發生，可使人體陽氣大生，腎氣充盈；腎氣充足後，元陰元陽得以互生互濟，腎水上潮以濟心火，腎經化氣，還精補腦。因此，平時勤練鑽拳有強腎固精之功效。

第三節 崩 拳

一、崩拳歌

崩拳多種練法

崩拳屬木疾似箭，發動全憑一寸丹。
跟順變化隨法用，轉身提足把樹攀。

二、崩拳之要義

崩拳在五行中屬木，在八卦之中為震卦，在方位之中為正東方，謂之東方甲乙木；在人身之中的竅位為夾脊穴；在氣為肝氣；在上肢為手厥陰心包經和手陽明大腸經；在身為帶脈；在五官之中通於目；以拳之應用為崩拳，《拳經》云：「崩拳是陰陽一氣循環往來之運動。」勢如連珠箭，所謂崩拳似箭。練習崩拳要姿勢順遂，如此則肝氣舒暢，養心提神，強筋骨、明目、增腿勁。反之則易傷肝、損目，肝氣傷一身失和，心火不能下降，內氣則不得中和。此理習者不可不知也。

崩拳剛柔相濟，陰陽參半，虛實兼備，在技擊上應用最為廣泛，且威力大。其練法亦多種多樣。崩拳有半步崩拳、順步崩拳、拗步崩拳、退步崩拳、過步崩拳、行步崩拳等多種練法。

半步崩拳是形意門中最常練的打法，練習時左腳總是在前，右腳總是在後；出左手崩拳時為順步，出右手崩拳時為拗步。這種練法對強健肝功能有一定好處，這是因為

肝臟在身體的右側，所以我們在打右手崩拳時，身體向左撐轉 45°，能使肝臟得到緊湊的鍛鍊，而在出左手崩拳時，隨著身體的微向右轉，肝部又能得到舒鬆之感。

從養生健身的角度，常打半步崩拳對強健肝功能是確有好處的。但是這種練法（主要是步法），在技擊實戰中，也有一定的侷限性。因為半步崩拳雖有進步快速之優，但其變化欠靈活的缺陷，也是顯而易見的。為了彌補這一缺陷，前人在崩拳練法上又增加了練順步崩拳、拗步崩拳、過步崩拳以及行步崩拳等多種練法。

三、崩拳基本練法（半步崩拳）

1. 預備式

2. 起勢

3. 三體式

4. 右崩拳

（1）接上式三體式，兩腳不動，左手外旋握拳，如螺旋形，拳眼朝上，肘部微屈，拳高於心口齊，同時右手外旋握拳置右肋下，拳心向上，右小臂貼靠右肋部，吸氣；目視左拳。（圖 3-66）

【要點】由三體式變兩手同時外旋握拳，左手握拳後要有頂勁，肩要鬆、肘要墜、項要豎、百會穴要虛領頂勁，胸要虛空，收腹提肛，吸氣。此為蓄式。

圖 3-66

（2）左拳臂略外旋使拳心向上，位置不變，左腳極力向前蹚進一

步，腳落地時腳尖直向前，右腳隨之
跟進一步至左腳後約 20 公分，腳尖略
向外撇，左腳跟與右腳踝骨相對，重
心仍偏於右腿，在前進的同時，右拳
沿左拳臂上向前直拳打出，呼氣，右
拳虎口向上，高與心口齊，左拳收至
右肋下方，拳心向上；成右拳前伸，
左腿在前的拗步姿勢；目視右拳。
（圖 3-67）

圖 3-67

【要點】左腳向前上步，抬腳不要過高，腳掌稍離地
面向前平蹚，上步要輕，落腳要沉實，但不要故意跺腳。
右腳盡力蹬地，以前腳掌（主要在大腳趾）用勁，邁步要
遠，身體要平穩，不要有起伏；後腳跟進時不可在地上拖
拉，要微微提起來，跟到距離前腳跟約 20 公分處落地踏
實。打半步崩拳時，兩拳一出一收要撐著勁走，左拳回收
時先要有一個撐拳外旋、墜肘的下沉勁；右拳打出時先平
拳而出（拳心朝上），至左小臂上時，要撐著勁（內旋）
直拳向前打出去。

右拳打出後，右肩要向前鬆順，手臂盡力前伸，但肘
尖仍要下垂，右拳面要有前頂之勁；左拳略向後回收，上
體變為斜向左前方；頭要有向上頂勁，腰要塌住勁，脊背
要有拔勁；左腳上步落地與右拳打出要同時到位。

5. 左崩拳

接上式，右拳外旋撐轉，使拳心向上；然後左腳繼續
極力向前蹚進一步，右腳隨之向前跟步至左腳後約 20 公
分處，同時，左拳經右拳臂上向前直拳打出，拳眼朝上，

圖 3-68

高與心口齊；右拳收至右肋下方，拳心向上，成左拳、左腳在前的順步崩拳姿勢；目視左拳。（圖 3-68）

【要點】打左崩拳時，身體微向右轉成右半斜姿勢；但左肩不可太向前伸，兩胯略向後縮，其他各部要求與右崩拳式相同。

6. 右崩拳

動作及要點均與前 4 相同。

7. 左崩拳

動作及要點均與前 5 相同。

按以上動作和要點，左右兩拳輪番打出，一步一拳，勢如連珠，唯進步總是先進左腳，右腳跟步；左腳始終在前，右腳始終在後，形如槐蟲。故有「半步崩拳」之稱謂。數量打多少，可視場地情況而定，但回身式待打出左（右）拳後要向右轉身。

8. 崩拳回身

（1）打出左崩拳後（圖 3-68），左腳尖極力內扣，身向右轉 180°，重心移至左腿，右腳以前腳掌為軸向外磨轉，腳尖轉向前，虛著地。同時，左拳外旋收至左腹側，拳心向上，右拳不變；目視身前（圖 3-69）。

【要點】當要轉身時，左順步拳打出，右腳跟步不要跟得太近；轉身、磨腳、收拳動作要協調。

（2）上動不停，左腳踏實，右腿屈膝上提腳尖向右上斜勾；左腿微屈成左獨立式；同時兩拳上提從頦下向前鑽出，右拳在前，高與心口齊，左拳偏後，位至右小臂內

側，兩拳心均向上；目視右拳。（圖 3-70）

　　【要點】雙拳前鑽與右腿上提動作一致，左獨立式要穩。

　　（3）上動略停，右腳向前橫腳蹬出，腳尖偏向右上方，力達腳跟，兩拳隨右腳前蹬同時前鑽；上動不停，右腳向前下方落地踩踏，腳尖外撇，左腳隨之向前跟步，腳跟離地，兩腿相交，左膝抵住右膝膝窩，兩腿成剪子股式；同時左拳內旋變掌從右拳臂上向前下方劈出，掌心向前下方，右拳變掌下落收至右腹側，掌心向下；目視左拳。此回身式名曰「狸貓倒上樹」。（圖 3-71）

　　【要點】雙拳上鑽，右腳向前蹬，左腳要盡力下蹬勁；右腳下落要有踩踏勁，橫腳下落腳外側先著地，落地後兩腿交叉兩大腿內側要靠緊，塌腰坐胯成坐盤歇步，重心偏前，身微前傾，但頭頂勁不丟；同時左掌下劈與右腳下落要整齊一致。

圖 3-69　　　　　圖 3-70　　　　　圖 3-71

9. 右崩拳

接上式，兩掌變拳；右腳尖向左微內扣，左腳極力向

圖 3-72

前蹚進一大步，右腳跟步至左腳後 20～30 公分，重心偏於右腿。同時右拳經左拳臂上向前直拳打出，拳眼向上，高與心口齊，呼氣；左拳收至左肋下，拳心向上；目視右拳。（圖 3-72）

【要點】與前右崩拳相同，惟行進方向相反。

10. 左崩拳

左腳向前蹚進一步，右腳隨之向前跟步至左腳後 20～30 公分處；同時，左拳經右手臂上向前直拳打出，拳眼向上，高與心口齊；右拳收至右腹側，拳心向上；成左拳左腳在前的順步姿勢；目視左拳。（圖 3-73）

圖 3-73

【要點】與前 5 左崩拳完全相同，惟方向相反。

如此左右崩拳交替向原起點方向打回，往返趟數不限。若要收勢，打到原起勢位置，打出崩拳左式，再回身做收勢動作。

11. 崩拳收勢

動作（1）、（2）、（3），收左拳向右回身，提右腿雙拳上鑽；右腳前蹚下落左掌下劈與前 8 崩拳回身動作（1）、（2）、（3）完全相同，惟方向相反。動作（4）與前 9 右崩拳式完全相同，惟方向相反。

（5）上動略停，右腳向後撤一大步，左腳再向後撤至右腳後方，左腳內橫，腳尖略向內，右腳外橫，腳尖外

撇，右腿略向前弓步，重心略偏於右腿，兩腿相交略屈膝坐胯成剪子股式；左腳後撇時，左拳從右小臂下向前打出左橫拳，拳心向上，高與肩平；右拳收至右肋下；目視左拳。此式曰「青龍出水」。（圖 3-74、圖 3-75）

圖 3-74　　　　　　　　　圖 3-75

【要點】退右腳時，右腳前腳掌先著地，然後全部踏實；退右腳時要求兩拳不動，右腳後退，右拳臂不可有絲毫回縮之意，右拳前頂之勁（意）不可丟。

此式是蓄式（勁）吸氣。要求兩手臂最大限度地放鬆。退左腳時，左腳要擦地後退（左腳跟稍離地面），當左腳跟落地時要頓步踏地，同時左拳從右小臂下向前橫拳打出，發力時要打出擰鑽勁，發力呼氣。

氣沉丹田，以丹田內勁催動腰身由脊背發出抖勁。要求左拳打出與右腳頓步整齊一致。發力後腰胯要坐住，重心稍偏前，兩小腿內側夾緊，身體斜向右前方，左肩前順，右肩合扣，脊背挺拔，頭頂項豎，神氣飽滿。

（6）重心前移，右腳踏實，左腳向前上一步，重心仍偏於右腿，兩拳變掌向兩側伸展，掌心朝上，然後兩手

向上托舉過頂，吸氣；然後兩手內旋沿頭面經胸向下捋按至腹前，呼氣；兩掌變拳，虎口向內，拳心向下；目視身前。（參閱圖 3-17、圖 3-18）

【要點】當兩手向上托舉時，吸氣，腰以上向上拔勁，腰以下向下沉勁，此時下身不可隨托手而上起。兩手下按至腹前變拳，呼氣，全身放鬆。

（7）重心前移，右腳前提至左腳內側與左腳並步，身體起立；兩拳變掌收於大腿兩側，手心向內，手指向下；眼平視前方，呼氣，身體放鬆，還原預備式姿勢。（圖 3-19）

【要點】參閱前劈拳收勢之要點。

四、練功路徑

以上介紹的是崩拳的基本練法，也是初學崩拳的重要練法。基本練法主要是練習崩拳的兩個基本拳式，即順步崩拳和拗步崩拳，這種練法在形意拳也稱半步崩拳。過去形意門有很多老前輩尤擅此拳，並以此技成名。

所謂半步崩拳就是左腳前進半步，右腳跟進；隨進步左右兩拳輪換向前直拳打出。半步崩拳的練法，主要是練習體會形意拳特有的前蹚後蹬（跟進）步法之勁道。體悟步進拳出，意到氣合之內外五行整齊合一之勁。

此步功法要求前腳進時要有頂勁和踏勁、鑽勁，後腳跟時要有蹬勁和撐勁、追勁。

另外，在兩腳一進一跟之時兩拳要隨著腳的進步，一出一收地向前打出，拳出要直，所謂：「崩拳似箭」，但在打出直進崩拳時，兩拳臂要有向前擰鑽之形（勁），兩

拳一出一入，一定要擰進擰收，並且要做到擰腰順肩、坐胯、拔背、頭頂、項豎、氣沉。

總之，記住一句話：「把直來直去的拳打轉了，把轉著的拳打直了。」這就是形意崩拳的練法。

半步崩拳是崩拳中最基本的練法，它對練習者初步掌握崩拳的步法、勁道有一定的幫助認識。但這種練法（步法）在技擊實戰中也有一定的侷限性，主要是半步崩拳進退變化不夠靈活。為了彌補這一欠缺，在初步掌握了半步崩拳的練法後，可進一步研習活步崩拳（順步崩拳）和行步崩拳。

活步崩拳亦叫順步崩拳，練習時兩拳出入與前面所述跟步崩拳基本相同，只是在行進步法上略有不同。如以三體式起勢，行進時，前腳（左）先墊半步，然後後腳（右）向前蹚進一大步，隨之左腳跟進半步至右腳後 20～30 公分，重心坐於左腿；同時隨右腳上步，右拳從左拳上向前直拳打出，拳眼向上；左拳收至右肋下方，拳心向上；目視右拳。（圖 3-76）

上動不停，右腳墊步，左腳向前上一大步，右腳跟進

圖 3-76　　　　　　　　圖 3-77

半步至左腳後 20～30 公分，重心坐於右腿；同時隨左腳上步，左拳從右拳上向前直拳打出，拳眼向上，右拳收至右肋下方；目視左拳。（圖 3-77）

如此左右反覆交替向前打出，根據場地情況及時轉身往回打；如打到左順步崩拳時向右回身，左腳尖內扣，同時左拳收回至左肋下，隨之身向右轉 180°；然後墊右步打右崩拳，隨之左腳向前上一大步，右腳跟進半步至左腳後；同時隨左腳上步，左拳從右拳上向前直拳打出，成左順步崩拳；目視左拳。

如此左右崩拳向原來的位置打回，打到起勢的位置（崩拳左式）再回身做收勢動作。

【要點】墊步、上步、跟步，步法清晰，節奏分明，上步出拳，勁力順達。

行步崩拳是活步崩拳的高級打法，其中包括拗步崩拳、跨步崩拳、過步崩拳（快步崩拳）、順步崩拳和退步崩拳等多種拳式的綜合練法。

在崩拳單操手、半步崩拳、順步崩拳等練到一定火候再進一步加練行步崩拳，這樣崩拳功夫就會有明顯長進。行步崩拳就是把單操功和半步崩拳所得之功，在各種步法的行進中充分發揮出來，這樣才會使其所練與以後的散打實戰有機結合。

前輩老師有言：「形意拳的功夫要練出來，就要多練行步拳，你站著不動打出來的勁，要用在行動中，只有在運動中，還能完整地把你的勁力打出來，這才有用。」

下面介紹的行步崩拳是一個組合套路。

1. 預備式

2. **起勢**

3. **三體式**

4. **半步崩拳**

接三體式，兩腳不動，兩掌位置不變，外旋變拳使拳心向上；然後左腳向前上半步，腳尖向前，隨之右腳跟進半步，重心仍坐於右腿，左腳跟與右腳踝相對，距離 20～30 公分；在進步的同時，右拳順著左臂方向直著向前打出，拳眼向上，拳面微向前傾，左拳收回停於肋下，拳心向上；目視右拳。（圖 3-78、圖 3-79）

【要點】右拳向前打出要有擰轉勁，左腳進步落地與右拳打出要協調一致。

5. **拗步左崩拳**

接上式，身向右擰轉，右腳上步，腳尖外擺 45°，左腳不動，重心略偏後；右腳上步同時左拳從右拳上直拳向前打出，拳心向右，右拳收回停於腰部右側，拳心向上，成右腳在前左拳打出的拗步姿勢；目視左拳。（圖 3-80）

圖 3-78　　　　　圖 3-79　　　　　圖 3-80

【要點】此式要撐腰坐胯，兩腿屈膝，頭上頂勁不丟，順肩墜肘，氣沉丹田。

6. 十字右崩拳

接上式，左腳向前上一步，腳尖向前，右腳不動，重心偏於右腿；隨左腳上步，右拳從左拳上直拳向前打出，拳心向左，左拳收回停於腰部左側，拳心向上；目視左拳。（圖 3-81）

【要點】屈膝坐胯，上步打拳身體不可前傾。

7. 過步左崩拳

接上式，上體不變，右腳向前上一步（圖 3-82），然後左腳向右腳前極力向前上一大步，右腳跟進一步至左腳後 20～30 公分；重心坐於右腿；當左腳向前上步同時，左拳從右拳上直拳向前打出，拳心向右，右拳收回停於腰部右側，拳心向上；目視左拳（圖 3-83）。

圖 3-81　　　　　圖 3-82　　　　　圖 3-83

【要點】左腳上步時抬腳不要過高，落腳時腳跟先著地，但不要故意跺地；右腳盡力蹬勁，身體不要高起，邁步要大、要遠；打出左拳後左肩要向前傾，胯要坐住、頭

要上頂、腰要塌，神要專注，氣要下沉。

【注意】作為行步打法，此式操練時可與上式「十字右崩拳」連續打出，中間不可停頓。

8. 拗步右崩拳

接上式，身向左擰轉，左腳向前上半步，腳尖外撇 45°；右腳不動，重心略偏後，左腳上步；同時，右拳從左拳上直拳向前打出，拳心向左；左拳收回停於左腰側，拳心向上，成左腳在前右拳打出的拗步姿勢；目視右拳。（圖 3-84）

圖 3-84

【要點】與前 5 拗步左崩拳相同，惟左右式相反。

9. 十字左崩拳

接上式，右腳向前上一步，腳尖向前，左腳不動，重心偏於左腿；隨右腳上步，左拳從右拳上直拳向前打出，拳眼朝上，右拳收回停於腰部右側，拳心向上；目視左拳。（圖 3-85）

【要點】與前 6「十字右崩拳」相同，惟左右式相反。

10. 過步右崩拳

接上式，上體不變，左腳向前上一步（圖 3-86），然後右腳向左腳前極力上

圖 3-85

圖 3-86

圖 3-87

一大步，左腳跟進一步至右腳後 20
～30 公分，重心坐於左腿；當右腳
向前上步同時，右拳從左拳上直拳
向前打出，拳眼向上，左拳收回停
於腰部左側，拳心向上；目視右
拳。（圖 3-87）

【要點】與前 7「過步左崩拳」
相同，惟左右式相反。

11. 拗步左崩拳　12. 十字右崩拳　13. 過步左崩拳

第 11～13 式動作說明與要點均與第 5～7 式相同。

14. 崩拳回身

（1）接上式，「過步左崩拳」，身向右轉約 90°
（面南），隨之右腳外擺；同時，兩拳變掌均向內旋，左
掌上托至頭左側上方，掌心向上，右掌下按至右胯外側偏
後，掌心向下；目視身右側。（圖 3-88）

【要點】要極力擰身擺腳，動作要大，兩臂要撐圓。

（2）上動不停，身再向右轉約 90°（面向西），隨
之左腳向右腳左側上步成馬步；同時左掌下按於胸前，掌
心向下，掌指向右；右掌變拳外旋從右腰側向胸前鑽出，
拳心向內，高與鼻平；目視右拳。（圖 3-89）

【要點】馬步要穩，左按掌右鑽拳動作要協調一致。

15. 狸貓上樹

接上式，重心左移，身向右轉約 45°（面向西北），
隨之右腿屈膝上提，腳尖向右上斜勾，左腿微屈成左獨立
姿勢；同時右拳向上方鑽出，拳心斜向上，小指向上擰
緊，高與鼻平；左掌變拳外旋停於右小臂內側，拳心向

圖 3-88　　　　　　圖 3-89　　　　　　圖 3-90

上；目視右拳。（圖 3-90）

【要點】右拳上鑽與右膝上提要動作一致。

16. **鷹形**

接上式，右腳用力向前蹬腳，勁達腳底，同時雙拳向前鑽勁；身微右轉，右腳向前（略偏右）橫腳踩踏勁，落地後腳尖外撇 45°，重心略前移，隨之左腳跟至右腳後，腳跟離地，左膝前頂右膝膝窩處，兩腿屈膝略下蹲成交叉坐盤歇步；同時左拳在右腳落地時變掌經右掌上向前下方劈出，掌心向前下方；右拳變掌收至右腹側，掌心向下；目視左掌前。（圖 3-91）

【要點】右腳落地時要盡力向前橫著踩出，兩腿交叉大腿內側要靠緊，左掌前劈與右腳落地要整齊一致。

17. **上步右崩拳**

接上式，兩掌變拳，右腳尖向左微內扣，身向左轉 45°（面西），左腳向前蹚進一大步，右

圖 3-91

圖 3-92

腳跟進半步，重心坐於右腿，左腳跟與右腳踝骨相對，距離 20～30 公分；在進步的同時兩拳變掌，右拳順著左臂方向直拳向前打出，拳眼向上，高與心口平，呼氣；左拳收回停於左肋下，拳心向上；目視右拳。（圖 3-92）

【要點】左拳上步與右拳打出要整齊一致。

18. 拗步左崩拳　　19. 十字右崩拳　　20. 過步左崩拳

21. 拗步右崩拳　　22. 十字左崩拳　　23. 過步右崩拳

24. 拗步左崩拳　　25. 拗步右崩拳　　26. 拗步左崩拳

27. 崩拳回身　　　28. 狸貓上樹　　　29. 鷹形

30. 上步右崩拳

以上第 18～30 式動作及要點均與前第 5～17 式相同，惟方向相反。

31. 退步左崩拳

接上式，上體不變，右腳向後退半步，左腳再退至右腿後方，兩腿交叉，左腳順右腳橫，左腳跟微離地面，成交叉半坐盤步；左腳後退時左拳也同時直拳向前打出，右拳收回至腰部右側，拳心向上；目視左拳。（圖 3-93、圖 3-94）

【要點】退右腳時，兩拳不動；左腳向後退時，要腳掌擦地後退（腳跟稍離地面），當左腳跟落地時要頓步踏地，同時左拳從右臂上向前打出直拳，拳眼向上，高與心口平，呼氣，氣沉丹田，左拳打出要與左腳頓步整齊一

圖 3-93　　　　　　　　　　圖 3-94

致。發力後腰胯要坐住，重心偏前，兩大腿內側夾緊，身體向右前斜 45°；左肩前順，右肩合扣，脊背挺拔，頭頂項豎。

【注意】此式也可以打出退步橫拳，即兩腳退步及定勢步型與「退步左崩拳」一樣，不同的是最後左拳是從右拳臂下向前打出左橫拳。

32. 收勢

接上式，左腳向前上一步，右腳不動，重心偏於右腿成左虛步；上動不停，左拳不動，右拳伸向身右側，兩拳變掌略外旋掌心向上托至頭上，然後兩掌略內旋沿頭面經胸前向下捋按至腹前，兩掌變拳，拳面相對，拳心相下；目視身前。（參閱圖 3-17、圖 3-18）

上動略停，右腳上步與左腳併攏（此時右腳尖仍要外撇 45°）；然後身體慢慢起立，兩拳變掌收至大腿外側，手指向下，兩肩向下鬆沉，身體仍然保持預備式時向右半斜方向；兩眼向前平視。（參閱圖 3-19）

【要點】與前劈拳收勢相同。

有了行步崩拳的感悟，可以進一步練習隨意崩拳。這種練法沒有固定步法、沒有固定拳式，操練時可以只打崩拳，也可以結合五行拳隨打隨變。進步即崩，退步亦崩；左可崩、右可崩；上也崩、下也崩；轉身換式皆可崩。

拳無定勢，拳無定法，隨心所欲，隨意而崩。行拳至此，已入化境，可謂神乎其技也，但此確是拳家可追求的拳藝佳境。

五、技擊應用

（一）單操法

前面所談崩拳各種練法是崩拳用法之基礎，是提高習練者綜合素質的必修之課，但若想讓自己所學更好地應用於實戰，還應加練一些崩拳的單式練習，即所謂崩拳單操法。崩拳的單式操法比較簡單易學，下面介紹兩種操法。

1. 崩拳單手操法

左腳在前，右腳站後，成左三體式姿勢。兩手握拳，右手置於右腰側，拳心向上；左拳收至左腰側，然後直拳向前打出，拳眼向上，高與心口齊；上動不停，左拳再收至左腰側，再向前直拳打出。如此左拳反覆依次單拳向前打出。

【要求】左拳前打，要直出直入，隨拳的出入腰要左右轉動，以腰帶動手臂的出入收發。出拳收拳要快速不停頓，拳打寸勁。此式可換步換拳輪換練習。

2. 崩拳雙手操法

左三體式開始，左拳收至左腰側，同時右拳直拳打出，拳眼向上，高與心口平；上動不停，右拳收至右腰

側，隨之左拳直拳向前打出；如此左右拳輪番向前打出。

【要求】左右崩拳直出直入快速崩打，勢如連珠。兩拳的一出一入都要以腰的旋轉帶動手臂的動作，絕不能只動胳膊不動腰。

不論是單手操，還是雙手操練，都可以藉助打吊袋（沙袋）練習，但練習時不可迎著袋子發猛力打袋子，要藉助吊袋的悠盪勁來練習，這樣可免遭傷害。

（二）技擊用法

崩拳看似簡單，但其應用最廣，且變化最多，形意門各流派打法豐富，各有見地。但是，千變萬化不離一崩。這裡僅介紹幾種基本用法，供讀者參考。

（1）形意拳有「寸步為先」之說，寸步崩之意，亦在於此，與敵交手，相距甚近，或我被敵困住，無法進步，此時我前腳可稍進寸步，或者只是在原地微微起落，以助其力；同時，出拳或身手一抖，其敵必受創也。

（2）如敵以右順步拳擊我胸，我可直接以左崩拳還擊，即左腳進步；同時，左拳從對方右手臂上以去如挫之勁平直打出（打其胸肋），肩要有放鬆，肘要有墜勁，小臂要有挫勁，拳要有頂勁。

（3）「拗步崩」也可稱「十字崩」，如我左腳前進一步，後腳跟進半步；同時打出右崩拳，敵若接我右拳，我可原地不動；右拳擰轉粘接敵來手，並迅速打出左崩拳；敵若接我左拳，我迅速收回左拳，同時打出右崩拳。這就是拗步十字崩的連環打法。

（4）如果對方以右順步拳擊我胸，我以右手從其來手內環接扣對方右腕；同時，我左小臂向內掩肘截住對方

右臂（肘部偏上方）；左足急進步；右拳直拳打出，敵若攔我右拳，我左足再進步，右足跟進，同時左拳直拳打出。

（5）崩拳的尺步練習，實際上就是「跨步崩」。跨步崩是拳打腳踢的練法，也屬近身打法。如我打出一個左腳在前的右崩拳，敵若接我右拳，我右拳即變掌扣腕回攏敵手，我收右拳同時打出左崩拳；下盤同時用右腳向前的橫踩踢踏敵之前腿脛骨、腳面，敵之下肢受創必後撤，我右腳下落迅速再上左步跟右步；同時猛擊右拳，打出一個跟步右崩拳。

（6）「過步崩」也稱「丈步崩、快步崩」。這是當對方受挫迅速敗撤時，以兩腿連續上步，拳打連環，疾步猛擊的打法，即老譜云「起如箭，快如風，追風趕月不放鬆」之意。

總之，崩拳用法，其勢雖簡，然拳勁老道，打法豐富。與人交手，或硬打硬進，或隨而後進，或銼壓，或鑽挑，或纏繞，或裏撥……全視對方臨場變化而定，打法不拘一格。但總的要求是要打出崩拳快、直、猛，腳踏中門，束身而進的獨特風格來。

六、養生作用

如以練習崩拳作為健身養生之手段，無論採取哪種練法，都要慢練，不要快練；要勁柔，不要力剛。練拳時不要求發猛烈之力。只可將外形手腳肩胯各部位協調配合好，進而逐漸使呼吸與外形動作，內外協調一致即可。

崩拳養生練法，初習時架子可以放高一些，根據個人

身體情況再逐步放低架子，總以自己能適應為宜。一次練習時間不要過長，小段練習，多次休息。

多種練法都嘗試，不要侷限於一種練法。這種練習一是可以提高運動情趣；二是增加身體活動範圍，起到整體提高「身體素質」的效果。

總之，健身養生運動是伴隨我們一生的事，要循序漸進，要適度而行，只要堅持，總會有收穫的。

學習形意拳要懂點中醫學，中醫的唯物辯證、經絡學說、整體論，對以研習崩拳調養身體者很有借鑑。崩拳之氣發於肝臟，操練時兩手一出一入，勢如連珠，打得是陰陽一氣之循環往來。

換式進步時，前腳蹚出，後腳蹬進，要注意大腳趾用力，因大腳趾內側為脾經的起點隱白穴，其外側為肝經的起點大敦穴，故每換一步，必起到「肝脾之氣宜升」的作用。而且兩手臂的出入以肘摩肋，不斷地撫摩期門、章門二穴，章門為肝經之要穴，脾經之募穴，期門為肝經之募穴，大敦為肝經之井穴，故而常打崩拳可以疏肝養血。

練習中配合腰的轉動，兩肋有開有合，使肝氣得以疏洩，脾氣得以運化，肝為人體重要內臟之一，肝氣舒則氣血足，筋膜健；脾氣開則肌肉豐滿。加之頂頭、豎項、瞪眼之要義，使肝經脈氣上升而出於目。《內經・素問》云：「目得血而能視」，故常習崩拳又有明目之功。

總之，練習崩拳要以動作呼吸順遂為要，《拳經》曰：「崩拳順則肝舒、氣平、養心神、增筋力，而無目疾、腿疾之患；拳式逆則傷肝、損目，兩腿痿痛，心火不能下降，一身失合，拳亦不得中立。」

第四節　炮　拳

炮拳

一、歌訣

炮拳先走虎跳澗，兩劈下裹如搜山。

鑽崩之中加化打，提肛實腹水火關。

二、炮拳之要義

炮拳在五行之中為火，在五臟之中屬心；在五官之中通於舌；在八卦之中為離；在方位之中為正南；謂之南方丙丁火；在人身的穴位中為中丹田；在發力點上主於重樓（重樓又稱璇璣穴，位於天突之下一寸，是炮拳中的發力點，也是提胸中勁氣的集中點）；在經絡，身軀主通足太陽膀胱經和手太陰心經，上肢主通手陽明大腸經和手厥陰心包經。

火在炮拳中的運用，是以火為炮，主要是取其有「爆發猛烈」之意；心在炮拳中的運用，主要是取其有「心動如火焰」之威；舌在炮拳中的運用，主要是取其有「舌欲摧齒」之功。

炮拳是陰陽一氣之開合的運動。其形似炮，內屬火，以拳中為炮拳，形似烈火砲彈，故拳勢較激烈活潑。

炮拳練習是左右斜向前進，有定步、跟步、活步（行步）等多種練法。手法是兩手握拳一鑽一崩，左右反覆輪換。身法是採用半斜面的拗步式。

　　炮拳在練習或技擊運用中，必須是先合後開，先吞後吐。合時為吸為吞，開時為呼為吐。合時心氣要抱，開時心氣要發。隨吸而抱，隨吞而裹，隨吐而發，隨吐而開。心臟就是由這樣一鬆一緊、一開一合、一吞一吐、一出一入（指氣）運動，得以鍛鍊和增強「泵」的功能。故《拳經》曰：「拳勢順，則身體舒暢，心氣虛靈。拳勢逆，則四體若愚，心氣亦乖，關竅昧閉矣。」

三、基本練法

　　炮拳基礎練法是定步練法。初習者一定要先打好定步練法的基礎，方可進一步學習跟步、活步練法。炮拳定步練法，分拗步炮拳（最常見練法）和順步炮拳兩種。本文主要介紹的是拗步炮拳練法。

　1. 預備式

　2. 起勢

　3. 三體式

　4. 右炮拳

　　（1）接三體式，右腳向前上一大步，成右弓步。同時右手前伸至左手上，兩腕相交，兩掌變拳，拳心均向下，上動不停；左腳向前進步至右腳內踝側，腳尖虛著地，重心偏於右腿。當左腳向前進步時，兩拳外旋撤至腹部兩側，拳心均向上，吸氣；目視身前。（圖 3-95、圖 3-96）

　　【要點】右腳上步，兩手前伸兩腕相搭，內含刁拿之意。上步收拳時，兩手要有向後向下抓擄之意，右腳獨立步抱拳要有合勁。丹田要抱，全身之勁要抱。

（2）身微左轉，左腳向左前方斜角進步，右腳不動，重心坐於右腿。同時，左拳經胸前沿中線向上鑽，當左拳上鑽至前額時，由拳心向裡而向外擰翻至左額旁，拳心朝前，肘尖下墜；同時，右拳由腰部經心口，順左腳前進方向直拳打出，拳眼向上，吸氣，肘部微屈，拳高與心口平；目視右拳。（圖 3-97）

【要點】左腳上步，左拳鑽翻與右拳打出要動作一致，內外相合。另外，左拳上鑽要過鼻尖，然後再向上向外擰翻（含滾勁），切不可橫著小臂向上架擋，左肩亦不可向後閃晃；右肩前送，臂前伸，兩肩要鬆沉（含順勁）；擰腰順胯，但身不可前傾，蹬腳以助力。

圖 3-95　　　　　圖 3-96　　　　　圖 3-97

5. 左炮拳

（1）身向右轉 45°，隨之左腳向正前方上一大步，成左弓步（圖 3-98）。

同時，左拳下落至右拳上，兩拳腕上下相交。上動不停，右腳上步至左腳內踝處，腳尖先著地，重心偏於左

腿。同時兩拳外旋回收至腹部兩側，拳心均向上，吸氣；
兩小臂內側靠近兩肋下方；目視身前（圖 3-99）。

【要點】與右炮拳相同，惟左右相反。

（2）身繼續右轉 45°，隨之右腳向右前方斜角進
步，左腳不動，重心偏於左腿；同時，右拳經胸前沿中線
向上鑽，當右拳鑽過鼻尖後，由拳心朝裡，而向外翻至右
額旁，拳心朝前，肘尖下墜；同時，左拳由腰部經心口順
右腳前進方向向前直拳打出，拳眼向上，呼氣；左肩前
送，肘部微屈，拳高與心口平，目視左拳。（圖 3-100）

【要點】與右炮拳相同，惟左右相反。

圖 3-98　　　　圖 3-99　　　　圖 3-100

6. 右炮拳

（1）身向左轉 45°，隨之右腳向正前方上一大步，
成右弓步。同時，右拳下落至左拳上，兩腕上下相搭；上
動不停，左腳上步至右腳內踝處，腳尖虛著地，重心偏移
右腿。同時，兩拳外旋撤至腹部兩側，拳心均向上，吸
氣；兩小臂內側靠緊兩肋下方；自視身前。（參考圖

3-95、圖 3-96）

（2）上動略停，身繼續向左轉 45°，隨之左腳向前方斜角進步，右腳不動，重心坐於右腿。同時，左拳經胸前沿中線向上鑽，當左拳鑽過鼻尖後，由拳心朝裡，而向外擰翻至左額旁，拳心朝前，肘尖下墜；同時，右拳由腰部經心口順左腳前進方向直拳打出，拳眼向上，呼氣；右肩前順，肘部微屈，拳高與心口齊；目視身前。（參閱圖3-97）

【要點】與前右炮拳相同。如上左右式交替練習，次數多少可根據場地和個人情況而定。

7. 炮拳回身

打出左炮拳後（參閱圖 3-100）稍停，身向左轉約135°，隨之右腳向左腳內側落步，腳尖內扣，兩膝微裡合；同時，右拳下落與左拳收至腹部兩側，拳心均向上，吸氣；目視左側。（圖 3-101）

上動不停，身繼續向左轉 90°，隨之左腳向左前方斜角進步；右腳不動，重心坐於右腿；同時，左拳向上鑽翻

圖 3-101　　　　圖 3-102

至左額外側；右拳順左腳前進方向直拳打出，成右炮拳。
（圖 3-102）

上動略停，身向右轉 45°，隨之左腳向正前方上一
步，成左弓步（圖 3-103）。

同時，左拳下落至右拳上，兩腕相搭；上動不停，右
腳前進至左腳內踝側，腳尖虛著地，重心偏於左腿。同時
兩拳外旋收至腹部兩側，拳心均向上，吸氣（圖
3-104）。

稍停，身繼續向右轉 45°，隨之右腳向右前方斜角前
進，左腳不動，重心坐於左腿；同時，右拳向上鑽翻至右
額旁；左拳順右腳前進方向直拳打出，成左炮拳；目視左
手前（圖 3-105）。

圖 3-103　　　　圖 3-104　　　　圖 3-105

【要點】轉身時身體不可上長，兩肩要平，身體不可
左右搖晃，鬆胯塌腰，頭頂項豎，含胸拔背，此式是炮拳
左回身，熟習後，左右回身均要練。

如此左右式輪換向原來路線打回，動作完全與前式相
同，惟前進方向相反。往返趟數可根據個人體力而定。

8. 炮拳收勢

圖 3-106

（1）打到原來起勢的位置成拗步左炮拳時，做炮拳回身式，身向左轉 135°，右腳向左腳內側扣步，成內八字步（圖 3-106）。

同時，兩拳下落收至腹部兩側，拳心均向上；然後身再向左轉 90°，隨之左腳向正前方上步，腳尖向前，重心坐於右腿。同時，左拳向上鑽翻至左額外側，拳心朝外，肘尖下垂；右拳直拳向前打出，成右炮拳，呼氣；目視右拳（圖 3-107）。

【要點】轉身要穩，步法清晰，手腳動作要協調。

（2）上動略停，身微右轉，隨之左拳略外旋從左額側向前下方砸出，呼氣，拳心向上；位至腹上，勁到拳背。同時，右拳外旋收至右腹側，拳心向上；目視左拳。（圖 3-108）

圖 3-107

圖 3-108

【要點】左拳下砸時，要以丹田內勁帶動兩拳用力，兩手臂要有擰旋之勁。

（3）上動稍停，兩腳不動，兩拳變掌向兩側平伸，然後兩掌向上托舉，吸氣；當兩手臂托舉過頭頂後，兩掌略內旋沿頭前向下捋按至腹前，呼氣，兩掌變拳，拳心朝下，兩拳面相對，虎口朝內，兩臂呈弧形；目視身前。（參閱圖 3-17、圖 3-18）

上動稍停，重心前移至左腿，右腳進至左腳內側與左腳並步（右腳尖外撇 45，身體斜向前方），然後身體上長，兩拳撒開變掌，隨起身兩手緩緩收至大腿兩側，手心向內，指尖朝下，立正還原，恢復預備式姿勢。（參閱圖 3-19）

【要點】俗話講，收勢做不好，打拳無收穫。故收勢要穩，當身體起立時，兩掌向下按勁，兩腳蹬勁，百會穴領起，沉氣於丹田，隨之降至湧泉，神意內斂。然後全身放鬆，還原於預備式狀態。

以上是定步炮拳左回身收勢。如果往返到原起勢處，打出拗步右炮拳，可做炮拳右回身收勢。右轉身後打出拗步左炮拳（圖 3-109）。

然後身微左轉，隨之右拳臂外旋從上向身前掩肘，掌心朝裡，高與鼻尖平，同時左拳收至腹側，拳心向上；目視身前（圖 3-110）。

上動不停，右腳向後退一步，左腳不動，重心左於右腿，隨之右拳收至右腰側，掌心向上；同時左前上提至左耳側，然後身略下沉，左拳從耳側向身前下砸，拳心朝上，高與腰平，力到拳背；目視左拳。（圖 3-111）

圖 3-109　　　　　　圖 3-110　　　　　　圖 3-111

　　上動稍停，兩拳變掌分向左右，然後向上托舉過頂，再沿胸前向下捋按至腹前，兩掌變拳，拳心向下；然後重心前移，右腳前提與左腳並步，起身收勢還原為預備式姿勢（參閱圖 3-17～圖 3-19）

四、練功路徑

初習炮拳者，應當先煉好定步炮拳

　　這是入門之基礎練法，也是築基培元必經之路徑。初習炮拳練的是規矩，一招一式務要弄清姿勢，明白勁道；進而掌握呼吸之法。此步功夫要點是先要慢練（如李仲軒前輩言：打形意拳要有點太極拳的含蓄），一步一拳，每走一式都要用形意八字二十四法自己較正、反覆檢驗所練拳式，每一動是否合乎規矩，此謂：拳中有樁功，拳中有理法。

　　待練到拳式勁道較為順遂之後，要配合呼吸法，炮拳練的是陰陽一氣之開合，兩拳起時為呼，落時為吸。手起腳落，內氣一開一合，內外順遂，方可練出周身一體之整勁功夫。

炮拳的第二步功夫是練跟步炮拳

這一步練的是明勁功夫。歌訣「炮拳先走虎跳澗，兩劈下裹如搜山。鑽崩之中加化打，提肛實腹水火關」，就是講此步功法。

從步法上講，跟步炮拳也屬於初級的活步練法。這步功夫要練叫氣功夫（叫內氣）。

起勢時，左腳向前墊半步，同時雙手前伸，然後右腳向前上一大步（踐步），右腳落地，左腳提起虛懸於右踝內側不落地；同時雙手回捋收至腹臍兩側握拳，叫起丹田內氣，內氣聚於丹田；然後左腳向前方左斜角上步，右腳隨之跟進至左腳後，重心坐於右腿，隨左腳上步左拳向上鑽翻至左額外側，拳心朝外，左肘下垂；右拳從腰側順左腳前進方向直拳打出，虎口向上，高與心口齊。目視右拳。手到腳落如砲彈炸開，威力迸發。此時，練的是前腳行犁步，後腳蹬勁，擰腰順胯，項豎頭頂，鬆肩墜肘，內氣催肩，肩催肘，肘催手，力貫拳手。

炮拳第三步功夫是練行步炮拳

這是炮拳的高級練法，練的是化勁功夫。

過去形意門有不練行步拳，終是門外漢之講究。舊時形意門老師視形意行步拳為形意門看家寶貝拳，弟子雖入了門，也要考察多年，才傳授行步拳。

從步法上看，此步功夫已去掉前兩步功法上練拳時的停頓、繼續，一趨一進的痕跡，行拳走式練的是，三步一拳，左右斜行前進，古稱「七星步法」。這一步功夫要求拳式、步法、身法高度協調和順，內氣中合，一起一落合乎自然，轉身變式身法圓活、步法輕靈、手法敏捷，練之

如行雲流水，順遂流暢，觀之使人賞心悅目。

【要點】行步炮拳是三步一組，前兩步是連續上步走直線，第三步走斜角，謂之「七星步法」。行步拳的特點是步不停，拳不停，收拳出拳都是在行進中進行。包括回身換式也是如此，如做炮拳右回身式，當向前打出拗步右炮拳後，身體向右轉 270°，隨轉身右腳外擺，同時雙拳外旋收至腹部兩側，拳心均朝上，然後左腳向右腳前上步扣腳，然後隨轉身右腳向右前方斜角上步，重心坐於左腿，同時，右拳向上鑽翻至右額外側，掌心朝外；左順右腳進步方向直拳打出，成拗步左炮拳。

炮拳第四步功夫是叫氣法

這步功法並非練形意拳者都要練，這裡只作一般介紹，僅供參考，且練此功一定要有明白老師當面指導，不可盲目練習。詳細操作方法及注意事項，詳見前文《內功練法》。

在形意拳傳統練法中有一種「砸丹田」的功法。這也是在形意門少數傳人中秘傳的一種傳統練法。這是在行步炮拳走架中操練「叫丹田」的獨特功法。操練此功法，以達到丹田內氣隨叫隨到，使內氣既充實又活泛。

練習時以形意行步炮拳為導體，練功方法如下：

以三體式起勢，左腳墊步，右腳向前直上一大步；同時，右手前伸，然後雙手外旋回捋變拳下砸丹田（小腹），功深時可雙拳砸擊上腹（中脘），拳心朝上，力到小指（拳外輪）一側，左腳向左前方斜角上步，重心坐於右腿；同時左拳上鑽翻至左額外側，右拳順左腳前進方向直拳打出，成右炮拳。

上動不停，身向右轉 45°，隨之右腳向正前方上步；同時雙拳回收下砸丹田；再向前上左步；然後身微右轉，右腳向右前方斜角進步，重心坐於左腿；同時打出左炮拳。如此左右式交替練習，次數多少，根據場地條件而定。回身與收勢與前行步炮拳完全相同。

【要點】

① 行步炮拳是三步一組，當進第一步時，雙拳從上向下回砸小腹，力達手小指一側，拳擊小腹時要呼氣，氣貫丹田，小腹凸起，內迎外拳，全身鼓盪。此謂「叫丹田」。

② 練此功前，要先練劈拳功、鑽拳功、崩拳功，然後練習炮拳的定步、跟步、行步功法，待感到身體內力充盈之時方可操練「吸手炮砸叫丹田」之功法。砸丹田要由輕到重，循序漸進，切不可盲目用力。

《拳經》曰：「精養靈根氣養神，元陽不失方為真，丹田練就長命寶，萬兩黃金不與人。」我們修練傳統內家功法，就是透過肢體動作的抻筋拔骨；由呼吸導引吐納之功，充盈丹田內氣，運化氣血，涵養五臟六腑，使四肢百骸氣血通暢無阻。堅持以上丹田內功操練，習者可強健體魄、增強抗擊打能力，愉悅身心。

五、技擊應用

（一）單操法

單操法是實戰用法的基本功，主要以五行拳中的單式反覆操練，進一步熟悉勁道，增強力度，提高攻防應用能力。形意五行、十二行每套拳都有其獨特的單操法。

下面僅就炮拳實戰應用介紹幾個單操式子，供讀者參

考。

1. 原地炮拳

原地炮拳練法與定步炮拳練法基本一樣。不同點是，此處練習時兩腳原地不動。如以三體式站位，兩手收至腹臍兩側變拳，拳心朝上。然後身微左轉，隨之左拳向上鑽翻至左額外側；同時，右拳經心口直拳向前打出右炮拳。（圖3-112）

圖3-112

【要點】兩拳同時發出，如點燃之炮仗，突然爆炸，發力以腰為樞紐，勁起腳跟，丹田催動，力發脊背，兩膀用力，勁貫雙拳。收拳時吸氣，出拳時呼氣。吸氣時收腹縮身，坐胯塌腰；兩手臂回收有吸引對方來手之意，此乃蓄勢；呼氣時，雙拳驟然而發，蹬足、挺膝、直腰拔背，頭頂項豎，丹田抖動，內外相合，整體發力。可左右式輪換練習。

2. 掩肘法

以右三體式站位，身微右轉，隨之左手變拳，拳心翻向上，輕靠左腹側；右手變拳略內旋隨腰右轉略向外開勁；上動不停，腰向左轉，右手臂隨左轉略外旋向胸前掩肘，邊掩拳臂邊外旋向內擰轉，此為合，右手右小臂直豎，肘尖下垂，拳心向裡，高與鼻齊，尺骨一側用力向裡裹勁。（圖3-113）

圖3-113

【要點】

① 以腰的左右旋轉帶動手臂外開內裹（合），撑勁發力，內掩時要坐胯塌腰，鬆肩墜肘；外開時吸氣，內裹時呼氣。

② 先用一手臂反覆操練，適時換位，左右輪換練習。

3. 剪手法

圖 3-114

右三體式站立，兩手變拳，左拳置於左腹側，拳心向上；身微右轉，隨之右拳內旋上提至右耳側，拳心朝下，下折腕，肘尖下垂；上動略停，腰微左轉，隨之右拳外旋從耳側向身前下砸，拳心向上，位於腹上，力到拳背；目視右拳。此謂「單剪法」。（圖3-114）

【要點】右拳上提時吸氣，身略上長，兩膝仍屈蹲。右拳上提不可用力，此為蓄勢。右拳下砸時呼氣，身略下坐，塌腰坐胯，丹田抖動，脊背發力，力到拳背。此式有兩種練法：一是左右換式練法；二是三體式站立不變，只兩拳左右輪換上提下砸連續動作，謂之「雙剪法」。

4. 連續直崩法

右三體式站立，兩手握拳收於腰部兩側，拳心向上；兩腳不動，腰微左轉，右拳隨之向前直拳打出，拳眼朝上，高與心口平；上動不停，腰微右轉，隨之右拳收至右腰側，拳心向上；腰再左轉，隨之右拳直拳向前打出。如此右拳反覆連續出拳向前直崩。

【要點】右拳回收時吸氣，崩出時呼氣。收拳出拳都

擰轉而動，要快而有力，崩拳力到拳面，收拳時臂肘要有回挫之意。拳之收崩都要以腰勁帶動，力源腳跟，丹田催動，脊背發力，勁貫拳面。

此式有兩種練法：

一是如上所述只是一拳反覆直崩；

二是三體式站立不變，兩拳左右輪換直拳崩出，但兩拳出拳收拳要快而不亂，快而有力，快而有節奏。

（二）技擊用法

炮拳用法靈活多變，化中有打，打中有化，拿打結合，變化萬千。本文下面所舉招式，僅作提示，讀者可舉一反三，深入研習。

（1）若對方以右拳擊我胸面，我即右手順其來勢從其來手外側向前鑽接，然後身略右轉粘其右手臂向上滾鑽，同時我速出左拳直擊敵右肋；敵若以右臂肘向下回挫我左拳臂以護其右肋，我即以右拳下砸其頭面；敵若再攔截我下砸之右拳，我可再發左拳打其肋。

此為「連珠炮」。

同上式，敵以右拳擊我胸面，我以右手從其來手外側向上鑽接，同時左拳直擊敵右肋，敵若以左手攔截我所發左拳時，我可隨之以右拳變掌下按敵右拳臂與左掌合力向前發勁，推放對方。

這是炮拳變「虎撲」之用法。

（2）如對方以右順步拳打我頭面，我迅速以左拳臂從對方右臂內側接其來手，進而向上滾鑽對方之手臂；同時左腳鎖住對方右腿，並發右掌向前推擊敵之胸面。

此為「炮形掌」。

（3）如對方以右直拳猛擊我腹部，我可順其來拳之勢，雙手臂（右上左下）相交，從其來手之上粘接其手臂；同時，收腹、含胸，塌腰坐胯以迎之，此為吞。待其來勢勁洩，欲退之，即迅速以左手臂粘壓其右腕臂，同時迅速出右拳直擊敵腹及中脘部。

此為「吸手炮」。

如上式，我雙手腕粘吸對方來手臂後，亦可演變為拿法。既當我雙手將對方來手吸至腹前時，變右手拿其腕向上翻轉其腕臂，同時，我以左手向上向前折其指腕，彼腕必傷之。

此為「拿碗」。

（4）如我以右手直拳擊敵頭面，敵若以右手臂從我右臂外側鑽接我手臂，同時以左直拳擊我右肋，我可迅速收右拳臂向下回挫敵之左拳臂；敵見我右拳臂回撤，必順勢以右拳下砸我頭面，此時我可迅速出左手向上攔截敵下砸之拳臂，同時我以右拳直崩敵之左肋。

這是炮拳變崩拳的打法。

（5）如對方以右直拳擊我胸面，我以右手從其來手臂外側接其手，然後順勢向我右後方採帶，同時我以左拳下砸其左臂之「曲池」穴。

此為炮拳「單剪」打穴法。

（6）如對方以右直拳打我中脘、肋部時，我可迅速以右拳下砸其來手之「寸口」，同時以左拳下砸其小臂之「曲池」穴。

此為「雙剪法」。

（7）如對方以左順步拳打我頭面，我以右拳臂從對

方來手內側向上粘翻，同時我身略右閃，左腳向前直插敵之襠部，並以左拳直擊敵之胸面。

此為「順步炮」。

如上式，對方見我左拳打來若向後閃躲，或以右手攔截我之左拳，我可順勢兩拳撒開變掌向前推擊敵之頭部；同時左腳進一步以助力。

（8）如對方連續上步並以左右拳連續擊打我頭、面部，我可退步以避其峰，同時兩手連續左右上挑，突然速發左（右）拳直擊對方前胸。

此為「退步炮拳」。

炮拳是形意五行拳之一，實戰威力大，應用時有多種變化。如果加上靈活多變的步法，更是如虎添翼，應用時可以隨機應變，隨打隨化，隨化隨打，四面出擊，隨心所欲，無形無象，所謂「有法即無法，無法即有法。運用之妙，存乎一心也」。

六、養生作用

練習形意炮拳若以祛病養生為主時，首先動作要慢，要柔和，不宜發剛猛的爆發力，不要求出拳時打出手腳齊到的整勁。只要求手腳的起落、出入與腰膝肩肘的運動配合協調，及內氣升降開合的和順，內外和順自然，才能起到祛病、健身、養生的作用。練習時為了經絡通暢，握拳不必用力，可握成虛拳或撒拳成掌，但神氣不可丟，精神要貫注，動作仍要不離規矩。

炮拳之氣發於心臟，練的是一氣之開合，用的是血梢之力，久練可以養心。

就中醫理論而言，一拳向上撐翻，發動心經之脈氣，自極泉、少海、神門、少府，而直達小指橈側的少衝穴，同時也調動了心包經的脈氣，從乳頭外的天池穴沿臂內側正中，經過曲澤、內關、勞宮諸穴，而直達中衝。

另一拳摩肘而出，發動肝木之氣以助心火之威。兩拳起時為呼，落時為吸；起時血管擴張，落時血管收縮，呼時經絡之氣自胸而至手，吸時脈氣復自手而回。兩脈暢通，則心血和順，心氣和順，則能養血，諸血皆屬於心，故練此拳後，脈搏和緩有力，面色紅潤。

練習炮拳動作緩慢、柔和有節奏，可使回心血量較平時增多，心室收縮力增大，送入肺循環和體循環的血液均增多，這即是練炮拳養心的道理。

練習炮拳以祛病養生為目的，須注意以下幾點。

（1）要根據自身情況掌握運動量，一次練拳時間不宜過長，要適度，量力而行。

（2）動作要和緩，並與呼吸相配合。

（3）要與五行拳其他四行配合練習，健身養生效果會更好，要持之以恆。

總之，堅持炮拳鍛鍊，可使心肌毛細血管擴張，心肌可獲得更多的血和氧氣供應，從而加快心臟病患者的新陳代謝，有助於改善全身健康狀況。

第五節　橫　拳

一、歌訣

橫拳

橫拳出手似鐵樑，橫中有直橫中藏。

左右穿裹應合意，收勢退橫勁宜剛。

二、橫拳之要義

橫拳在五行之中屬土；在五臟之中與脾相配；在五官之中通脾者為人中；在方位之中為正中，故為中央戊己土；在人身的竅位中為下丹田之氣海穴；在身軀中氣的運用來講，則為中焦之脾氣。

《拳經》云：「橫拳屬土，是一氣團聚而後分散也，取諸身內為脾。脾屬土，土旺則臟腑滋合，百疾不生，所謂屬土者是也。取之於拳為橫拳。拳勢順，似土之活，滋生萬物，五臟和藹，一氣之灌溉；拳勢逆，氣勢力拙，內傷脾土，五臟失調，外似死土，萬物不生。故此拳為五拳之要素，學者宜慎思明辨之。」

橫拳運動路線是沿弧形曲線斜向前進，拳打出以後，既要有向前衝的力量，又要有向外橫撥的力量，而且兩拳臂出入要有撐勁，拳勢堅韌含蓄，毫不鬆懈。習者可細研之。

三、基本練法

1. 預備式
2. 起勢
3. 三體式
4. 右橫拳

（1）接三體式，左手回收至左腹側，邊回收邊五指收攏變拳；右腳向前直上一步，重心略偏前；隨右腳上步左拳外旋拳心朝內向上至頦下向前鑽出，吸氣，小指一側擰轉斜向上，拳高至口鼻之間，手臂極力向前伸，肘部微屈；右手同時變拳，拳心朝下，輕靠右腹側；目視左拳。（圖 3-115）

圖 3-115

【要點】右腳上步與左拳前鑽要同時進行，步到拳到，動作一致。左手回落時，要與右手同時用勁，左手要有抓擄之意，左手前鑽時要有向前擰鑽之勁。

（2）重心前移，左腳提起向前經右腳內側（不停）向左前方斜角進步，右腳不動，重心坐於右腿；同時，右拳外旋從左小臂下擰著勁向前衝出，呼氣，拳心轉向上，高與鼻尖齊，手臂盡力前伸，肘部微屈；左拳內旋收至左腹側，拳心向下；目視右拳。（圖 3-116）

圖 3-116

【要點】右拳前伸與左腳前進方向一致，右拳撐勁，左拳內扣勁，兩臂如同擰繩一樣，勁不可有一點鬆懈。右拳既要有前衝的力量，又要有向右橫撥之勁，但外形不要過分顯露，即所謂「步橫拳不橫」。兩胯要縮，兩膝要扣，頭要頂，肩要鬆，右肩要向前順，左肩裡合，身體要穩，氣要沉，腳要踏實。

5. 左橫拳

圖 3-117

（1）身向右轉 45°，隨之左腳向正前方上步，重心略偏前；同時，右拳隨轉身上步向前橫擺至身前，吸氣，拳心向上，高至口鼻之間；左拳不動；目視右拳。（圖3-117）

【要點】左腳隨身右轉向前上步，腳尖朝正前方；右前臂內含橫撥之勁。

（2）身繼續向右轉 45°，右腳隨之向前經左腳裡側向右前方斜角進步，重心坐於左腿，隨右腳上步左拳外旋擰著勁由右小臂下向前衝出，呼氣，拳心斜向上，高與鼻尖齊，左肩前順，右肩裡合，左手臂極力向前伸，肘部微屈；右拳內旋收至右腹側，拳心朝下；目視左拳。（圖 3-118）

圖 3-118

【要點】右腳向前上步，要經

過左腳裡側，走一弧形路線，右腳不停，腳踝骨、兩膝相摩向前方斜角蹚步。《拳經》云「磨經磨脛意氣響連聲」即此也。進步時身體要保持平穩，不要向上躍起，氣要下沉。左拳衝出同時呼氣，左拳衝出方向與右腳前進方向一致。

6. 右橫拳

（1）身後左轉 45°，隨之右腳向正前方上步，重心略偏前；同時左拳隨轉身上步向前橫擺，吸氣，拳心向上，高至口鼻之間，右拳不動；目視左拳。（參閱圖 3-115）

（2）身繼續左轉 45°，左腳隨之經右腳裡側向左前方斜角進步，右腳不動，重心坐於右腿。同時，右拳從左前臂下向前衝出，呼氣，拳心斜向上，高與鼻尖齊，右手臂極力前伸，肘部微屈；左拳收至左腹側，拳心朝下；目視右拳。（參閱圖 3-116）

【要點】與前右橫拳基本相同。

如上左右式交替練習，次數多少，可視場地和個人體力情況而定。

7. 橫拳回身

橫拳回身左右均可，此處以左回身為例。如打出左橫拳（左拳右腳在前，參閱圖 3-118）之後，身向左轉約135°，隨轉身右腳向左腳內側扣步，重心移至右腳，左腳以前腳掌為軸，腳跟向裡磨轉，腳尖向前；隨之左拳臂隨轉身向身前橫撥，吸氣，拳心向上，高與口平，右拳不變；目視左拳。（圖 3-119）

上動不停，左腳向左前方斜角進步，右腳不動，重心坐於右腿。同時，右拳經左拳臂下，向前擰轉衝出，打出

圖 3-119　　　　　　　圖 3-120

右橫拳，呼氣，拳心斜向上，高與鼻尖齊；左拳收至左腹側，拳心向下；目視右拳。（圖 3-120）

【要點】轉身時思想要集中，身體不可散亂，身體中正，不可上躥、搖擺；左拳臂隨轉身有向後橫打（掃）之意，勁力要飽滿；右腳扣步不可過大，身體要平穩，兩腳要虛實分明，輕靈快捷。

接上式再打出左橫拳（圖 3-121、圖 3-122）。這樣按原來路線打回去，動作與前相同，惟行進方向相反。往返次數可根據個人體力情況而定。

圖 3-121　　　　　　　圖 3-122

8. 橫拳收勢

（1）打到原來起始位置，當打出左橫拳之後（圖3-123），做橫拳左回身式，然後再打出右橫拳（圖3-124），身向右轉 45°，同時左拳外旋從右小臂下向前撐轉穿出，拳心向上，高與鼻齊；右拳內翻收至左腹側，拳心向下；目視左拳（圖 3-125）。

圖 3-123   圖 3-124   圖 3-125

【要點】此處做橫拳左回身式後，左腳不要向左斜角上步，而是向正前方進步，重心坐於右腿。同時打出拗步右橫拳，稍停，兩腳不動，左拳穿出，右拳收回，成順步左橫拳式。

（2）上動略停，兩拳變掌分向兩側平展，掌心向上，高與肩平；然後兩掌向上托起，略過頭頂，吸氣；然後兩掌略內旋沿頭面向下捋按至腹前，兩掌變拳，虎口向內，拳心朝下，兩拳面相對，呼氣；目視身前。（參閱圖3-17、圖 3-18）

【要點】兩掌向上托起時，要吸氣收腹提肛，腳蹬地，頭上頂；但胯要鬆，腰要塌，身體不可隨手起而上長。

（3）上動略停，重心前移，右腳前提至左腳內側並步，身體起立，兩拳變掌收至大腿外側，手心向內，指尖向下；兩眼平視前方，全身放鬆，恢復原預備式姿勢。（參閱圖 3-19）

【要點】收勢要穩，形意拳講究穩起穩收。收勢是萬法歸一，一氣歸元，頗有講究，習者不可輕視。

以上所述是橫拳初步練法，曰定步橫拳。此是入門的基礎功法，習者可透過此定步練法，調息，摸（找）勁，有此基礎後，再練習跟步、行步練法，即可收到水到渠成之功效。

四、練功路徑

橫拳在五行屬土，土生萬物，橫拳練活了，可以出東西，過去前輩講：五行拳以劈拳為首，以橫拳為主。練習形意拳的人都知道劈拳有七種練法，崩拳有九種練法，所謂「劈七崩九」之說。橫拳練法不多，但從其運動形式來說，橫拳可謂是形意拳的真正母拳。因為橫拳練到一定程度，可以從其拳勢、步法變化之中生化出五行、十二形拳的多種招式。

張鴻慶老先生所傳橫拳主要有三種練法，即定步、跟步及行步（活步）橫拳，最後則是形意盤身練法。

定步橫拳（如前所述）是橫拳的初步練法，但也是主要的築基功夫。定步練法有活樁之稱謂。定步橫拳先練調息、調形，然後練摸（找）勁。

有些形意拳老師傳拳不太重視定步橫拳練法，往往忽視了這步功夫，他們教學生直接練跟步橫拳，好像吃快

餐，飯是吃飽了，味道沒感覺多少。

這樣練出的拳，外形上看也像模像樣，但往往給人的感覺就是少了點東西。形意拳自古傳授是很重視樁功的拳術。近代有人以形意拳樁為基礎，創新了一門新的拳法，對今人影響頗深。

橫拳的定步練法，就是按照形意樁功的鍛鍊理念，進行操練。一步一拳，一步一樁。初習時每走一步拳，要求習者稍停幾秒鐘（所停頓時間，根據個人情況自行掌握），其間用意調息、調形、進而摸勁。初時呼吸純任自然，動作只求鬆順，勁力不拙。當練習有日，呼吸順暢，手腳協調之時，可以進一步求習呼吸與肢體動作之配合。

此步功夫內求小周天呼吸之法（打通任督二脈），外求上中下三盤肢體內外相合。功成可達到呼吸深沉，丹田內氣充盈，筋骨堅韌，百脈通順之功效。

有了橫拳定步練法的基礎，可以進一步求練跟步橫拳。其練法是，先打出橫拳起勢成右橫拳姿勢後，身向右轉 45°，隨之左腳向正前方上步，重心偏前；然後身體繼續向右轉 45°，右腳經左腳內側向右前方斜角上步，隨之左腳跟進半步至右腳後約 30 公分處，重心坐於左腿；同時，左拳從右小臂下向前衝出，拳心向上，高與鼻齊；右拳收至右腹側，拳心向下，成左橫拳式。然後向前上右步，橫擺左拳，再向左前方斜角上左步跟右步；衝右拳，打出右橫拳式。

如此左右交替操練，回身和收勢動作與定步橫拳基本相同。

跟步拳是形意拳最典型的練法之一。跟步練法是鍛鍊

操練者在活步時，其呼吸和勁力能否內外相合，整齊一致。應當說在定步練習階段，身上有了一些內氣感應，手腳動作能動之相合，並不能說動起來同樣有這種能力。這就像小孩子的成長，嬰兒能爬了，你想讓他站起來走，那還要一段時日的練習。跟步是練助力，是動之勁力不散，是練步到、身到、手即到；是練意氣勁，手腳步的進一步整體相合；進步時前蹚後蹬是練六合一體之功。

因為有了前面定步橫拳的練習，有了一定丹田內氣（勁）基礎，到了此步功夫，可以逐步加練發力之功。要試發剛猛、脆爆、驚炸之勁（以健身養生為主者，可不練此功）。此時可先練習一些單操功法。如練習定步（原地）橫拳發勁、原地倒（換）發橫拳勁等。

發勁時注意身體要放鬆、要先蓄後發、剛柔相濟、循序漸進，不可急於求成。這樣有靜（定步發勁）有動（跟步發勁），動靜結合，練習日久，形意拳的剛猛、脆爆之勁，定能逐漸上得身來。

橫拳的第三步練法是行步練法（活步練法）。行步練法是形意橫拳的高級練法，此步功法是鍛鍊習者手眼身法步，精神氣力功的高度協調一致。行步練法最典型的步法是「七星步法」，而行步橫拳就是運用「七星步」最典型的拳法。

張鴻慶先生曾言：「行步拳就是足踏七星，手運乾坤。」橫拳的左右陰陽交替穿手，在其身形步法的帶動下，可以隨意變換出形意拳的多種手法招式。橫拳出手，出手即接即打，接中有打，打中有接（化），隨接隨變，隨變隨接，其變化萬千，難以預測。

行步橫拳練的是一氣之聚散，練的是身如蛇形，步似粘，步行氣沉，襠要活，胯要鬆，腰要塌，頭要頂，項要豎，順肩墜肘，手臂前伸；要求拿著步（腳）走，沉著氣行；步不停，勢不停，身隨步轉，拳隨形（身）運，其勢如行雲流水，一氣呵成。

行步橫拳回身與前定步、跟步橫拳回身略有不同。前兩步橫拳回身，打的是一個轉身橫撥（掃）之勁。此處行步橫拳回身，步法走的是擺扣步，「回身不停步，拳勢走陰陽」。拳法變化走一個「背掌（拳）擰身乾坤手」，有點像八卦掌的背身掌走法。

此式回身走法，前輩傳曰「抽身換影」式，走到收勢回身之時，此式可以走一面（側），曰單換影，又可走兩面（即左右轉身），名雙換影。這雙換影的練法，左右轉身之步法合起來練，就是形意門的「梅花步」之練法。這也是形意拳前輩李存義先生的秘傳練法。（參考前「行步炮拳」之步法及回身法）

行步橫拳是形意拳的高級練法，練的是化勁功夫。習者若得明師指點，加之個人的不懈努力，深刻領悟，此功盡可得矣。

五、技擊應用

（一）單操法

形意五行拳單操手各行均有重點，橫拳單操手也有若干種練法，下面簡略介紹幾種操法，供讀者參考。

1. 順步單操法

左三體式站好，兩手變拳，左手邊握拳邊向下收至左

腹前，拳心朝下，然後拳臂外旋從下向左前上方橫打出，拳心向上，高與口齊，力到小臂橈骨一側；右拳不動，重心坐於右腿；目視左拳。

上動略停，左拳內旋回收至腹前，然後拳臂外旋，再向左前上方橫打出；右拳不動，重心坐於右腿；目視左拳。

如上左拳反覆收打，可左右式輪換操練。

【要求】左拳回收時，要屈膝坐胯，含胸塌腰，縮身吸氣，為蓄勁；左拳發出時，發力要猛、脆、爆，力點在小臂橈骨側；發力時要足踏、膝挺、直腰拔背、頭頂項豎、氣沉小腹、丹田抖動，兩膀用力，左臂橫抖，右拳下沉（踏），氣勢威猛。

2. 拗步單操法

左三體式站好，兩手變拳，左拳收至左腹側，拳心朝下；同時，右拳外旋從下向右前方橫拳打出，拳心向上，高與口齊，目視右拳，重心坐於右腿，成左腳右拳在前的拗步右橫拳式。

上動略停，右拳內旋收回至腹前，拳心向下；然後右拳臂外旋再向右前方發出；兩腳不動；目視右拳。

如上右拳反覆收發，可以左右式輪換操練。其他要點以前順步單操法相同。

3. 活步單操手

左三體式站位，兩手握拳，左手邊握拳邊收至腹前，隨之左腳撤至右腳內側踏實；右腳向前上步，重心坐於左腿；隨右腳上步，右拳從下向身前橫拳打出，高與口齊，力到小臂橈骨一側；右拳不動；目視右拳。

上動略停，右腳撤到左腳內側踏實；左腳向前上步，重心移至右腿；隨左腳上步，左拳從腹前向前橫擊，高與口齊，力到橈骨一側；右拳內旋收回腹前，拳心向下，目視左拳。

如上左右式反覆輪換打出，其他要點與前順步單操法相同。這是活步順式橫拳單操法，熟習後，可以變換步法，練習活步拗式橫拳單操法，練習時只要把步法調換一下即可。

4. 橫擊法

（1）左三體式站好，左手邊握拳邊向下向外向上劃弧，手心向下，然後拳臂外旋向身前（內）橫擊；拳心向上，高與鼻齊，力到尺骨一側，目視左拳；當左拳向外劃弧時，右拳從下向外向內劃圈，然後經胸前向下採擄。

上動不停，左拳繼續向下向外向身前劃圈橫擊，同時，右拳從下向外向內劃圈，然後經胸前向下採擄。

如上反覆操練，此勢可左右式輪換練習。

【要點】兩手左右劃圈，其技擊含義是右手攔截對方左拳攻擊；同時我用左手橫擊對方右鎖骨或右側太陽穴。右手攔截有下採勁，左手橫擊力在拳輪小指一側。

（2）此式另一種練法是左（右）三體式站位不動，然後左（右）拳可以輪換向前發力橫擊。

（3）練習時，也可以左右腳前後變換位置，同時兩拳左右輪換向前橫擊，形成活步橫擊操法。

（二）技擊用法

橫拳用法，在雙方交手對搏中應用廣泛，凡交手之時，只要與對方一接手便有橫擊勁兒，所謂「出手即橫

拳」。橫拳之勁有內裹、外橫、前鑽之力，三力融為一體的勁路就是老譜所云：「其形似彈」和「起橫不見橫」。橫拳之重要在「彈」，彈即抖、抖即絕。形意拳中的踏、撲、裹、舒、絕五字絕中，均以抖為主。

「橫拳屬土，土生萬物」，橫拳出手變化多。橫拳之勢用在手臂，力在腰身，發自丹田，重在抖絕。所謂「其形似彈」也。

一般人多以為形意拳是以直勁見長，其實五行拳凡一出手即含多種勁法。如此拳（橫拳）一出手即有鑽、擰、滾、挫、橫、撥、衝、頂諸個勁。形意拳前輩有言：「引化時我身如球，使對方無著力之處；進攻時我勁如螺絲，旋而打出，使對方難以撥轉。」橫拳之應用，我兩手臂猶如兩條金蛇，閃展、伸縮、吐信、盤身，靈活異常。交手時，行步對敵，觸之即化，化之即變，變之即進，進之即打，隨招就勢，順勢而發（打）。

如與敵相較，我上右步出右手接敵右手，我突然擰身換式，身向右轉，隨之右手擄敵右腕，斜身順步出左手，用左橫拳擊敵胸肋，敵若接我左手，並以左手合力向前撲按我左臂，我可順其來勢，右腳外擺，左腳向右腳前扣步，身向右轉 360°，轉身後右腳尖順直，速以右崩拳直擊敵胸腹，此即橫拳變崩拳，抽身換影之打法。

若對方以右順步拳擊我胸面，我見其來勢勿要慌亂，可先提左腳向我左側閃身上步，隨之速上右腳至對方前腳（右）外側；同時以右橫拳從其來手外環接其手，此時對方右手若向上用勁，我右手可引化之，同時我身體略右轉，上左步同時用左拳臂橫擊對方後腦或背部。此是逃身

又逃步的打法。

如上式，敵我右手相接，對方接手後向下用勁，我即隨其勁，並以右手扣拿其腕；同時發左拳以拳輪橫擊對方右太陽穴，敵若後退，我可左腳墊步，右腳跟步，身略左轉，同時發右拳猛擊對方胸部，使其受創。

如對方以右順步拳擊我前胸，我迅速以左橫拳從其來手外環向內橫掩其手臂；同時迅速出右拳從外向內橫擊對方左鎖骨處，使其受重創。

橫拳用法很多，變化萬千，習者多多實踐，領悟其中奧秘。

六、養生作用

練習橫拳若以健身養生為目的，其練習程序和一般練習者沒有什麼區別，只是在鍛鍊的每一個階段，都是以練意、練神為主。在練習定步橫拳階段一定要慢練，待有了一定基礎後，再進一步練習跟步和行步橫拳。但是練拳以健身養生為主者，不要刻意追求發勁，不論是練定步還是練跟步或行步，追求的是一個順字（氣順、勁順），內外求合，六合歸一。

橫拳練法，斜身拗步，打的是一氣之團聚，其氣發於脾臟，練時要性實、氣和、形圓、勁順，方為得體。橫拳在五行中屬土，它導引的重點是任脈、督脈、帶脈、足少陰（脾）、足陽明（胃）、足厥陰（肝）、足少陽（膽）等經，有健脾和胃的作用。脾胃為後天之本，為生化之源，胃主納穀，脾主運化，脾胃是真氣生成的重要器官之一。橫拳之動作對腸胃有緩和的按摩作用，故可幫助其消

化吸收、流通、排泄。

蹬後腳時，拇指叩地，帶起脾經之脈氣上升，使三焦之氣通暢（兩手和臂的背部是大腸經、小腸經和三焦分佈區域），中土運化水穀之機乃得健旺。對脾腎陽虛、慢性胃炎、潰瘍性結腸炎等都有比較明顯的療效。初習者往往感到腸鳴轆轆，此乃腸氣通暢的徵兆，不必在意。

橫拳練到一定火候，可使脾胃健壯，真氣充足旺盛；五臟六腑、四肢百骸，自得榮養。功到此步，再練習行步橫拳（可參閱第一章第四節《形意行步拳》）。行步拳功到火候，可氣發章門，勢如湧泉，身輕步捷，神清氣爽。練之日久，有輕身減肥之效，蕩滌腸胃之功。

形意拳是一個系統工程，練法嚴謹科學。一般練習程序是：站樁、五行拳、十二形拳、單練套路、單操、對打練習（套路）、器械套路、推手、散打。學完五行拳可以進行五行生剋對打練習（套路），雙人對打練習是進入散打實戰的一個過度。

五行生剋
對打練習

第四章

十二形拳

十二形拳用法

　　形意十二形是指龍、虎、猴、馬、鼉、雞、鷂、燕、蛇、鮐、鷹、熊 12 種動物，此諸禽得天地之靈氣以生，各得其一體，或間有所偏而不全，然各有所長，為他物所不能及，如龍潛、虎撲、蛇捲、鼉游、鷂子束身、金雞獨立、熊有豎項之力、猴有縱山之靈、蒼鷹搏兔、禿鮐豎尾，駿馬蹟蹄，皆能各盡其性，獨顯其能。古人採用這 12 種動物之形以為拳，是要吸取它們在自衛搏鬥和捕捉食物時所具有的特殊技能，取之為拳，成為人與人搏鬥中的技藝，故言「遠取諸物」和「人以身形物之形，物之意以人意悟之」，就是要把動物和特長轉為人的技能。

　　十二形拳勁力各有側重，拳勢形象活潑，套路短小精練，鍛鍊全面，既是在五行拳熟練的基礎上進一步提高拳技的重要內容，也是全面提高技擊水準的有效手段。

　　形意拳象形取意，重點在取意。形象服務於拳法，拳法結合形象，行為體，拳為用，切勿片面追求形之逼真，反而丟了拳之真意。形意拳之練法與有些象形拳（如猴拳、蛇拳）截然不同，習者不可不知矣。

　　實踐證明，若能常習形意十二形拳，並能悟透其中玄機奧妙，不但於習者在技擊防身術上大有造詣，而且修練者在健身養生方面也會大有裨益。

　　據形意拳譜載，形意十二形拳原本為十形，後擴為十二形。原為天干之數，後合地支之數（天干為十：甲、

乙、丙、丁、戊、己、庚、辛、壬、癸；地支十二：子、
丑、寅、卯、辰、巳、午、未、申、酉、戌、亥），據傳
河南的一支派（曰：心意，六合拳），至今仍是以演練十
大形為主。而形意拳傳至河北深州人李洛能（諱飛羽，字
能然，世稱老能），李先生在原傳十形基礎上增加了鼉、
鮐二形，擴為十二形拳，至今在我國北方地區流傳甚廣，
形成形意拳河北一大支派。十形也好，十二形也好，都是
形物之形、悟物之意，效仿動物之長為人所用，並無長
短、強弱及好壞之分，只要習者能深刻領悟，朝夕用功，
日久必得其中之玄妙也。

第一節　龍形拳

一、龍形歌

一波未定一波生，好似神龍水上行。
忽而沖空高處躍，聲光雄勇令人驚。

二、龍形要義

傳說中龍是水中最靈敏、最凶猛的動物，龍有剛柔之
體，有升降之能，伸縮自如，變化莫測。龍在八卦之中為
震，為正東方向，故屬木。

龍形拳練習之要義，在於神發於目，威生於爪，勁起
於承漿穴。

練習龍行要「神發於目」，是根據五行的變化而來的，龍屬震，震屬木，木相肝，在五官之中兩目通肝。故在練習龍形時，要將神氣聚集於上丹田中，二目要光聚神合。

練習龍行要「威生於爪」，主要因「肝生筋」之故，筋起於四肢之末梢（手指足趾），而統筋者為肝。故練習龍形時，要使肝氣抒發，筋腱伸舒，促使勁氣達於梢節而堅於指。

練習龍行要「勁起於承漿穴」，是指在練習龍形時，氣血主要貫通任脈上的三丹田，故謂之陰脈之勁。

練習龍形時，要外剛猛而內柔和。外剛猛為陽，內柔和為陰，是謂陰陽相合也。

三、基本練法

張鴻慶先生傳龍形拳有 3 種練法，初學先練一個步法曰「龍形步」，即反覆操練一個式子曰「潛龍下降」。以此形鍛鍊腰胯腿膝的柔韌性、靈活性，手腳身法的協調性。動作雖然簡單，但是很吃工夫。練好此式，可為下一步練習龍形拳奠定堅實基礎。

（一）潛龍下降

龍形之
潛龍下降

1. 預備式

同劈拳預備式（參閱圖 3-1）。

2. 起勢

同劈拳起勢（參閱圖 3-2、圖 3-3）。

3. 三體式

同劈拳第 3 式三體式（參閱圖 3-4～圖 3-6）。

以下各形的預備式、起勢、三體式均同劈拳，不再贅述。

4. 潛龍下降（右）

（1）接三體式，右手前伸與左手齊，然後兩手一起向後抓捋，兩手邊回邊握拳，收至腹臍兩側，兩拳握實，拳心朝上；目視身前。此為「雙捋手」。（圖 4-1、圖 4-2）

圖 4-1　　　　　　　　圖 4-2

【要點】雙手回收要有抓捋之意。

（2）上動略停，重心略後移，提左腳向前蹬出，腳尖回勾，力達腳跟，高不過膝。同時兩拳沿胸上提至頦下，再向前鑽出，左拳在前，右拳在後至左小臂內側，兩拳心均朝上。

上動不停，左腳前落，腳尖外擺，後腳跟離地，身體略前俯，兩腿交叉屈膝坐胯下蹲成盤步姿勢。隨左腳下落，兩拳內翻變掌，右掌從左掌上向前下方按出，距離地面約 30 公分，掌心向前下方，臂前伸呈淺弧形，肘尖下垂；左掌收至左胯外側偏後，掌心朝下，臂成弧形；目視右手。（圖 4-3、圖 4-4）

圖 4-3　　　　　　　　　圖 4-4

【要點】左腳上提有蹬踏之意；兩拳上鑽有擰勁，下落時要手翻膀和，身子擰，腰塌胯坐，斜身拗步，頭頂項豎，氣沉丹田。

5. **潛龍下降**（左）

身略上起，提右腳向前蹬出，同時兩掌變拳收至腹臍兩側，然後兩拳沿胸上提至頦下再向前鑽出。上動不停，身略右轉，右腳向前下落，腳尖外擺，左腳跟離地，身略前俯，兩腿交叉屈膝坐胯下蹲成盤步姿勢。

隨右腳下落兩拳下翻變掌，左手從右手上向前下方按出，掌心向前下方，右手收至右胯外側偏後；目視左手前。（圖 4-5、圖 4-6）

【要點】右腳前蹬不可過膝，腳尖後勾，力到腳底；起腳鑽拳動作一致，腳落手按，縮身坐胯，塌腰直背，身略前俯，頂勁不丟。

6. **潛龍下降**（右）

動作說明及要點與第 4 式潛龍下降（右）式動作二完全相同。

圖 4-5　　　　　　　　　　圖 4-6

如上反覆練習，次數多少自行掌握。

7. 回身式

左腳在前，右轉身；右腳在前，左轉身。如打到潛龍下降右式時做回身式，身向右轉 135°，左腳向右腳前扣步，兩腳成八字步；隨轉身兩手向後平行劃弧，邊劃邊外旋變拳收至腹臍兩側，拳心向上。（圖 4-7）

上動不停，身再向右轉約 135°，提右腳向右斜角蹬出，力到腳跟，高不過膝；同時兩拳上提至頦下再向前鑽出，高與口齊，拳心向上；目視向前。（圖 4-8）

圖 4-7　　　　　　　　　　圖 4-8

圖 4-9

上動不停，右腳下落，腳尖外擺，左腳跟離地，身略向前俯，兩腿交叉屈膝下蹲成坐盤步；同時左手從右手上向前撲按出，手心向前下方；右手收至右胯外側偏後，手心向下，兩手臂呈淺弧形，成潛龍下降左式；目視左手前。（圖 4-9）

【要點】轉身要快，身體要平穩，不能左歪右斜，手腳身法要協調一致。

8. **潛龍下降**（右）

9. **潛龍下降**（左）

10. **潛龍下降**（右）

第 8～10 式與前第 4～6 式動作說明及要點均完全相同，惟行進方向相反。

11. **收勢**

打到原來起勢位置做右回身式（圖 4-10），回身後成右腳左手在前的潛龍下降（左）式（參閱圖 4-6）。然

圖 4-10

後身體略起，重心前移，右腳踏實，左腳向正前方上步，重心坐於右腿成三體式姿勢，然後兩手臂外旋向兩側平展，手心向上，高與肩平；目視身前。

上動不停，兩手繼續向上托舉過頂，吸氣，然後兩掌內翻，經面前沿胸向下捋至腹前下按，兩掌變

拳，拳心向下，虎口相對，呼氣，目視前下方。

上動略停，重心前移，右腳前提至左腳內側，兩腳併攏，身體上起；同時兩拳變掌收至大腿兩側，手心向內，指尖向下；目視身前。（參閱圖 3-17～圖 3-19）

【要點】與劈拳收勢相同。

「潛龍下降」一式練習熟練後，可接練下一個式子「蟄龍升天」，此式是在上式基礎上增加一個單腿跳躍動作。練習這個式子要求跳躍時力從腳跟升，湧泉起勁，腰胯鬆活，脊背發力，百會領起，兩拳前鑽，一隻腳蹬地，一隻腳向前蹬出。總之操練時要求下盤蹬勁，中盤鑽勁，上盤領勁；三盤九節內外相合，整體協調一致。

（二）蟄龍升天

龍形之
蟄龍上升

1. 預備式

2. 起勢

3. 三體式

4. 潛龍下降（右）

動作說明及要點與潛龍下降（右）式完全相同。（參閱圖 4-1～圖 4-4）

5. 蟄龍升天（右）

左腳向前墊半步，蹬地而起，右腳向前蹬出，高過腰；同時雙拳沿胸上提至頦下再向前鑽出，吸氣，右拳在前，左拳偏後至右小臂內側，兩拳心均朝上；目視身前。（圖 4-11）

【要點】勁起於腳跟，右腳極

圖 4-11

力前蹬，腰脊拔起，百會穴領起，上下協調，全身一體。

6. 潛龍下降（左）

右腳前落，腳尖外擺，左腳後落，前腳掌著地，腳跟離地，兩腿屈膝下蹲成坐盤步；同時兩拳變掌內翻，左手從右手上向前下方撲按出，呼氣，手心向前下方，右手收至右胯外側偏後，手心向下，小臂呈弧形；目視左手前。（圖4-12）

【要點】右腳落步要遠要穩，兩掌內翻前撲下按，兩手臂要屈、腰要塌、胯要鬆、背要拔、頭要頂。

7. 蟄龍升天（左）

右腳向前墊步蹬地躍起，同時左腳向前蹬出；雙拳隨之向前鑽出，吸氣，左拳在前，右拳在後，拳心均朝上；目視身前。（圖4-13）

【要點】與第5式蟄龍升天（右）式相同，惟左右相反。

8. 潛龍下降（右）

左腳前落，腳尖外擺；右腳後落，前腳掌著地，腳跟離地，兩腿交叉屈膝下蹲成盤步；同時，右手從左手上向

圖4-12　　　　圖4-13　　　　圖4-14

前下方撲按，手心向前下方，呼氣，左手收至左胯外側偏後，手心向下；目視身前。（圖 4-14）

【要點】與第 6 式潛龍下降（左）式相同，惟左右相反。

如上反覆練習，次數多少根據場地和個人體力而定。

9. 回身式

接上式，身向右轉 135°，隨之左腳向右腳前扣步成八字步；同時，兩手臂內旋向右後劃弧，然後外旋收至腹臍兩側變拳，拳心向上。（圖 4-15）

上動略停，提右腿腳尖內勾；同時兩拳沿胸上提至頦下，再向前鑽出，右拳在前，左拳偏後，拳心均朝上；目視身前。（圖 4-16）

上動不停，身繼續右轉 90°，右腳下落外擺，兩腿屈膝下蹲，左腳跟離地，身略前俯成全蹲坐盤姿勢；同時兩拳內翻變掌，左手從右手上向前撲按，手心向前下方，右手收至右胯外側偏後，手心向下，臂成弧形；目視左手，成潛龍下降左式。（圖 4-17）

圖 4-15　　　圖 4-16　　　圖 4-17

【要點】轉身要快速平穩，兩手隨轉身化弧。提右腿鑽兩拳獨立步要穩，左腳抓地，鬆胯吸氣。右腳前落有向前踩踏之意。

10. 蟄龍升天（左）

身微左轉，右腳向前墊步蹬地躍起，同時左腳向前蹬出；隨之雙拳沿胸上提至頦下再向前鑽出，吸氣，左手在前，右拳偏後，拳心均朝上；目視身前。（圖 4-18）

圖 4-18

【要點】與第 7 式「蟄龍升天（左）」式相同，惟行進方向相反。

11. 潛龍下降（右）

左腳下落腳尖外擺，右腳後落，前腳掌著地，後腳跟離地，兩腿屈膝全蹲成盤步姿勢；同時，兩拳內翻變掌，右手從左手上向前下方按出，手心向前下方；左手收至左胯外側偏後，手心向下，臂呈弧形；目視右手。（圖 4-19）

圖 4-19

【要點】與第 8 式潛龍下降（右）式相同，惟行進方向相反。

12. 蟄龍升天（右）

動作說明及要點與第 5 式蟄龍升天（右）式相同，惟

行進方向相反。

如上反覆練習，打到原起勢位置，做回身式。

13. 回身式

如上述動作打到原起勢位置後做回身式，左右回身均可；如打成潛龍下降右式，可做右轉身，定式成潛龍下降左式。動作說明與要點與第 9 式回身式完全相同，惟方向相反。

14. 收勢

動作說明及要點與潛龍下降收勢完全相同。

行步龍形拳

（三）龍形

形意拳練習非常講究循序漸進，前面所述兩個式子練習的是龍形基本功法，練好了可起到事半功倍的效果。

下面介紹的是龍形的行步練法，行步龍形拳是一個小套路組合。

1. 預備式

2. 起勢

3. 三體式

4. 懶龍倒洞

（1）接三體式，右手前伸與左手齊，手心均朝下，然後雙手一齊往回抓擄，邊抓擄雙手邊外旋，抓至腹前兩側時兩手握拳，拳心向上，吸氣；目視身前。（圖 4-20、圖 4-21）。

【要點】雙手回抓，身略後坐。

【用法】對方如正面上步拳擊我胸腹，我即雙手順勢抓住其手臂，其來勢猛即向我身後採捋；若後退，我雙手

圖 4-20　　　　　圖 4-21　　　　　圖 4-22

可順勢發力抖放之。

（2）重心略後移，左腿略提，左腳外擺落，身向左轉 90°，隨之兩腿屈膝坐胯下蹲成半盤步；同時兩拳上提內翻變掌向身體兩側下按，呼氣，手心均朝外，兩掌虎口遙相對，兩臂撐圓；目視身右側。（圖 4-22）

【要點】擺腳擰身坐胯兩手下按動作要聯貫一氣呵成，兩臂呈弧形，鬆肩墜肘，頭部頂勁不丟。

【用法】如果對方以左順步拳擊胸腹，我可用左手從其來手外環接手，並身向左轉，左手向左側採帶敵手；同時我以右手抓拿對方手臂或擊打其頭肩背部。

擰身擺腳坐胯塌腰，內含踩踏對方腿膝之意。另外，此式可雙手拿對方擊來的手臂，並可做欺身大拿法。

5. 青龍探爪（右）

身略起，身向右轉 90°，隨之右腳向前上一大步，腳尖外擺，重心前移成右弓步；同時右掌外旋沿胸上提至頦下，再向前穿出，吸氣，力到指尖，掌心斜向上，高與口齊；左手收至左腹側，手心向下；目視右手。（圖

4-23）

【要點】右手前穿要有擰
勁，轉身上步，腳到手到，動作
一致。

【用法】上步穿手，穿擊對
方胸喉部。

6. 伏龍升起（左）

（1）重心前移，右腳踏實，
左腿提膝向前蹬腳，腳尖上翹，
高過腰，力到腳跟；同時，左手
外旋向前穿出，手心朝上，高與
口齊，力達指尖，呼氣；右手內
旋收至腹右側，手心向下；目視
左手。（圖 4-24）

【要點】左膝上提有頂勁，
向前蹬腳要力貫腳跟；右腳抓
地，獨立步要穩；左手前穿要有
擰鑽勁。

圖 4-23

圖 4-24

【用法】接上式，右手接捋對方胸前來手，馬上欺身
上步，以膝頂、腳蹬、手穿手腳並用之法攻擊對方中門。

（2）左腳前落，右腳上步；同時右手向前探掌，手
心向下，高於口齊；左手收至腹前，手心向下（圖
4-25）。

上動不停，右手回收，左手從右手上向前探出，手心
向下，高與口齊，右手收至右腹側，手心向下；目視左掌
（圖 4-26）。

圖 4-25　　　　　　圖 4-26　　　　　　圖 4-27

（3）上動不停，右腳蹬地躍起，在空中與左腳交替。倒腳時，右手前探，左手收回；然後右手收回，左手前探；目視身前。（圖 4-27）

【要點】右腳蹬地躍起，隨之左腳躍起，兩腳在空中迅速倒腳，兩腳交替之時，上邊兩手也要同時替手向前探掌。

【用法】接上式連續穿手蹬腳擊打對方，對方若後退，我可乘勢前躍連踢帶打，手腳並用攻擊後退之敵。

7. **潛龍下降**（左）

接上式，右腳前落，腳尖外擺，左腳後落，前腳掌著地，腳跟離地，兩腿屈膝下蹲成盤步；同時，左手臂前伸，手掌向前下方撲按，掌心向下，離地約 30 公分，右手收至右胯外側偏後，手心向下；目視左手。（圖 4-28）

圖 4-28

【要點】盤步要穩，伏身盤步要貼近地面；兩掌要踏腕，兩臂呈

弧形，腰要塌、胯要鬆、脊背要拔、頭要頂，氣沉丹田。

【用法】如果對方以右順步拳擊我胸，我撐身順勢以右手向我右後擄其手腕，同時我左掌擊其手臂；右腳內含踩踏敵前腿腳之意。

8. 青龍探爪（左）　9. 伏龍升起（右）

10. 潛龍下降（右）

第 8～10 式與前第 5～7 式動作說明與要點均相同，惟左右式相反。

如上反覆練習，次數多少根據場地及個人體力情況而定。

11. 龍形回身

左右回身均可，如接上式潛龍下降（右）式，可做右回身，即身向右轉 90°，隨轉身右腳上步，腳尖外擺；同時右手臂內旋向身右後平劃，左手內旋向左下方劃弧。（圖 4-29）

上動不停，身繼續向右轉 135°，左腳向右腳前扣步，重心左移，左腳踏實，右膝上提右腳向前蹬出，腳尖斜向右上方，力達腳跟，高不過腰；同時兩手外旋，從身體兩側沿胸上提至頦下變拳再向前鑽出，吸氣，拳心均向上，右拳在前，左拳至右小臂內側。（圖 4-30）

上動不停，

圖 4-29　　　　圖 4-30

圖 4-31

身再向右轉 45°（西北），隨之右腳向前落步，腳尖外擺，兩腿屈膝下蹲，重心前移，左腳跟離地，成盤步姿勢。同時兩拳變掌，左掌從右拳上向前下方撲按，掌心向下，呼氣，右手收至右胯外側偏後，手心向下；目視左手。（圖 4-31）

【要點】身向右轉 270°，兩腳擺扣清晰，動作迅速聯貫；轉身時身體不跟上起，活腰鬆胯；兩手側開要有橫勁，兩手指要張開，指尖內扣，蹬腿有力，落腳有意。

【用法】活步盤身以應對四周之敵。

12. 青龍探爪（左）　13. 伏龍升起（右）

14. 潛龍下降（右）　15. 青龍探爪（右）

16. 伏龍升起（左）　17. 潛龍下降（左）

第 12～17 式動作說明及用法分別與前第 8、第 9、第 10、第 5、第 6、第 7 式相同，惟行進方向相反。

18. 龍形回身

（1）接上式潛龍下降（左）式，身向左轉 270°（面東北），隨轉身左腳向前上步，腳尖外擺，右腳向前上步，腳尖內扣，左腳再上步，腳尖外擺，當身體轉向東北角時，兩腿屈膝下蹲成盤步姿勢。隨轉身兩手先內旋分向身體兩側平劃，然後兩手外旋收至腰兩側，再隨盤步下坐，同時兩掌前穿至腹前相交，然後再內旋，分向身兩側，掌心向外，虎口相對，兩臂呈弧形；目視右手，此式名「黃龍戲水」。（圖 4-32～圖 4-34）

圖 4-32　　　　　圖 4-33　　　　　圖 4-34

【要點】轉身時身體不可上長，步繞身盤掌隨身動，一氣呵成。

（2）上動不停，身向右轉 45°（面東），隨轉身右腳上步，腳尖外擺，左腳上步腳尖內扣，右腳再上步，腳尖外擺，隨之兩腿屈膝下蹲成盤步，隨轉身兩手手心向下向身體兩側平行劃弧，當身體轉向東時兩手外旋收至兩腰側，掌心向上向前穿出，右掌在前，左掌略後，當穿至胸前時，兩掌內旋翻掌，左掌從右掌上向前撲按出，高與腹平，掌心向下；右掌收至右胯外側偏後，掌心向下；目視左掌，此式名「盤龍出洞」。（圖 4-35～圖 4-37）

圖 4-35　　　　　圖 4-36　　　　　圖 4-37

【要點】盤步要穩，身體不可有起伏，動作聯貫，不可停滯。

【用法】此式是走大身法，左右盤旋，步活身捷，掌法隨身變化。

19. 收勢

動作說明及要點與潛龍下降收勢完全相同。（參閱圖3-25～圖3-27）。

四、用勁特點

龍是傳說中的動物，升天入海，變化莫測，形意十二形拳以龍形為首，主要鍛鍊身法的起落、手法的屈伸和步法的跳躍轉換，運動量較大，要求起如蟄龍升天，落如潛龍下降。

如《拳經》云：「一波未定一波生，如似神龍水上行；忽而沖空高處躍，聲光雄勇令人驚。」

龍形練習時一起一落，沿直線伸縮往來，跳躍時要求高騰，落地後要求下肢盤坐收縮，身體貼近地面，身法要靈活矯捷，凡擰腰、折身、縱落起伏皆要輕靈不滯，手法起鑽落翻連環出手、擰裏不懈。

伏身時力多在腿，以兩膝最為吃力，起時尤其是向上縱時，其力多在腰胯，非有豎勁不可也。至於其伸縮變化，則必用全身之力。骨節既要能鬆開，又要有彈性。

如做「潛龍下降」時，身體之下伏和兩掌之下按要整齊一致，腰要塌勁，頭要頂勁；「伏龍升起」時，身體上縱與兩手上伸要同步，動作要快、要一致；兩腳必須在空中交替，且速度要快。

🌀 五、技擊用法

懶龍倒洞是拿打並用的招法。如對方上左步以左拳擊我胸，我即以左拳從其來手外環粘接之，順其來勢略左轉身，並向左領其手臂；同時我以右手臂擊其左臂，下邊我可用前腳踩踏敵前腿腳面、脛骨處。

又如上勢，若敵來勢凶猛，我來不及動步變招，我見敵左拳打來，迅速擰腰轉胯，前腳外擺，原地身腰略左轉，以我兩手從其來手外環接其來手，我之左小臂粘抓其小臂，右手臂抓擄其大臂，並借擰身拗步變向之勢，雙手臂下按敵左臂。

此式為拿法，也是「懶龍倒洞」之用法。

接上式，敵若後退，我可隨其退勢，後腳上步；同時以右手仰掌向其喉面穿擊，名曰「龍探爪」。

潛龍下降用法是，如敵以右掌擊我胸面，我以右手接其腕臂，並順其來勁向我右後採帶；同時我以左掌劈其右上臂，下邊我前腳同時可用踩踏法踏擊敵前腿的腳面、脛骨、髖骨等處。

用此法敵若後退，我可順其退勢，以前腳蹬其襠腹；同時兩手臂向前送力，單腿縱跳也是順勢助力。

此為「伏龍升起」式之用法。

假如對方以右順步向我前胸襲來，若來勢凶猛，我可右閃身避其鋒芒，然後右腳外擺，隨身右轉走一個「潛龍下降」式；同時，以我右手外接其手臂，左掌下按其來手臂；若敵向後退，我可順其退勢，身左轉右腳向前上半步，左腳跟進；同時，以我右掌橫掌（掌心斜向前）向其

小腹處猛擊一掌，可制其傷矣。

總之，龍形掌之特點在於身法靈活，變化莫測，吾人欲效龍之形而克敵制勝，必須全身筋骨利便，勁道柔韌。伏身時力多在腿，以膝最為吃力；起時力多在於腰，脊背拔起，變化時則又必須全身之力撐在一起，柔順而富彈性。照此用功，始有可為。

六、養生作用

練習龍形拳，勁力多注於腰膝，勁起於承漿之穴。其動一起一伏任督二脈輪迴相接，可使心火下降，心竅開而智慧生，身體靈活。

膝為腎之路，腰為腎之府，故常練龍形可以培元氣，壯腰腎，通調水道。上跳時可調整任脈與督脈的平衡，又可調整婦女經血。腰要上拔時，華蓋、膻中兩穴宜放鬆，可以寬胸利膈、清肺止咳。

《靈樞・海論》云：「膻中者，使臣之官，喜樂出焉。」

故向上向前一縱，則心中無比愉快，有輕鬆機體、清虛其內、得寬胸降逆、清肺化痰、調氣寧神之功。

常練龍行，不但能柔化筋骨，並且對治療肺氣腫、老年慢性支氣管炎、咳嗽、失眠、肺心病等均有療效。

對於中老年及以健身養生為主的練習者，練習時不論是練習龍形步，還是練習龍形拳套路，都要以慢練為主，不宜用力，不宜快速跳躍。如練習龍形拳小套路可以行步為主，不可縱跳。注意意氣相合，舒展筋骨。這樣練習同樣可收到養生健身效果。

第二節　虎形拳

一、虎形歌

虎形

　　虎形屬陽力勇猛，跳澗搜山它最能。
　　搶步起時加雙鑽，雙掌抱氣撲如風。

二、虎形要義

　　《拳經》云：虎者山中猛獸之王，在卦屬兌，為正西方向，屬金，取之於身而為坎，屬水為賢，坎生風，風從虎，虎之天性有離穴抖毛之威，撲食之勇。故《道經》有言：虎向水中生，此形與龍形之勢，輪迴相屬，能通任開督，在丹經謂之水火相交。

　　龍屬震，虎屬兌，在形意拳內功中謂之「震龍兌虎各東西」；龍為真陽，虎為真陰，故二行又謂之陰陽相配；龍為東方甲乙木，虎為西方庚辛金，故二形又謂之金木並，四象和合，取之於拳為虎形，此形之威力，起於臀尾之勁（督脈），發動湧泉之穴，起落不見形，猛虎坐臥藏洞中，以拳之應用，外猛而內和。形勢順，則虎伏而丹田氣足，能起真精補還於腦。

　　《道經》云：欲得不老，還精補腦，正是此二形之要義也；形勢逆，而靈氣不能灌溉三田，流通百脈，反為陰邪所侵，而身重濁，不靈空矣。故曰：猛虎穴優雙虎頭，長嘯一聲令膽驚，翻掀尾剪隨風起，跳澗抖搜施威風。學

者最當注意，格務龍、虎二形之理，得之於身心，則謂之性命雙修也。

三、基本練法

張鴻慶先生傳虎形拳有多種練法，本書主要介紹定步虎形、跟步虎形、行步虎形、繞步虎形四種練法。

（一）定步虎形

1. 預備式
2. 起勢
3. 三體式
4. 虎形左式

（1）接三體式，右腳向前上一步成右弓步；同時，右手前伸與左手齊，然後雙手同時向後抓擄，邊擄邊外翻變拳收至腹臍兩側，拳心向上；目視前方。此為「雙撈手」。（圖 4-38、圖 4-39）

（2）左腳上步落於右腳內側，前腳掌著地重心偏於右腿；同時兩拳沿胸上鑽至頦下再向前鑽出，拳心向上，高與口齊；目視身前，此為「剪手」。（如圖 4-40）

圖 4-38　　　　　圖 4-39　　　　　圖 4-40

（3）身向左轉 45°，隨之左腳向左前方上步，右腳不動，成左虛步。同時，兩拳翻轉變掌向前撲出，高與胸齊，兩掌虎口相對，掌心向前掌指斜向上；目視掌前。此為「虎撲左式」。（圖4-41）

圖 4-41

【要點】雙手邊回收邊外旋變拳邊抓擄。兩小臂要貼緊兩肋，兩肘不可外張。雙拳上鑽要貼胸鑽至頦下，再向前鑽，鑽出時兩小臂要貼靠緊，要有撐勁，兩肩要抱勁，兩拳要有頂勁。上步與按掌要動作一致，兩掌撲出後要塌腰坐胯、含胸拔背、頭頂項豎、氣沉丹田。

【用法】「雙撈手」是抓擄對方擊打我胸腹之手臂，「剪手」是攔截破解對方攻我胸面之來手。

「虎撲」與「剪手」一破一攻互為呼應，如對方以左拳擊我胸面，我即向右側跨步擰身，同時以雙手臂從對方來手外環上鑽攔截，隨之我借對方之衝勁，兩拳翻轉變掌，上左步向前推擊對方之手臂肩背部。

5. 虎形右式

（1）身向右轉 45°，左腳向前上步，右腳不動重心偏前成左弓步。同時兩手回擄變拳收至腹臍兩側，拳心均向上；目視身前。此為「雙撈手」。（圖 4-42）

（2）右腳上步至左腳內側，前腳掌著地，重心偏於左腿；同時，兩拳沿胸向上鑽至頦下再向前鑽出，高與口齊，拳心向上；目視身前。此為「剪手」。（圖 4-43）

圖 4-42　　　　　　圖 4-43　　　　　　圖 4-44

（3）身向右轉 45°，右腳向右前斜角上步，左腳不動，成右虛步；同時，兩拳翻轉變拳向前撲出，高與胸齊，兩掌虎口相對，掌心向前，掌指斜向上；目視掌前。此為「虎撲右式」。（圖 4-44）

【要點與用法】與虎形左式完全相同，惟左右式相反。

6. 虎形左式

（1）身向左轉 45°，右腳向前上步，左腳不動成右弓步；同時兩手回攄變拳收至腹臍兩側，拳心向上；目視身前。（圖 4-39）

動作(2)、動作（3）與第 4 式虎形左式動作（2）、動作（3）相同。

【要點與用法】與第 4 式虎形左式完全相同。

7. 虎形右式

【動作說明及用法】與第 5 式虎形右式完全相同。

8. 虎形回身

左右回身均可。左足在前右轉身，右足在前左轉身。

如打出右式之後，做回身式，右腳向左腳前扣步踏實，以左腳掌為軸，身體向左後轉約 180°，兩掌隨轉身變拳收至腹臍兩側，拳心向上，上動不停，左腳跟略提起以前腳掌虛著地，同時兩拳沿胸向上鑽至頦下再向前鑽出，拳心向上，高與口齊；目視身前。（圖 4-45、圖 4-46）

【要點】轉身速度要快、穩，右腳扣步不要離左腳太遠；身體保持平穩，不可忽高忽低，腰塌脊拔，頂勁不丟，肩鬆肘墜。

【用法】迅速回身蓄勢，以防身後之敵攻擊。

9. 虎形左式

左腳向左前方進步，右腳不動成左虛步；同時雙拳翻轉變掌向前按出，高與胸齊，兩掌虎口斜相對，掌心向前，掌指斜向上；目視掌前。（圖 4-47）

圖 4-45　　　　　圖 4-46　　　　　圖 4-47

【要點與用法】與第 4 式「虎形左式」相同，惟行進方向相反。

10. 虎形右式

【動作說明及用法】與第 5 式虎形右式相同，惟行進

方向相反。

上述動作往返次數多少，可根據個人身體和場地條件自行掌握，打出虎形右式（右腳在前）後做回身收勢。

11. 收勢

打到原來起勢位置打出虎形右式後，轉身打出虎形左式，兩手臂外旋向兩側平展，掌心向上，上動不停，兩手向上托起過頂，然後兩掌內旋沿頭前向下捋至腹前變拳下按，兩拳虎口向內，拳心向下；目視身前。

上動稍停，重心前移，右腳前提至左腳內側並步，身體上起；同時兩拳變掌收至大腿兩側，掌心向內，指尖向下，目視身前，恢復成預備式姿勢。

【要點】轉身打出虎撲左式時，左腳向正前方上步；兩手上托時，身體保持原來高度，兩手托舉時吸氣，下捋時徐徐呼氣，氣沉丹田。

上面所述為虎形最基本練法，初學者入門先練定步，不論五行拳還是十二形拳都是這個教法、練法，前輩老師管這種練法叫先摸勁（找勁），再練勁（練氣）。

（二）跟步虎形

所謂跟步虎形練法，是在前腳上步後，後腳隨之跟進半步。跟步虎形起勢練法與前定步練法完全相同。

1. 虎形左式

接三體式，右腳向前上一步，左腳隨之跟進至右腳內踝處，兩腿靠緊，左腳稍離地，腳尖略上翹，兩腿屈膝成右獨立式；同時兩拳收至腹臍兩側變拳，拳心向上，兩小臂靠緊肋部，上動不停，兩拳沿胸向上伸至頷下再向前鑽出，兩肩抱兩小臂內側，要貼緊，拳心向上，高與口齊；

目視左前方。此為「雙剪手」。（圖4-48）

接上式左腳向左前方斜進一步，右腳隨之跟進半步，兩腳跟前後相距20～40公分，重心偏於右腿，成左虛步；同時兩拳翻轉向前按出，高與胸齊，掌心向前，虎口相對；目視手前。（圖4-49）

2. 虎形右式

接上式，身向右轉45°，左腳向前上步（正前方），隨之右腳跟到左腳內踝處，兩腿靠緊，右腳稍離地腳尖略上翹，兩腿屈膝成左獨立步；同時兩手回擄至腹臍兩側變拳，拳心向上；上動不停，兩拳沿胸上提至頦下再向前鑽出，拳心向上，高與口齊；目視右前方。（圖4-50）

右腳向右前方斜進一步，左腳隨之跟進半步，兩腳跟前後相對，距離20～40公分，重心偏於左腿成右虛步；同時兩拳內翻向前按出，高與胸齊，拳心向前，兩虎口相對；目視手前。（圖4-51）

【要點】跟步虎形動作與定步虎形動作基本相同，不同點只是在步法上的一蹬一跟之處。

圖4-48　　　　　圖4-49　　　　　圖4-50

圖 4-51

跟步虎形是在前面定步練習，對拳勁有了一定領悟後增加了步法上的變化。主要是練習形意拳特有的跟步步法。這個步法增加了腰身手臂發勁的力度，以步催身、以身催肩、以肩催手。

【具體要求】後腳蹬勁，前腳前蹚，肩催肘，肘催手，丹田抖動，脊背發力；要求發力瞬間，內氣下沉，氣要落在前腳底下，丹田鼓盪，內力突發。要想練出形意拳驚炸彈崩之勁，跟步發勁（明勁練法），這步功夫是必不可少的。

其他回身、收勢等練習動作可參考前定步虎形練習法，不同處僅在步法之變化上。

（三）行步虎形

虎形的第三步練法是行步練法。關於行步拳具體練法，我在《形意行步拳》一文中有詳細論述，讀者可參考。行步虎形步法與前面所述行步炮拳步法完全相同。

初習行步拳，手上動作與前兩步練法基本一樣，只是步法上行拳時要求為三步一組走斜線；回身變式走擺扣步。如果習者經過前面定步、跟步，兩步功法的操練有所收效後，再循法可練行步虎形，會進一步提高其手腳、身法、精氣神，內外六合一體的深入功夫。所練之結果會感到身法、步法更加輕靈敏捷，內氣更加飽滿充盈，使人感到能量倍增，對於喜研技擊術者能感到實力大增，較技場上舉手投足絕不盲目，精神氣質已非一般。

（四）活步虎形

虎形第四步練法是活步練法，是行步練法純熟後在演練技術上的進一步昇華，其主要練習內容包括前打虎撲、後打虎撲、左打虎撲、右打虎撲，這是向 4 個正方向（東南西北）打出虎形拳，然後再向 4 個斜角打出斜行虎撲，最後是打繞步虎形拳。

1. 四正打法

如左腳上步，雙掌前撲，為前打；然後身向右後轉180°，隨之右腳上步；同時雙掌前撲為後打；上動不停，身向左轉 90°，隨之左腳上步，雙掌前撲為左打；接著身向右轉 180°，隨之右腳前進一步，同時雙掌前撲為右打。以上即為前後左右四正之打法動作。

然後身向左轉 90°，隨之隨左腳上步，雙手撲出；上動不停，身向右後轉 180°，隨之右腳墊步，左腳上步，雙手前撲，成左三體式雙撲掌，然後做收勢。如不做收勢；可接著做轉身後打虎撲，做四正打法，循環無限。

【要求】初習四正打法，可先練定步，即前腳上步，後腳不動；然後練習跟步虎撲，要求步到、身到、掌到、勁到、神意到，內外整齊一致。

2. 四隅斜行打法

上盤掌法與四正打法相同。下盤步法是三部一組，斜行上步走斜角。如以左三體式起勢，身向左轉 45°，隨之左腳墊步，右腳向前上一步，左腳再向前上步；同時雙掌撲出，這是打左斜角；然後身向右轉 90°，右腳向右前方斜角上步，隨之左腳上步，右腳再向前上一步；同時雙掌前撲，這是打右斜角；上動不停，身向左轉 90°，隨之左

腳外擺，雙掌收至腹臍兩側變拳，拳心向上，身繼續向左轉 90°，右腳向左腳前扣步，身再向左轉 90°，左腳向左前方斜角上步；同時雙掌前撲。

上動不停，身向右轉 90°，隨之右腳向右前方斜角上步，雙掌收至腹臍兩側變拳，左腳向前上步，右腳再向前上步；同時雙掌前撲。

然後身向左轉身 270°，隨轉身左腳外擺右腳扣步，再上左腳向左斜角打出雙撲，再向右斜角左右上步雙掌前撲，如此循環無限。這即是虎形四隅斜行打法。

3. 虎形繞步打法

虎形繞步打法是在上述四正四隅虎形打法基礎上深入練習的一種打法。

這種練法綜合了虎形的多種打法，練習時忽而走四正/忽而打斜角；轉身繞步不停勢（轉身時多走擺扣步），操練時，步繞身繞手也繞，兩掌隨身形而運，隨走隨發，步到掌發，意動形隨，如水之波浪，雲之行空。

🌀 四、用勁特點

虎形動作簡單古樸，平時練習虎形基本就兩個動作：一為「雙剪手」，一為「虎撲」。

「雙剪手」是守、是化、是蓄勁；「虎撲」是進攻、是推按、是發勁。

「雙剪手」應用時一般要做到手足身相配合，以身帶手，腳動身隨，上下呼應，借勁引化，化而後發。

「虎撲」用勁之要點在於臀尾，以臀尾將下之力向上一提，將後之力向前一送，則周身之力皆自背上達於頂，

由頂而下注於兩臂兩手，故必先深刻領會臀力，而後始能得虎撲之妙也；惟是用臀力之時，必須頂頭、豎項，腳向後蹬，好像要將尾中大筋努力拉直之意；還要手足同起同落，內氣一提一降，周身一家，才有整勁之妙。

「虎撲」一剪一撲，一化一發，一柔一剛，一陰一陽，相得益彰。自古形意拳練習者都感覺此拳動作簡單易學好練，但勁力不好掌握，沒有明人指點，自身深刻感悟，此拳之拳勁不易上身。

當初筆者學此拳時，師父常講：形意拳雖有五行、十二形之多，但不是要你全精，只要你對其一兩個形有了深刻感悟，別的形（勁）你就能舉一反三，就會通悟了。

筆者的體會是在多練「虎撲」單操上對此拳勁有了一些認知。「虎撲」基本上是發的推、按、撲 3 種勁的綜合力，只要習者以前面所述要領多多操練（原地左右式輪換練習），經過一定時日定會有所感悟。

「虎撲」在形意拳也稱「雙劈」，虎撲之勁有了感悟，那麼劈拳之勁自然也就在其中了。劈拳為形意拳之母，有了劈拳勁，習者可細心體味，形意拳的整體勁慢慢就會練得上身了。

❀ 五、技擊用法

「虎撲」也稱雙推手。如敵人從正面上右步以右拳攻擊我頭面部，我可身略左轉，以左腳向左側橫跨半步，落於對方右腳外側，右腳隨之向我左腳內側上步腳尖點地成右虛步（重心落於左腿）；同時，我雙手臂從己身兩側沿胸上提前鑽，從對方右手臂外側攔截，此為「雙剪手」。

然後視敵變化而變招，若敵後退，我即起右腳向前上半步，左腳跟進半步；同時雙手臂翻轉變掌，手心向下，雙掌齊發順敵後退之勢向前推放，或發出寸勁（爆炸驚彈勁），撞擊敵人。

若對方攻我之勢凶猛，我雙手截攔敵之來手後，可順其來勁，雙拳內翻變掌用採擄勁，吸住對方之手臂向我右下方順手採擄之。

虎形應用臨敵變化多多，在於用者自悟，如「雙撈手」是吸手。敵人攻我腹胸時，我可用雙撈手吸之（化解其勁），敵若後退，我可順其勢用雙撞、雙推掌攻擊對手，此勁純任自然。

用「虎撲」打人，勁要從後背發之，兩掌斜立，虎口相對，頭要頂勁，項要豎起，肩要鬆沉，肘要下墜，腰塌垮落，後腳蹬勁，前腳挺勁，丹田抖動，脊背發力，若用此招式向敵胸撲去，敵若涵胸化之，可順勢以雙掌貼其胸向上托送之，必發敵遠矣。

六、養生作用

練習虎形以健身養生為目的者，練習時用勁宜柔，動作宜緩不用發力。初習以定步虎形為主，自然呼吸，熟習後其動作可配合呼吸，宜採用逆腹式呼吸法，待達到一定程度後，可加練活步練習法，以加大周身關節活動量，通暢經脈氣血，使其周身流動。

虎形之勁源於湧泉，起於臀尾（尾閭），經命門而過夾脊，故可以通督脈、壯腰膝、益腎、培元、聚精、健肺、補氣凝神、調脾利濕。

此形在腹內練腎水，故能強腰脊、充耳目，練習虎撲之勢時，外形一蓄一發，內氣一升一降，氣自海底上升至命門，復出丹田，再降入海底，走一個三點式的小周天。久練可以水生火降，調和心腎。故練習虎形對心腎不交和頑固失眠者有較明顯的療效。

第三節　猴形拳

猴形

一、猴形歌

　　猴形輕靈起縱輕，機警敏捷攀枝能。
　　叼繩之中加掛印，扒桿加掌向喉中。

二、猴形要義

　　猴者，靈巧之物也，性陰屬土，取諸身內屬脾，為心源，其性有縱山跳澗飛身之靈、有恍閃變化不測之巧，在拳用其形，故取名猴形。

　　以拳言之，有封猴掛印之精，有偷桃獻果之奇，有上樹之巧，又有登枝墜枝之力和輾轉挪移、神機莫測之妙。以形中最靈巧者，莫過於猴之為物也。故曰：不是飛仙體自輕，若閃若電令人驚。看它一身無定勢，縱山跳澗一片靈。然練時，其拳形和則身體輕便，快利旋轉如風；拳形不和則心內凝滯，而身也不能靈便矣。此拳之運用與各形勢不同，手法步法是一陰一陽，一反一正，先練為陰，回

演為陽。學者於此形，切不可忽略也。

　　猴形拳在十二形拳中是一個小套路綜合組拳。張鴻慶先生所傳這套猴形拳內容比較豐富，在形意門亦屬珍品，其獨特的練法世之罕見。

　　練習此形貴在身法靈通，手法陰陽相合，步法變換不亂，內氣外形協調一致。練習時既要求快速有力，又要求沉著穩定；既要求靈活敏捷，又要求完整聯貫，切忌有輕浮無力和左右偏倚之弊病。

⚬ 三、基本練法

1. 預備式
2. 起勢
3. 三體式
4. 猴子倒行

　　接三體式，兩腳不動，右手前探，高與鼻齊，手心向下；同時左手收至胸前，手心向下；左腳後退一步，右腳不動，重心偏於左腿成右虛步。同時，左手從右手上向前探出，右手收至胸前；上動不停，右腳後退一步，左腳不動，重心偏右，同時右手前探，左手收至胸前；目視右手。（圖 4-52 ～ 圖 4-55）。

　　【要點】兩手前探，手臂不可伸直，兩手心均朝下，肘部要有一定的彎度。前探手要和後退步上下配合一致。

圖 4-52

圖 4-53　　　　　　圖 4-54　　　　　　圖 4-55

【用法】兩手交替向前探手，俗稱「猴形手」，此手法既有用手掌撲打敵頭面之形，又有用手指戳擊敵咽喉、面目之能，回手亦有抓攏之意。

5. 猴子掛印

接上動略停，重心後移，左膝上提，左腳自然下垂，右腳踏實成右獨立式；同時，右手回收至胸前，手心向下，左手從右上向前穿出，高與鼻齊；掌心向下；目視左手。（圖 4-56）

【要點】獨立步要穩，提膝與穿掌要動作一致，左掌前穿要急促有力。

【用法】與上式相連之意是退中有攻之勢，上穿掌擊敵喉面，下提膝擊敵襠腹。

6. 猴子單獻果

左腳前落，右腳不動，重心偏後，成左虛步；同時，右手從

圖 4-56

圖 4-57

左手上向前穿出，手心向上，高與口齊，左手收至右小臂內側，手心向下；目視右手。（如圖4-57）

【要點】左腳前落與右掌前穿要動作一致，右手前穿勁到指尖，手臂不可伸直。

【用法】左手下按對方來手，右手穿擊對方咽喉。

7. 猴子雙獻果

左腳前墊半步，右腳向前上一步，重心偏後，成右虛步；同時，左手順右手臂上向前橫抹，手心向下，指尖向右；右手內旋手心翻轉朝下；兩手上下重疊（左上右下）的同時外旋翻掌至掌心向上，兩手臂尺骨側相靠，手指高與口齊；目視雙手前。（圖4-58）

圖 4-58

【要求】雙手翻轉掌心朝上，兩手臂相合，兩肩要放鬆，不可聳肩，兩掌上翻有上托之意。

【用法】左手向前抹手暗含拿法；兩手前托是拿對方兩腮。

8. 猴子撥枝（左）

接上式，左腳向前上一步，同時左手向前穿出，手心向上，指尖高與鼻齊；右手內翻收至左小臂內側；然後右

腳向前上一步，隨之身向左轉 45°，左腳再向左前方斜角
上一步，兩膝微屈，重心偏後（右）；隨左腳上步右手外
翻從左手下向前穿出，手心向上，指尖高與鼻齊，左手內
翻收至右小臂內側，手心向下；目視右手。（圖 4-59～
圖 4-61）

　　【要點】上步走斜行，身隨步轉，兩手左右穿梭，力
達指尖。

　　【用法】兩手左右前穿，攔截對方進攻之手。

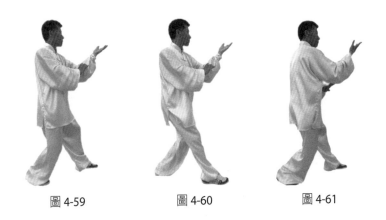

圖 4-59　　　　　　　圖 4-60　　　　　　　圖 4-61

9. 猴子撥枝（右）

　　接上式，身微右轉，右腳向前上一步，同時右手臂向
右前方橫撥；左腳向右腳前上步，身向右轉 45°，隨之右
腳向右前方上一步；同時左手從右手臂下向前穿出，手心
向上，指尖高與鼻齊，右手收至左小臂內側，手心向下；
目視左手。（圖 4-62～圖 4-64）

　　【要點與用法】與第 8 式猴子撥枝（左）式相同，惟
左右相反。

圖 4-62　　　　　　圖 4-63　　　　　　圖 4-64

10. 猴子墜枝

圖 4-65

身向左轉 90°，隨之左腳向前上步，腳尖外擺，兩腿屈膝下蹲，重心略前移，右腳跟離地，身略前伏成半盤步；同時右手從左手上向前撲按，掌心向前下方，高與腹齊；左手收至左胯外側，手心向下；目視右手前。（圖 4-65）

【要點】擰身盤步要沉穩，兩掌撲按用力均勻，百會穴頂勁不丟。

【用法】此式用法可拿可打，左手拿其手臂，右手打其肱膀。

11. 猴子搬枝

接上式，身向右轉 135°（面南）成馬步，隨轉身兩手從下向右上捋。右手至右額右前方，手心向外，手指向左；左手至頭前，手心向上，手指向左；目視左前方。

（圖 4-66）

【要點】擰身換式步法要穩；兩手走上捋，兩膀用力。

【用法】以雙手向我身右側捋對方攻我之手臂。

12. 猴子登枝

身向左轉 180°（面北），同時左腳外擺，重心左移，右腳提起向右側蹬出，腳尖斜向上，力到腳跟；同時左手內旋劃至左側頭上方，手心向外，指尖向右；右手外旋劃至右肩外側右腿之上，手心向上，指尖向右；目視右側。（圖 4-67）

【要點】轉身左腳擺、右腳蹬要動作聯貫，一氣呵成；轉身蹬右腳時，兩手要向右前方送勁。

【用法】上捋下蹬破敵上盤來手之進攻。

13. 猴子摘帽

上動不停，身向左轉 180°（面南），右腳隨轉身向左腳前落步扣腳，左腳向左側跨半步成半馬步，重心略偏右；同時左掌向左前方撲出（打），手心向左，掌略高於左肩，右掌按與腹前，手心向下；目視左掌前。（圖 4-68）

圖 4-66　　　　　圖 4-67　　　　　圖 4-68

【要點】轉身要穩，落步要實，出掌要快。

【用法】身法輕靈，腳蹬手打以應進攻之敵。

14. 猴子打旋

接上式，身微左轉，右手從左小臂下向左側穿掌，掌心向上；左手收至右肩前，手心向右；上動不停，身向右轉 90°，隨之右腳外擺，左手外翻從右腋下穿出，手心向上，同時右手內翻至左肩上，手心朝下；身繼續向右轉 270°（面南），隨轉身左腳向右腳外側上步扣腳，同時右手經右肋後插探掌；右腳向前（南）移半步腳尖著地，成右虛步；右掌收至左肩前，掌心向左，指尖向上；左手從右手下向前探出，手心向上；目視左側。（圖 4-69～圖 4-72）

【要點】轉身擺扣步法輕靈沉穩，左右穿手快捷。

【用法】指東打西，快速轉身以應周圍群敵。

15. 猴子望月

（1）接上式，身向左轉 135°（東北），隨轉身左腳外擺，重心略左移，兩腿屈膝略下蹲，右腳跟離地；同時左手內翻劃至左胯外側偏後，手心向下；右手外翻向前削掌，掌心向上，高與腰平，力達小指一側；目視右手。（圖 4-73）

【要點】轉身擰腰，兩手一採一劈，要動作一致，齊整快捷。

【用法】此式既是拿法也是打法。轉身採拿對方手臂，也可左手採帶敵擊來手臂，同時右手劈砍對方臂膀頭頸。

（2）上式略停，右腳向前上一小步，然後左腳向右腿後插步，腳跟略離地。重心移向右腿，腰向右擰，隨之

雙手從下向左向上向右劃弧下按於右胯外側偏後，兩手心均向下，虎口斜相對；目視兩手前。（圖4-74）

【要點】套步要穩，雙手向右劈按要走弧線，定式時左手在上，右手在下，兩臂要撐圓，上下配合，動作協調。

【用法】接上式採挒敵手臂，敵若後退，可順其退勢雙掌掄劈敵頭面。

圖4-69　　　　　圖4-70　　　　　圖4-71

圖4-72　　　　　圖4-73　　　　　圖4-74

16. 猴子翻身

接上式，兩腳蹬地騰空躍起向左後翻身旋轉 360°，雙腳下落成半馬步，重心略偏後（左）；隨翻身下落，雙手從下向左向上向右下劈，右掌在前，高與腰齊，左掌偏後，位置右肘內側，兩手大指一側均朝上，力達小指一側；目視右手前。（圖 4-75、圖 4-76）

【要點】翻身要快，下落要穩；雙掌掄劈走立圓，下劈有力。

【用法】翻身跳躍掄劈加大力度。

圖 4-75　　　　　　　圖 4-76

17. 猴子叼繩

接上式，右腳向前墊步，同時右手向前穿出，手心向下，高與鼻齊；左手收至右小臂內側，手心向下；上式不停，左腳向前上步蹬地前躍，同時左手從右手上穿出，手心向下，右手收至左小臂內側，手心向下；右手再向前穿出，左手收回至右小臂內側；不停，左手再從右手上向前穿出，手心向下，右手收至左小臂內側，手心向下；目視左手。（圖 4-77～圖 4-80）

圖 4-77　　　　　圖 4-78　　　　　圖 4-79

圖 4-80　　　　　　　　　圖 4-81

【要點】蹬地跳步盡量向前向高遠跳，兩手在空中連續左右穿手要快；穿手時頭要領起，背要拔起，神意貫頂，力達指尖。

【用法】連續上步，用快捷的穿手法攻擊後退之敵。

18. 猴子坐堂

接上式，身向右轉 90°（面南），隨之右腳先落地，左腳後落成馬步；同時兩手臂先內旋外開，然後外旋合於胸前，右手握拳內掩立肘於胸前，拳心朝裡高與鼻齊；同時左拳合於右小臂內側，手心向右；目視右側。（圖 4-81）

圖 4-82

圖 4-83

圖 4-84

【要點】轉身落步要穩，兩手臂先開後合。

【用法】掩肘護胸，以靜制動。

19. 猴子獻背

接上式，身向右轉 90°，同時右腳尖外展朝前，右腳原地腳尖內扣，重心移向左腿；同時右手臂微內旋向下向前撩出，虎口向上，高與腰平，左手變拳下落至左胯外側略偏後，拳心向下；目視右拳。（圖 4-82）

【要點】轉身迅速，出手迅猛，以肩帶手，丹田抖動，力到拳臂。

【用法】此式亦稱「蛇形捶」，可撩擊對方襠腹。

20. 猴子倒行

接上式，兩腳不動，身微右轉（面西）右手變掌回收至胸前，手心向下；左拳變掌上提從右手上向前穿出，掌心向上，高與鼻齊；上動不停，右腳向後撤一步，重心移至右腿，同時右手從左手上向前穿出，手心向下，高與鼻齊，左手收至右肘內側，手心向下；目視右手。（圖 4-83、圖 4-84）

【要點與用法】與第 4 式猴子倒行式完全相同，惟行進方向相反。

21. 猴子掛印　22. 猴子單獻果

23. 猴子雙獻果　24. 猴子撥枝（左）

25. 猴子撥枝（右）　26. 猴子墜枝習猴子搬枝

27. 猴子搬枝　28. 猴子登枝　29. 猴子摘帽

30. 猴子打旋　31. 猴子望月　32. 猴子翻身

33. 猴子叼繩　34. 猴子坐堂　35. 猴子獻背

以上第 21～35 式與第 5～19 式動作名稱及動作說明和要點、用法完全相同，惟行進方向相反。

36. 換影回身

接上式，兩腳不動，左拳變掌從右臂下向前穿出，手心向上；右拳變掌劃至左肩上，手心向外，目視左手。上動不停，身向左轉 135°（西），隨之左腳外擺；同時右掌外旋從左腋下向前穿出，掌心向上，左掌內翻劃至右肩前，手心向外；目視左前方。（圖 4-85、圖 4-86）

右腳向前上步，腳尖內扣；身繼續左轉 135°，左腳向前上半步成左虛步；同時左手隨轉身順左腰側向身後插手，轉身後左手前伸，手心向下，高與胸齊，右手內翻下落至腹臍右側，手心向下；目視左手，成劈拳左式姿勢。（圖 4-87）

圖 4-85　　　　　圖 4-86　　　　　圖 4-87

【要點】轉身步法清晰，身法靈活，手法不亂。

【用法】指前打後，以身法、步法變化迎對前後之敵。

37. 收勢

動作說明及要點與前劈拳收勢完全相同。

四、用勁特點

《拳經》云：「猴有縮力之法，縱山之靈。」故練習時左旋右轉，閃展騰挪，前進後退，縱跳伸縮，要以靈活為第一，而又不可失其沉著穩定與完整聯貫。練習猴形，旋轉時要以腰為軸前穿後縮，並輔以內氣催動，使其縱跳、穿擊有力，落地輕靈穩重。

此形在練習時，一定不可使用拙力出勁，要求輕巧靈敏，快離旋轉如風，方不失猴形之本意。

五、技擊用法

猴形技擊應用時著重突出其靈活敏捷的特點。如對方用連環劈拳擊我胸腹，我可隨機後退並用兩掌連續前搓敵頭面，下邊並配以膝撞擊其襠腹。此為「猴子倒行」「猴子掛印」之技法。

又如，敵以右手襲我胸，我即以左手從其來手外環向裡下按其手腕；同時上步以右掌穿擊其喉，此為「單獻果」。接上式，敵若以左手接我右穿手，我可以左手從其來手外環拿其腕，然後我雙手翻掌向上端敵項頸，此為「雙獻果」之技擊用法。

猴形之用法，前篇已多有詳述，讀者可參考。此猴形之技法，雖與劈拳動作大體相似，但猴形出手多用抓劈，

五指張開，其形如鉤，所取部位多在咽喉面部或雙眼，其技不以力勝而以靈巧敏捷為先。手腳也講起落一致，要有整勁，但終以輕靈巧妙為要，不似劈拳或虎撲之落地發力呼呼帶風。

六、養生作用

古譜云：「猴形在體內為心源，練之可安心凝神。」又云：「氣機催動身如電，化實為虛此中求。」此套猴形拳動作多旋轉跳躍，閃展騰挪，前進後退，左旋右轉，因之練習時特別要注意「平衡鍛鍊」，不停地旋轉動作，既活動了帶脈，也鍛鍊了全身的脊椎神經。

轉身時的擺扣步，使腳外緣和內緣交換用力，帶動了五陰脈氣全面流動。其步法的先退後進，身法的先縮後伸，有通督通任、走衝脈之功。腳尖點地，牽動肝脾經，可活血化瘀，又有祛風刮濕之效。

練習猴形宜注意順乎自然，不可努筋拔力，勉強為之；否則，拳形不和，心內凝滯，而身亦不能靈通矣。

這套猴形拳演練中步法輕捷，身法靈活，手法多變，而且跳躍動作多，運動量相對較大，對提高習練者跳躍能力、平衡能力、協調能力都有很好的鍛鍊效果。

但習者若以健身養生為目的，那麼練習時可適當放緩速度，掌握好節奏，減少跳躍動作；練習時宜多注意意氣、精神修練，同樣可收到強身健體之功效。

第四節　馬形拳

一、馬形歌

馬形

馬有垂韁疾蹄功，跳澗過步速如風。

丹田抱氣雙拳裏，左（右）纏右（左）衝是真情。

二、馬形要義

《拳經》云：「馬者，最仁義之靈獸，善知人心。有垂韁之義，抖毛之威，有蹄之功，撞山跳澗之勇，取諸身內則為意，出於心源。」故《道經》云：「名意馬，意屬脾，為土，土生萬物，意變萬象。以性情言，謂之心源；以拳中言，謂之馬形；以拳法用之，有龍之天性，翻江倒海之威；拳外剛猛而內柔和，有心內虛空之妙，有丹田氣足之形。」

拳勢順，則道心生，陰火消滅，腹實而體健；拳形不順，則心內不能虛靈，而意忘氣努，五臟失和，清氣不能上升，濁氣不能下降，手足也不能靈活也。

故曰：人學烈馬蹄功，戰場之上抖威風，英雄四海揚威名，全憑此式立奇功。學者於此形尤宜注意而深究。

三、基本練法

張鴻慶先生傳馬形拳有三種練法，具體講上盤手法基本一樣，所不同的是步法，練習時要按定步、跟步、行步

三個程序進行。這套馬形拳動作簡單古樸，全套拳就練一個式子「白馬亮蹄」。

（一）馬形

1. 預備式

2. 起勢

3. 三體式

4. 馬形右式

（1）接三體式，左腳撤至右腳內側，腳尖著地，右腳不動，重心偏於右腳。左腳撤步時兩手變拳，左拳外旋向胸前掩肘，吸氣，拳心朝裡，高與鼻齊；右拳收至腹臍右側，拳心朝上；目視左拳。（圖 4-88、圖 4-89）

【要點】撤步掩肘動作一致，左拳臂要有擰轉勁。

【用法】退步掩肘以化解對方右拳對我胸部的進攻。

（2）上動不停，身微左轉，左腳向左前方進步，右腳不動，成左虛步。隨進步左拳內旋，向下向左向左胸前劃擺，拳心向下，虎口向右；同時右拳提至胸前再向前平拳打出，呼氣，拳心向下，高與胸齊，手臂前伸，肘部略有彎曲，左拳收至左胸下，拳心向下；目視右拳。（圖 4-90）

圖 4-88　　　　　　圖 4-89　　　　　　圖 4-90

【要點】左小臂尺骨側貼肋摩擦外擺劃弧至胸前，左擺拳與右衝拳要動作協調一致。

【用法】左手攔截對方正面拳擊，同時右拳擊敵胸面。

5. 馬形左式

（1）接上式，身微右轉，左腳向前上半步，隨之右腳前提至左腳內側，腳尖虛著地；左腳不動，重心偏左。隨右腳上步，右拳臂外旋向胸前掩肘，吸氣；左拳收至左胸下，拳心向下；目視右拳。（圖4-91）

【要點】左腳上步腳尖略內扣，右拳內掩與右腳前提動作一致。

【用法】與馬形右式相同，惟左右相反。

（2）上動不停，身向右轉45°，右腳向右前方進步，左腳不動，成右虛步；隨上步，右拳向下向右向上弧形擺拳至右胸前，拳心朝下，虎口向左；同時左拳向前平拳打出，手心向下，高與胸齊；右拳收至右胸下，拳心向下；目視左拳。（圖4-92）

【要點和用法】與馬形右式動作二相同，惟左右相反。

圖4-91　　　　　　　　圖4-92

　　如上左右式反覆打出，次數多少根據場地和個人體力
而定。

6. 回身式

　　左右回身均可，如打出馬形左式做回身，身體向左轉
225°，右腳隨轉身向左腳內側上步，扣腳踏實，左腳跟提
起腳尖虛著地；隨轉身左肘後頂，然後向左平劃，再手臂
外旋向胸前掩肘，拳心向裡，高與鼻齊；右拳收至腹臍右
側，拳心向下；目視左拳。（圖 4-93）

　　上動不停，身向左轉 45°，隨之左腳向左前方斜角上
步，右腳不動，成左虛步。隨上步左手臂向下向左前劃擺
至左胸前，拳心向下，高與胸齊；同時右拳向前平拳打
出，拳心向下，高與胸齊；左拳收至左胸下，拳心向下；
目視右拳。（圖 4-94）

　　【要點】轉身上步扣腳，左拳臂先頂肘後掩肘，動作
要自然流暢。上步左擺拳右衝拳，動作協調一致。

　　【用法】回身肘擊身後之敵，其他用法與前馬形右式
相同。

圖 4-93　　　　　　　　圖 4-94

7. 馬形左式

【動作說明及要點】與前馬形左式完全相同，惟行進方向相反。

8. 馬形右式

【動作說明及要點】與第 4 式馬形右式基本相同（只是左腳不回撤，直接向前上半步），惟行進方向不同。

9. 收勢

打到原來起勢位置後，打出馬形左式再回身（回身式參閱前回身動作說明），回身後打出馬形右式。（參閱圖 4-88、圖 4-89）

接上式不停，兩拳撒開變掌，左手外旋從右手下前穿，右手回收至胸前，外旋向右後側平擺，兩手心均向上，然後兩手向上托舉，吸氣，兩手過頂後再內旋沿頭前向下捋按至腹前變拳，呼氣，拳心向下，虎口朝內，兩臂呈弧形；目視身前。（參閱圖 3-17、圖 3-18）

上動略停，重心前移，右腳前提至左腳內側並步，然後身體起立，兩拳變掌收至大腿兩側，手心向內，指尖向下，目視身前，恢復預備式姿勢。（參閱圖 3-19）

【要點】回身打出馬形右式時，左腳、左拳要對向正前方；收勢要穩，心平氣和，兩手上托吸氣，兩手下捋呼氣，立正還原，內氣歸一。

（二）跟步馬形

練習定步馬形要求習練者在相對緩慢柔和的動作中體會馬形「白馬亮蹄」這個式子中的兩個主要動作，一是擺拳；二是直拳（刺拳）。

這兩個式子在技擊實踐中很實用，雖然招式簡單，但

使用頻率卻是很高的。為了加大馬形的攻擊力度，馬形的第二步練法是跟步馬形。

1. **預備式**

2. **起勢**

3. **三體式**

4. **馬形右式**

動作與定步馬形右式基本相同，只是接三體式後，前腳（左）回撤至右腳內側不著地接著即向左前方斜角進步，隨之右腳跟進半步至左腳後，重心偏後成左虛步，兩腳跟前後相距 20～40 公分。

左腳退步時左肘內掩，上步時左拳向外向內弧形劃擺至左胸前，跟右步時打右拳，其他要領與定步馬形右式相同。（圖 4-95～圖 4-97）

圖 4-95　　　　　圖 4-96　　　　　圖 4-97

5. **馬形左式**

接上式身微右轉，左腳向前上步；同時右拳向內掩肘再向外向內弧形劃擺至右胸前，拳心向下；上動不停，右腳上步經左踝內側不停向右前方進步，左腳跟進半步至右腳後，重心偏後成右虛步。隨右腳進步，左拳向前平拳打

出，拳心向下，高與胸齊，右拳收至右胸下，拳心向下；目視左拳。（圖 4-98、圖 4-99）

【要點】右腳進步走內弧形，跟步打拳以助力。

【用法】與定步馬形左式相同。

圖 4-98   圖 4-99

6. 回身式

回身式與前定步馬形回身式練法基本相同，區別在此處回身後，左腳提起後不停式立即向左前方斜角進步，隨之右腳跟進半步至左腳後，成左虛步。上盤手肘動作與定步馬形回身基本相同。

7. 收勢

與定步馬形收勢相同。（參閱圖 3-17～圖 3-19）

馬形跟步練法，主要體會手腳相合、氣勁合一、整體一致的感覺。經過反覆操練達到勢順、氣順、勁順的要求。這一步練的是明勁功夫，速度要比定步練法略快，相對力度要大，逐漸體會出馬形拳外剛猛而內柔順的特點。

（三）行步馬形拳

1. 預備式

2. **起勢**

3. **三體式**

4. **馬形右式**

接三體式，左腳向前墊步，同時左手變拳向內掩肘，墜肘豎臂，拳高與鼻齊；右手變拳至右腹前，拳心向下。身向左轉 45°，右腳向前上一步，同時左拳臂向外向內弧形劃擺至左胸前，拳心向下，左腳向左前方上一步，隨之右拳向前平拳打出，拳心向下，高與胸齊，左拳收至左胸下，拳心向下；目視右拳。（圖 4-100～圖 4-103）

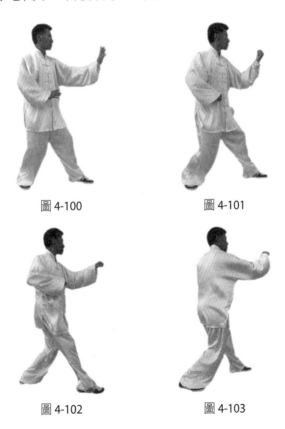

圖 4-100　　　　　　　　圖 4-101

圖 4-102　　　　　　　　圖 4-103

【要點】連續上三步，步不停，手不停，手腳相合，勁力順達。

【用法】行進中連續發拳追擊退敵。

5. 馬形左式

接上式，右腳向前上步，同時右拳向胸前掩肘，拳高與鼻齊；身向右轉45°，隨之左腳向前上步，右拳向外向內弧形劃擺至右胸前，拳心向下；右腳再向右前方上步，同時左拳平拳向前打出，拳心向下，高與胸齊，右拳收至右胸下，拳心向下；目視左拳。（圖4-104～圖4-106）

【要點】練習行步馬形重點在一個「行」字上，整個行步馬形練起來，式子不能停頓，三步一組，斜行而進，手不停，步不停，勢如天馬行空，神氣衝天。

如上反覆演練，根據場地和個人體力情況適時做回身動作。

圖4-104　　　　　圖4-105　　　　　圖4-106

6. 回身式

左腳在前右回身，右腳在前左回身。回身步法也不要停頓，走擺扣步。如打出右腳、左拳在前的馬形左式後，

身向左轉 90°，隨之左腳外擺，左臂肘向後頂出；然後身向左轉 90°，隨之右腳向左腳前上步扣腳；同時左拳向左前方橫擺，然後身再向左轉 90°，隨之左腳向左前方斜角上步，同時右拳平拳向前打出，拳高與胸齊，拳心向下；左拳收至左胸下，拳心向下；目視右拳。成馬形右式。（圖 4-107 ～ 圖 4-109）

【要點】回身步法清晰，身隨步轉，以身帶手，上下協調一致。

【用法】以靈活的身法步，對付前後敵人的攻擊。

圖 4-107　　　　　圖 4-108　　　　　圖 4-109

按照行步馬形左式、右式的動作要求向前操練，打到原起勢位置，做回身收勢動作。

行步馬形是馬形拳的高級練法，習者要在定步、跟步拳有了一定基礎後才能練習。行步馬形主要是練習形意拳的化勁功夫，初習體會動作的剛柔、虛實變化，進而體會虛無輕靈、陰陽一氣之變化。

馬形拳外示剛猛，內含柔和。練到行步拳階段，習者可逐漸把有形之拳當作無形之拳操練，練法之秘訣全在於

把拳法融於自然之中，以其形順其氣，以其氣催其形，內外一體和於天地，見於神氣。

四、用勁特點

張鴻慶先生的這個馬形拳僅有一個「白馬亮蹄」的式子，動作雖然簡單，但勁路內涵相當豐富。練習這個式子時，需要掌握的要點是：肩搖、臂旋、拳頭擺，前犁後蹬足用力，兩足不停走斜行，身隨步轉顯神通。

五、技擊用法

這套馬形拳從技法上看，招式非常簡練，一個擺拳一個中平拳，從外形上看近似西方拳擊中的擺拳刺拳打法；但在練法、用法上差異很大，這是兩種風格迥異的拳法。

拳擊素以凶猛、直衝直撞著稱於世，而形意馬形拳出拳看似直來直去，但仔細觀察其行拳軌跡，每一招出手走的都是弧形，又暗含纏繞之柔勁，只是在纏繞柔化得手之際，才猝然爆發。

正如《拳經》所言：「此拳外剛猛，而內柔和，有心內虛空之稱，有丹田氣足之形。」故在練習馬形時以注重氣沉丹田和丹田抱氣的鍛鍊。

另外，馬形手出招一般不是單招對敵，而多是前後呼應，連環出招，具體用法如下：

（1）假設敵方以右拳擊我前胸，我即以左拳腕從其來手外環接手勾掛叼住敵右腕臂；同時迅速出右拳打敵前胸或頭面部；敵若接我右拳，我即出左拳擊敵頭面。此為「馬形連環炮」。

（2）設敵以右拳以我前胸，我迅速以左小臂掩肘攔截（有吸勁），敵若再出左拳擊我胸，我以右拳臂掩肘截之。這是個防守之法，但可以在連續掩肘之時突變拳擊或反拳砸敵頭面。這是防守反擊之打法。

（3）假設敵以右拳擊我前胸，我以左拳臂從敵來手臂上方向下向外劃撥，然後借敵方之裡合之勁，迅速橫擺回擊敵右額，敵若攔截，我迅速以右拳直擊敵之頭面。

（4）馬形回身有一肘擊，這是對付身後偷襲之敵的用法。如敵在我身後突然出拳襲擊或偷抱於我，我可以左（右）肘後擊來敵，隨之轉身接手，打右（左）拳，可破敵。

馬形拳打法簡單，但卻非常實用。這是一套進攻的招法，一旦與敵交手，連續發招，一招緊一招，好像連環炮，輪番轟炸，有迅雷不及掩耳之勢。

前面介紹的是馬形拳之「白馬亮蹄」用法之大勢。在實際交手中，還可以根據臨場情況變化出很多小手（散招），平時操練若把這個馬形拳揉進形意盤身掌法中，則可以不拘形式，任意變化出很多招法。

應用之時前可打、後可打、左可打、右可打、上可打、下可打，前後左右、四面八方任意盤打。練之純熟，一旦與人交手形如烈馬奔騰，雄風八面，意似天馬行空，其勢難擋矣。

馬形拳在形意門的傳承中，各支派都有自己的獨特練法、打法。20 世紀 70 年代我的恩師唐山開灤趙各莊礦的張蘭普老師曾經傳授我一個馬形拳中「馬撞槽」的練法和打法。其用法如下：

（1）設敵方上右步以右拳擊我胸面，我左腳向左斜角上步，右腳隨之跟進至左腳內側虛著地，以閃化對方擊來之拳；同時我以右手臂從其來手之外環劃撥（暗含碾壓之勁）對方進攻之右手臂（要以我右小臂黏住對方小臂），此式不停，然後隨對方後撤之勁，我右腳向前上步，左腳跟進，同時兩臂突然向前抖發，以右拳上擊敵前胸或頭面，同時以左腕臂黏住敵右小臂。此招是以單拳擊打敵方，曰「單撞槽」。

（2）若我以兩拳臂從來敵之手臂外環向外劃撥敵進攻之右拳後，再以雙拳擊敵頭面，此稱「雙撞槽」。

（3）若對方以右拳擊我頭面，我以右拳臂從對方來手臂外環攔截，並向我右側劃撥；同時我右腳上步左腳跟步，並且以左拳擊敵右肋部。

（4）若對方以右拳擊我胸部，我左腳先向左側略進半步，閃化敵之來力；同時我以右拳臂攔截對方打來之右拳，同時我以右腳蹬踏敵之膝腿；敵若後退，我即迅速以右拳擊敵頭右側；若離敵太近時，我可以右肘臂或肩膀貼靠敵身，用丹田內勁、腰身抖搜猝然發力，抖發近敵。

以上四組馬形拳「馬撞槽」之打法，所用步法是形意拳典型的「三角步」用法，這種步法結合上盤的手法，遇勁敵時，不與其正面交手，避其鋒芒，以「逃身又逃步」的技法，閃化來敵之進攻，劍走偏鋒，後發制敵。

不論是「單撞」還是「雙撞」，在向外劃撥對方來手時，不能只靠手臂之功，要以腰腹丹田內勁為主宰，帶動雙臂而抖撥，同時下盤雙腳要助以蹬蹚之力，上中下三盤九節內外合一，整體一致方可奏效。這是馬形拳「雙撞

槽」拳走偏門的用法。

六、養生作用

《拳經》曰：「此拳外剛猛而內柔和，有心虛空之妙，有丹田氣足之形。拳形順，則道心生，陰火消滅，腹實而體健。」

故在練習馬形拳時，宜注重氣沉丹田和丹田抱氣的鍛鍊。不努氣、不尚拙力，以內氣催動外形，以外形帶動內勁，內外一體，剛柔相濟，練之日久，定能氣通百脈，內養五臟，外壯筋骨，收養生益壽之功效。

馬有蹄之功，指的是馬走極快時後蹄能超過前蹄，練習馬形要突出其蹄的特點。故進步時須後腿蹬勁，前腿進步，然後後腳再極力擁進。練習馬形疾進步，可以增強後腿大筋的彈力，提高足弓之功能。

馬是動物中最有靈性之物，且通龍性，練習行步馬形時，行如奔馬，頭頂神提，心虛腹實，步履如飛，飄而不浮，手足行擺，恰似天馬行空，神氣衝天。

老譜云：「馬奔之行，在腹內為心。其氣順，則心意安定，可以凝神通絡。」馬形的練習，兩臂不停搖擺，兩足不停行走，上虛心下實腹，心脈肺經得以疏通。冠狀動脈的供血得以調整進而促進全身之氣血，得以暢運流通，因而久練此拳者不但對增進心肺功能有益，更對全身健康有相當之收益。

第五節　鼉形拳

一、鼉形歌

鼉形最靈浮水中，左右撥水是真情。
又有鑽意加側打，左顧右盼攔中用。

二、鼉形要義

《拳經》云：「鼉者水中之物，而最靈敏者也，有浮水之能。」取之身為腎，以拳中性能，用其形，外合內順，練之能消心君之浮火，助命門之相火，滿腎水，活潑周身之筋絡，化身體之拙氣、拙力。

拳勢順，丹田氣足，而真精補還於腦，身輕如鼉之能，與水相合一氣，而能浮於水面也。

拳勢逆，則手、足、肩、胯之勁必拘束，而全身亦必不能靈活也。

故曰：「鼉形須知身有靈，拗步之中藏奇精，安不忘危危自解，與人何事須相爭，正此之謂也。學者須加以細心研究，方不錯繆也。」

三、基本練法

鼉形有三種練法，即定步鼉形、跟步鼉形、行步鼉形。定步鼉形是最基本練法，主要是要求初習者掌握鼉形之規矩，體會手腳身法的協調配合，弄清楚鼉形方向、角

度及勁道。

（一）定步鼉形

1. 預備式

2. 起勢

3. 三體式

4. 鼉形右式

接三體式，重心前移至左腳，右腳提起至左腳內踝處不停即向右前方斜角進步，腳尖順前；左腳不動，重心偏於左腿；同時，右手外旋翻至手心向上，從右下往左肋上鑽，鑽至左肩前，然後內旋弧形向前向右橫擺，掌與右腳上下相對，掌心向下，高與口齊；左掌同時外旋弧形向下收至腹前，掌心朝上；目視右手。（圖 4-110、圖 4-111）

【要點】右手前擺、左手回收都要走弧線。右手橫擺，力道在小指外沿上。左手回收要有刁拿領挎之意。右手前擺與右腳上步，要動作一致。

圖 4-110　　　　　　　　圖 4-111

5. 鼉形左式

繼上動，左腳提至右腳內踝處不停即向左前方斜角進

圖 4-112　　　圖 4-113

步，腳尖順前；右腳不動，重心偏於右腿；同時，左手從下往右肋上鑽，鑽至右肩前，然後手掌內翻弧形向前向左橫擺，掌與左腳上下相對，掌心向下，高與口齊；右掌同時外旋弧形向下收至腹前，掌心朝上；目視左手。（圖 4-112、圖 4-113）

【要點】鼉形操練時左右勢要聯貫，身與腰肩要合成一氣，晃開身勢，有如鼉在水中相浮之意趣。

如上式左右交替向前操練，次數多少自定。

6. 回身式

左手在前右轉身，右手在前左轉身。如打到鼉形右式時做回身動作，右腳向左腳前落步，腳尖內扣，左腳不動，身向左轉 135°；同時，左手向上伸至右肩前，掌心向上；右手拉至右胯前，手心朝下；目視左肩前。（圖 4-114）

上動不停，身繼續向左轉 90°，隨之左腳向左前方斜角進步，腳尖向前；右腳不動，重心偏於右腿；隨左腳進步，左手從右向左橫擺，掌與左腳上下相對，掌心向前下方，高與口齊；右手外翻，掌心向上收置腹前；目視左手。成鼉形左式姿勢。（圖 4-115）

【要點】轉身要快速、靈敏，右腳落地扣步左腳速向

圖 4-114　　　　　　　　　圖 4-115

左前方進步；同時兩手左擺右旋，肩搖身晃，身隨步轉，動作協調一致。

7. 鼉形右式　8. 鼉形左式

第 7、第 8 式動作說明及要點與前第 4、第 5 式相同，惟行進方向相反。

9. 收勢

打到原來起勢位置時，打出鼉形右式後向左轉身，轉身後打出鼉形左式。稍停，兩手臂向左右平展，手心朝上，再向上托舉過頂；然後兩手內旋向頭前相合，沿胸前向下捋按至腹前，雙掌變拳，拳心向下，虎口朝內；上式稍停，重心前移至左腿；右腳前提至左腳內側並步，身體起立，雙拳撒開變掌收至大腿兩側，手心向內，指尖向下；目視前方。恢復預備式姿勢。（參閱圖 3-16～圖 3-19）

【要點】回身動作與第 6 式鼉形回身式相同，惟方向相反。轉身後左腳向正前方進步，成三體式。收勢動作要穩，神氣內斂，萬法歸一。

（二）跟步鼉形

鼉形跟步練法是在定步練法基礎上增加了步法的變化，以提高步法的靈活性；在手法上採用八字掌手法。

1. 預備式

2. 起勢

3. 三體式

4. 鼉形右式

接三體式，左腳向前墊步，右手同時向裡擰轉至手心朝上，並將中指、無名指、小指屈回，將大指與食指如八字形伸張，從右往左肋上鑽，鑽至肘與左膝相順，掌與鼻尖相齊；左手同時回拉至左胯外，手心朝下，亦成八字形掌；目視右手。（圖 4-116、圖 4-117）

上動不停，右腳提起至左腳內踝處似靠未靠不著地即向右前方斜角進一大步，腳尖朝前；左腳跟進半步，腳尖略外撇，重心偏於左腿；同時，右手從左向右橫擺，掌與右腳上下相對，掌心向前下方，高與口齊；左手外翻，手心朝上，至於腹前；目視右手。（圖 4-118）

圖 4-116　　　　圖 4-117　　　　圖 4-118

【要點】右手向前橫擺，其勁力主於尺骨一側。左手回收有摟領之意，兩手之勁要上下相合，左右相合。走勢時手腳不可停頓，要晃開身形，肩腰活泛有鼉浮水中之意。

5. 鼉形左式

右腳墊步，左手同時從下向右肋上鑽，鑽至肘與右膝相順，掌與鼻尖齊；同時，右手回拉至右胯外，手心朝下；目視左手。（圖4-119）

上動不停，左腳提起至右腳內踝處似靠未靠不著地即向左前方斜進一大步，腳尖向前；右腳跟進半步，腳尖略外撇，重心偏於右腿；同時，左手從右向左橫擺，掌與左腳上下相對，掌心向前下方，高與口齊；右手外翻置於腹前，手心向上；目視左手。（圖4-120）

【要點】與鼉形右式相同，惟左右相反。

如上式左右交替向前操演，次數多少自定。

圖4-119　　　　　　　　圖4-120

6. 鼉形回身式

左手在前右轉身，右手在前左轉身。如打到鼉形左式

後，不停，左腳內扣，右腳提起似落不落，身體速向右後轉，右掌隨轉身向上鑽至左肩前，掌心向上；左手拉至左胯前，掌心朝上；目視右側。（圖4-121）

繼上動不停，右掌翻轉使掌心朝下，隨轉身向右前方橫擺；同時，右腳向右前方落地，腳尖向前；左掌弧形下劃至左腹前，手心向上；上動不停，左腳提至右腳踝內側似落未落，腳不著地，身向左轉，隨之左腳向左前方斜角進一大步，腳尖向前；右腳跟進半步，腳尖略外撇，掌心偏於右腿；隨身右轉左手向上鑽至右肩前，不停，隨左腳進步，左掌內翻向左前方橫擺，掌與左腳上下相對，掌心向下，高與口齊；右手外翻弧形劃至腹前，掌心向上；目視左手。（圖4-122～圖4-124）

【要點】向右後轉身時速度要快捷，右腳落地後左腳迅速跟進，並隨左轉身速向左前方上步，身隨步轉，上下不停頓；轉身時兩手臂左右擺動要聯貫，以腰為樞紐帶動四肢動作，旋轉要靈活不滯，頭要頂勁不丟，腰塌背拔，身體中正，不可左歪右斜。

圖4-121　　圖4-122　　圖4-123　　圖4-124

7. 鼉形右式　8. 鼉形左式

第 7、第 8 式動作說明及要點與前第 4、第 5 式相同，惟行進方向相反。

9. 收勢

打到原來起勢位置時，打出鼉形左式，仍向右轉身（參閱第 6 式回身式圖及動作說明），打出鼉形左式，然後做收勢（參閱前定步鼉形收勢動作說明及圖 3-17～圖 3-19）。

（三）行步鼉形

鼉形定步、跟步練法都屬於鼉形的基本練法。鼉形的高級練法是行步練法，行步練習法與定步、跟步練法手法上基本相同，不同之處在於步法上的變化。

定步、跟步練法是三角步、斜行步；行步鼉形是練「七星步」。具體練法如下：

1. 預備式

2. 起勢

3. 三體式

4. 鼉形右式

接三體式，右腳向前上步，隨之右掌外旋從腹前貼胸向上鑽至口前；左掌同時向下弧形收至胯前手心向下；左腳向前上一步，同時右掌內旋變成俯掌，左掌略外旋；身向右轉，隨之右腳向右前方斜角進步；右掌同時向右前方橫掌擊出，手心向下，臂成弧形，高與口平，力到右掌外緣掌沿處，左掌至於腹前，手心向上；目視右掌。（圖 4-125～圖 4-127）

【要點】此形練習時特別要求身法、步法、手法、眼

圖 4-125　　　　　　圖 4-126　　　　　　圖 4-127

神上下要協調一致，身體各個關節要靈活而富有彈性，手足動作要以腰部為樞紐，旋轉自然活潑。鼉形動作既有翻江撥水之力，又有輕浮水面之靈。左右足行進路線如北斗星座圖，故曰「七星步」。

5. 鼉形左式

繼上動，身微左轉，左腳向前上一步，左掌從下向上貼胸鑽至口前，手心向上；隨之右掌向下收至胯前，手心向下；右腳向前上一步，左掌內旋變成俯掌，右掌略外旋；身向左轉，隨之左腳向左前方斜角進步；左掌向左前方橫掌擊出，手心向下，臂成弧形，高與口齊，力到左掌

圖 4-128　　　　　　圖 4-129　　　　　　圖 4-130

外緣掌沿處，右掌至於腹前，手心向上；目視左掌。（圖
4-128～圖 4-130）

【要點】與鼉形右式相同，惟左右相反。

如上左右式交替向前操作，次數多少自定。

6. 鼉形回身式

左右回身均可。如打出鼉形右式（右腳、右手在前）
之後，不停，身向左轉 90°，隨之左腳外擺，同時左掌從腹
前向上鑽至口前，內翻向前橫掌擊出，手心向下；右掌外
旋向下弧形收至胯前，手心向上；目視左手（圖 4-131）。

身體繼續向左轉 90°，隨之右腳向左腳前上步，腳尖
略內扣；右掌同時從下貼胸上鑽至口前翻轉向右前方橫
擊，手心向下，高與口齊；左掌外旋弧形收至胯前，手心
向上；目視右手（圖 4-132）。

上動不停，身體繼續向左轉 90°，隨之左腳向左前方
斜角進步，右腳不動，重心偏於右腿；同時左掌從下貼胸
鑽至口前翻掌向左前方橫掌擊出，手心朝下，高與口齊，
力達掌外緣；右掌收至腹前，掌心向上；目視左掌，打出
鼉形左式（圖 4-133）。

圖 4-131　　　　圖 4-132　　　　圖 4-133

【要點】回身步法不停頓，擺扣步要清晰；身隨步轉，以身為樞紐帶動兩臂掌上下擺動，弧形有度。

7. 鼉形右式　8. 鼉形左式

第 7、第 8 式動作說明及要點與前第 4、第 5 式相同，惟方向相反。

9. 收勢

打到原來的位置時，打出鼉形右式，仍向左轉身（參閱前回身式圖及動作說明），轉身後打出鼉形左式，然後做收勢（參閱鼉形定步練習法中的收勢動作說明及圖 3-17～圖 3-19）。

行步鼉形是張鴻慶先生鼉形拳的高級練法。透過定步、跟步鼉形的學習鍛鍊，習者基本掌握了鼉形的用勁要領。但是定步、跟步兩種練法，練習重點是在上盤手臂動作上，行步鼉形是鍛鍊習者在下盤步法、中盤身法、上盤手法更加活潑靈動，更加協調。

行步鼉形是化勁練法，練的是輕柔靈活，練習行步鼉形一般使用掌法是八字形掌，操練時，不發明勁，意注丹田，以內氣催動外形，以外形帶動內氣（勁），從而使內外五行六合更加協調一致。練之純熟恰如《拳經》所言：道本自然一氣遊，空空靜靜最難求，得來萬法皆無用，身形應當似水流。

四、用勁特點

鼉龍，即揚子鱷，俗叫「豬婆龍」，是鱷的一種。《拳經》云：「鼉有浮水之精。」其力最大，而又最靈敏，它既有浮水之靈巧，又有翻江倒海之勁力。

　　練習時要特別注重腰脊之轉動、呼吸之配合、眼神之變化。其特點在於搖膀活胯，運動看腰脊、骶尾和命門。特別是練行步鼉形拳時，要求身隨步轉，掌隨步動，左旋右轉，勁力活泛輕靈。

　　練習時，兩手輪番雲化外開，多用肩、肘之力以橫勁破對方之直勁。得勢時則連環進步，前手雲開對方胳膊，後手以陰掌橫斬對方腰、肋。

🌀 五、技擊用法

　　前面介紹的鼉形三種練法，其技擊內涵豐富，這裡主要講兩種用法：一種是攻擊法，另一種是防守法。兩種用法都以走偏門為主。攻擊法是用俯掌橫擊法，如對方以右手擊我胸面部，我左腳向對方身右側上步，右腳隨之跟至左腳內側，腳尖虛著地；同時我以右手臂從對方右手臂外側橫臂攔截，手臂要走滾勁；隨之我右腳可向對方右腳後上步，用我腳膝吃住對方右小腿，我左手橫掌（手心向上）切擊對方右肋或後背。

　　所謂守法，是用八字形掌法，八字掌形意門老師也稱其為「卡子手」。老師稱這種八字形掌法，在與敵接手時，我可用所屈小指、無名指、中指三指用勁，卡住對方手臂，然後向後下方採攦敵手臂。

　　八字形掌法在與對方交手時，配合身法的閃化，以我之手臂向左右将領對方進攻之來手，老師講此手法還有一個平常不能用的狠招，就是在對方以手掌向我上盤進攻時，我可用手臂向外化領其手臂，伺機以我拇指、食指向對方雙眼劃擊，或以拇指、食指向前卡住對方咽喉。此法

雖為一招用法，但平時絕對不能亂試，習者慎之。

六、養生作用

鼉形之運動，在腹內為腎水，練此形外合內順可以壯腰、補腎、散心火、消積食。練習時兩手臂內旋外翻，陰陽轉換，可以化拙氣、舒筋脈、舒肝氣。

拳形順丹田氣足，真精充實，可還精補腦使身輕足健勁力飽滿。其頭隨腰手之運轉左右轉動，可以防止頸椎病的發生。眼神隨兩手變化而左顧右盼使眼球不斷轉動，大大調節了眼部氣血的供應，對保護眼睛健康和防治眼病都有一定的積極作用。練習鼉形其腰部的不斷轉動，對增強腰部力量、促進帶脈氣血運行、涵養腹部臟器及強化命門腎臟的功能都會收到意想不到的健身效果。

第六節　雞形拳

一、雞形歌

金雞獨立顯奇能，強身還需補腎功。
足力上升健腦力，頂氣下降腿腳輕。

雞形四把

二、雞形要義

《拳經》曰：「雞者最有智謀信勇靈性之物也。性善鬥，鬥時皆以智取。口剛而能啄，兩腿連環能獨立，爪能

抓且能蹬，生威抖翎，能騰空，進退無時，往來無定。全身應用隨時生能，以拳之應用，力量最大，故取為雞形。取諸身內為脾，脾健則五臟充，屬土，土生萬物，故雞形之性能有萬法……有靈通。練之形勢順，則脾胃活，有羽化之功，形勢逆，則脾衰胃滿，五臟失調和矣，學者宜虛心誠意，格物致知，始得生化之道焉。」

形意門所傳雞形有多種練法，本節所介紹的雞形是一個組合套路，動作多模仿雞的特長，內容豐富，結構嚴密。練習雞形，主要是取其有獨立之功和蹬抓之技，抖翎之威和欺鬥之勇，在發放爆發勁力時，神氣貫頂，項要如雞鬥，真正領得起、頂得實、豎得堅。

雞形主要動作有金雞獨立、金雞食米、金雞抖翎、金雞上架、金雞報曉等式。動作路線沿直線向前行進。

三、雞形練法

1. 預備式
2. 起勢
3. 三體式
4. 金雞獨立（進退）

（1）接三體式，左腳向前墊半步，重心前移，左腳踏實，屈膝半蹲，右腳前提至左腳內踝處，腳尖微上翹，成左獨立步；同時右掌從左掌下面向前穿出，高與胸齊，掌心向下，手指向前，左掌撤到腰部左側，掌心向下；目視右手。（圖 4-134、圖 4-135）

（2）上動不停，左腳蹬地，右腳盡力後退一步，屈膝半蹲，左腿隨之撤到右腿內側，左腳略提，緊靠在右踝

關節處，腳尖上翹，成右獨立步；同時左掌從右掌下面向前穿出，高與胸齊，掌心向下，手指向前，右掌撤到腰部右側；目視左手。（圖 4-136）

【要點】兩腿前進時，身體不要過於前俯，進步要穩；獨立步腰要塌，頭要頂，精神貫注，力到手指尖。退步時身體不要起伏，落步要快要穩，進退步要聯貫緊密，腰要塌，肩要鬆。

【用法】手掌前穿時，勁貫手指，以掌指穿擊敵胸，若指功不強，也可以掌根擊打敵胸；另一用法是後手從前手下面穿擊時，前手向上滾接敵來手，後手向前穿擊，此曰「滾手」。

圖 4-134　　　　圖 4-135　　　　圖 4-136

5. 金雞獨立（進步）

繼上動，左腳向前進一步，重心移至左腿，屈膝半蹲；右腳隨之跟步到左腳內側，腳尖上翹，成左獨立步；同時右掌從左掌下面向前穿出，高與胸齊，掌心向下，指尖向前，左掌撤到腰部左側，掌心向下；目視右手。（圖4-137）

上動不停，右腳向前進一大步，重心移至右腿，屈膝半蹲，左腳隨之跟步到右腳內側，腳尖上翹，成右獨立步；同時左掌從右掌下面向前穿出，高與胸齊，掌心向下，指尖向前，右掌撤到腰部右側，掌心向下；目視左手。（圖 4-138）

【要點】兩腳連續縱步，既要遠又要穩；獨立時，頭要頂、肩要鬆、肘要墜、腰要塌、臀要收、胯要合、精神貫頂，步到手到，氣勁到。

【用法】與前金雞獨立式相同，不同點是進退步，步法的變化。

6. 金雞獨立（進步）

動作說明及用法與第 5 式「金雞獨立」相同。（參閱圖 4-138）

7. 進步右崩拳（金雞食米）

左腳向前進一步，右腳隨之跟進至左腳跟後約 20 公分，身體略向下蹲；同時右掌變拳，向前向上從左掌下直拳打出，拳眼向上，手臂微屈，拳高略低於胸，左掌扣住右手腕部；目視右拳。（圖 4-139）

圖 4-137　　　　　圖 4-138　　　　　圖 4-139

【要點】前腳落地與右拳打出要整齊一致，速度要快，腰要塌，頭要頂，右臂肘部要微屈，不要伸直。力到拳面。

【用法】以右拳猛擊敵之胸腹。

8. 金雞抖翎

身體向右轉約 90°，右腳向後退半步，左腿也隨之稍向後撤，成右重左輕的半馬步；同時左掌盡力向左下方撐開，停於左膝旁，掌心向下，左臂成弧形；右拳屈肘撐到頭部右額角前，拳心向外，拳眼向下；目視左掌。（圖4-140）

上動略停，身體再急向右轉約 90°，左腿向後蹬勁，左掌繼續向後撐勁，停在左胯旁，右拳位置不動；目視前方。（圖 4-141）

【要點】左掌右拳分撐時，要與右腿後撤用勁整齊一致；轉身時，要用腰勁扭轉，保持身體的完整性，速度要快。向右轉身和左腿後蹬用勁要一致，左腳跟不可離地。

【用法】動作①是向右靠打，勁在右肩胯。動作②是以右肘擊打右側來犯之敵。

圖 4-140　　　　　　　　圖 4-141

9. 金雞上架（獨立下插掌）

左腳向前進一步，屈膝半蹲，右腿隨之跟在左腿內側，右腳靠近左踝關節處，腳尖上翹，成左獨立式；同時右拳變掌經胸前貼近身體向左下方插下，掌心向外，左掌由下方經胸部向右上方上穿，停在右肩側，掌心向外，指尖向上；目視右前方。（圖4-142）

圖4-142

【要點】左掌上穿、右掌下插時，兩臂要貼近身體，動作要一致，兩手的小指要向裡裹勁，手腕手背要平直，手指挺直，獨立步身體要穩定，頭要頂，腰要塌，兩腿要靠緊，右腳不可著地。

【用法】此式是蓄勢待發。

10. 金雞報曉（進步右挑掌）

右腳向前進一步，膝部微屈，左腳隨之跟進半步，重心偏於左腿；同時兩手臂右上左下分開，右掌向前挑起，高與眼平，指尖向上，臂微彎曲，左掌下落於左胯旁，掌心向下，手臂要呈弧形；目視右手。（圖4-143）

【要點】右手前挑和左手下落要與右腳落地協調一致，上挑的手要用力，兩肩要鬆，頭要頂，腰要塌。

【用法】上步挑打對方襠腹。

圖4-143

11. 進步左劈掌

（1）左腳左掌不動，右掌向外翻轉下壓，掌心向上；同時右腳略向前移，腳尖外撇約 45°；目視右掌。（圖 4-144）

（2）上動不停，左腳向前進一步，右腳隨著跟進半步，重心偏於右腿；同時左手順著右臂內側向前劈掌，高與肩齊，掌心向前，右掌撤至腹臍右側，掌心向下；目視左掌。（圖 4-145）

圖 4-144　　　　　　　圖 4-145

【要點】墊步和右掌翻壓要動作一致；左腿膝部微屈，腰要塌，肩要鬆，肘要墜。

【用法】右手上接來手，下邊右腳有鉤踢、踩踏對方腿腳之意。右手順勢採擄對方前手，左手隨進步前劈對方胸面。

12. 上步右劈掌

兩腳不動，右手前伸與左手齊，然後雙手向後抓擄，邊抓邊握拳，兩拳收至腹臍兩側，拳心向上；左腳向前墊半步，腳尖外撇，重心前移；同時左拳貼胸提至頦下向前

鑽出，高與口平，拳心向上；重心繼續前移，左腳踏實，右腳向前上一步，左腳隨著跟進半步，重心偏於左腿；同時兩拳內翻變掌，右掌從左掌上向前劈出，掌心向前下方，高與肩齊，左掌收至左腹側，手心向下；目視右掌。（圖4-146、圖4-147）

【要點】上步鑽劈，手腳動作要整齊一致，頭要頂，腰要塌。

【用法】上步鑽劈，連續攻擊後撤之敵。

圖4-146　　　　　　　　圖4-147

13. 金雞獨立（獨立左劈掌）

右掌變拳微內旋收至腹前，不停，拳臂外翻反拳向前砸出，拳背向下，高略低於胸；隨右拳外翻下砸，右腳撤至左腳內側，下落震腳；左膝上提，高與胯平，腳尖上翹，成右獨立式；同時左掌從右拳上向前橫掌劈出，掌至左膝上，掌心向前下方，指尖向右；右拳撤至腹前，拳心向上；目視左掌前。（圖4-148～圖4-150）

【要點】右拳收回再反臂前砸，右腳撤回震腳，左腳上提、左掌前劈，要動作聯貫，一氣呵成。

圖 4-148　　　　　圖 4-149　　　　　圖 4-150

【用法】右拳反手砸擊敵頭面，敵若攔截，我速撤右手以左手劈擊敵頭面；震腳提膝內涵蹬踏敵下盤腿足之意。

此式還有另一種練法：

兩腳不動，左手前伸與右手齊，然後雙手向後抓攦，邊抓邊握拳，兩拳收至腹前兩側，拳心向上；右拳貼胸上鑽至頦下再向前伸出，拳心向上；上動不停，左拳上提順右臂內側前伸至兩拳接近時，兩掌內翻變掌，左掌從右掌

圖 4-151　　　　　　　圖 4-152

上向前下方劈出，高與腰平，掌心向下，右掌撤至腹臍右側，掌心向下；同時，右腳撤至左腳內側落地震腳，屈膝半蹲，左腳提起，靠在右腳踝關節處，腳尖上翹，成右獨立步；目視左掌。（圖 4-151、圖 4-152）

14. 金雞食米（進步右崩拳）

動作說明及用法與第 7 式「金雞食米」完全相同，惟方向相反。

15. 金雞抖翎（轉身左撐掌）

動作說明及用法與第 8 式「金雞抖翎」基本相同，惟方向相反。

不同點是，第 8 式金雞抖翎是右腳後退步轉身左撐掌，而此式是左腳向前進半步，右腳隨之跟進半步，成右重左輕的半馬步左撐掌姿勢。（圖 4-153、圖 4-154）

圖 4-153

圖 4-154

16. 金雞上架（獨立下插掌）　17. 金雞報曉

18. 進步左劈掌

第 9、10、11 式動作及要點完全相同，惟方向相反。

如此往返重複練習，次數多少因人而異。

19. 收勢

打到原起勢位置，並做出進步左劈掌以後，再做收勢動作，恢復到預備式姿勢。（參閱前劈掌收勢動作說明及圖 3-17～圖 3-19）

🌾 四、用勁特點

雞形是一個組合套路，動作多模仿雞的特長。練習雞形，主要是取其有獨立之功和蹬抓之技，又有抖翎之威，欺鬥之勇。

「金雞獨立」是用「滾手」進擊對方。前腳進步，後腳跟步，獨立步要穩；隨進步，兩手呈陽掌（手背朝上）交替向前穿手，指力強者可用五指穿擊對方胸腹，亦可用塌掌擊對方小腹。

「金雞抖翎」是蓄勁。練習時，身要縮，兩手臂要有裹勁，獨立步要穩，兩腿要靠緊，頭要頂，腰要塌。

「金雞報曉」是上步挑打。發勁時要求右手前挑和左手下落，要與右腳上步動作一致，上挑之手要用力，以身抖手（臂），兩肩要鬆，頭要頂，腰要塌，猶如雄雞爭鬥，精氣貫頂，力達手足。

🌾 五、技擊用法

雞形練勇，古譜有「頭破血流，不稍退卻」之讚譽。此拳之技法，防中有攻，攻中有防，攻防兼顧，連環進擊，上下結合，應用時一手接手，一手直插；或兩手替換著連續向前插手；腳走半步，兩腿連環蹬踢對方下體，上下夾攻而制敵。

此套雞形中「金雞獨立」有兩種技擊用法。前「金雞獨立」用「滾手」技法，即前腳進步，後腳拗步以掌擊對方小腹，無論擊中與否，再迅速用另一手從前手腕下以陽掌（手心向下）塌擊敵前胸，以震腳助力，有指功者，可以五指直插對方胸肋，指功差者可用掌力。

當對方用右手擊打我前胸、下頦等處時，我可以用右手背從來手下接手，並稍向上提，左手隨即從右手下直插對方胸肋，此亦是「滾手」用法。另外在對方敗退時，我以兩手交替前插，腳下走「半步」即半步崩拳的步法，連續進擊，此謂「滾手連擊」。

「金雞食米」是用直拳攻擊對方胸腹之重手，似「黑虎掏心」之法。

「金雞抖翎」是肘打，也是胯打。如對方以平拳進擊我胸部時，我向敵來手一方身外側上步，右手臂內旋向外格開對方進擊之手臂，隨即側身下蹲成弓步，同時用左肘擊打對方肋下，若距敵方稍遠，可用塌掌進擊對方肋腹。

「金雞上架」「金雞報曉」兩式用法，與蛇形用法相似。假設對方左腳墊步近身，出左直拳向我頭部攻擊而來，我立即身體向右側閃身以避其拳，同時，出左手向上，向左攔截敵拳。隨即，我左手抓拿住敵方左手腕，向左、向下摟撥拽帶敵手。同時，右手出掌向前，從敵左手臂下向上挑擊敵方下頜部。

六、養生作用

練習「金雞抖翎」一式時，要求頭頂、項豎、塌腰、鬆胯、定式時突然腰身一抖擻，這樣能起到內臟摩盪，筋

骨鬆活，全身經脈氣血暢通，去疾化瘀之效。

雞形拳側重演練「獨立」一式，練習此式是全身腰勁以協調平衡，對小腦有很好的鍛鍊。定勢時為了維持平衡，必須提肛、縮腎、抱胯，如此可起到補腎作用。

動作時，用勁縮中有伸、就中有開，使腳跟之力上升，足三陰及陰蹻、陽蹻之脈氣一齊發動。陰蹻一動，則諸脈皆通，上透泥丸，下達湧泉，周天通矣。

故常練雞形者，能使下之氣上升，頂之氣下降，使其精氣通達於四肢百骸神經之末梢，上可補腦力不足，下可醫腰腿之疾，其妙用不可輕矣。

第七節　鷂形拳

一、鷂形歌

鷂形

古來鷂飛自翱翔，兩翼展翅似鳳凰。
試觀擒捉收放翅，方知此物最勢強。

二、鷂形要義

《拳經》云：鷂者飛禽中最雄勇靈敏之物，其性能有翻身之巧，入林之奇，展翅之威，束身而捉物，且有鑽天之勇性。取諸身內能收心臟之氣，取之於拳能舒身縮體，起落翻旋左右飛騰，外剛內柔靈巧雄勇，是為鷂子之天性也。形勢順，則能收其先天之祖氣，而上升於天谷泥丸。

形勢逆，則心努氣乖，身體重濁，而不輕靈矣。

　　鷂屬於猛禽類，取之於拳，有連環進擊猛不可當之勢。鷂形動作中採用了「展翅」「束身」「入林」「翻身」等象形取意的拳法動作。著重身法、步法和手法的鍛鍊。練習時兩臂的擺動要與身法、步法和內氣協調配合，突出表現了剛健完整的神態。鷂形練習時對肩部、腰部、胯部以及眼法的訓練要求很高。其動作沿直線行進。正如歌曰：鷂有束身入林能，又有翻身鑽天功。先從束身後入林，鑽天翻身先後同。

　　本節介紹兩種鷂形練法：一種是鷂形基本練法，另一種是一個鷂形綜合小套路，亦名「鷂形四把」。

三、基本練法

1. 預備式
2. 起勢
3. 三體式
4. 鷂形展翅

接三體式，左腳不動，右腳向前邁步，腳尖外撇45°，重心偏於左腿。隨上步神向右擰轉，擰至左胯向前，同時左手臂外旋向裡合（裹）勁，合至左肩肘至胸前，手心向上，高與肩平；右手亦同時向外擰勁，擰至右額上方，掌心朝外，兩掌指均向前；目視左手前。（圖4-155、圖4-156）

【要點】隨右腳上步，身向右擰轉，兩手臂左臂外旋，右手臂內旋，使腰胯、手臂同時形成一個擰轉之勁。

【用法】兩手向右側捋對方來手，下邊以右腳踩踏對

圖 4-155　　　　　圖 4-156　　　　　圖 4-157

方前面腿膝。

5. 鷂子束身

接上式，左腳上步，停於右腳內側，腳尖虛著地，同時身微左轉，成右獨立步；同時兩手變拳下落至腹前，兩腕相交，右拳在上，拳心向左，左拳在下，拳心向下；目視身前。（圖 4-157）

【要求】左腳上步與兩拳下落要上下協調一致，重心要穩。

【用法】虛步束身，蓄勢待發。

6. 鷂子入林〔左〕

左腳向前直上一步，右腳跟進半步，至左腳後 20～30 公分，重心偏於右腳。同時左拳直拳向前打出，拳眼朝上，高與胸平；右拳貼胸向上鑽至鼻前，再向外擰轉至右額角前，拳心向外，成左順步炮拳式；目視左拳。（圖 4-158）

【要點】左腳上步與左拳打出，右拳外擰要整齊一致；左臂不要伸直，左肘與左膝上下相對，兩膝關節要微

向裡扣，兩肩要向下沉勁，頭部頂勁不丟。

【用法】腳踏中門，以中平拳直擊對方胸部，右手臂外擰以攔截對方來手。

7. 鷂子束身

左腳向前墊步，右腳上步停於左腳內側，腳尖虛著地，重心移至左腿。同時兩拳回落至腹前，兩腕相交，拳心斜向下；目視身前。（圖 4-159）

【要點】與第 5 式相同，惟左右進步不同。

8. 鷂子入林（右）

右腳向前直上一步，左腳跟進半步至右腳後 20～30公分，重心偏於左腳。同時右拳直拳向前打出，拳眼向上，手臂微屈，高與胸平；左拳貼胸向上鑽至鼻前，然後向外擰翻至左額角前，拳心朝外，成右順步炮拳式；目視右拳。（圖 4-160）

【要點和用法】與第 6 式相同，惟左右式相反。

如上式左右交替向前演練，次數多少根據個人情況而定。

圖 4-158　　　　圖 4-159　　　　圖 4-160

9. 鷂子翻身（回身式）

（1）左右回身均可，如打到右腳、右拳在前的右順步炮式時，身向左轉 180°，左腳外擺，右腳向前上步，右腳踏實；左腳提至右腳內側，腳尖虛著地，重心偏於右腳；同時，兩手臂右上左下相合於身前，右拳伸至左肩前，拳心向外，左拳伸至右胯外側，拳心向上，左手臂緊貼右腹肋；目視身前。（圖 4-161、圖 4-162）

【要點】獨立步兩腿要屈膝略蹲兩手臂於胸前相交合抱，右上左下，左臂要貼緊右腹肋。

【用法】此動是蓄勢，身體要放鬆，精神要集中。

（2）左腳向前上一步，右腳跟進半步同時左拳從右後向前撩出，拳眼向上，高與胸齊；右拳回落至右胯外側，拳心向下；目視左拳。（圖 4-163）

【要點】左腳上步與左拳前撩和右拳回落要動作一致，形成一個整勁。

【用法】上步撩擊對方襠腹。

圖 4-161　　　　圖 4-162　　　　圖 4-163

10. 鷂子展翅

接上式，左腳不動，右腳向
前上步，腳尖外撇 45°，重心偏於
左腿；同時身體向右擰轉，擰至
左胯向前；左手臂同時向裡合
（裏）勁，合至左肩肘至胸前，
左掌心向上，高與左肩平；右手
變掌同時向外擰勁，擰至右額
上，掌心向外，兩手指均向前；
目視身前。（圖 4-164）

圖 4-164

【要點】隨右腳上步，身向右擰轉，左臂外旋，右臂
內旋，使腰胯、手臂同時形成一個擰轉合力。

【用法】兩手向右後側捋對方來手臂；下邊以右腳蹬
踏對方前腿膝腳。

11. 鷂子束身

右腳不動，左腳上步至右腳內
側，腳尖虛著地，成右獨立步；同
時兩手變拳下落至腹前，兩腕相
交，右拳在上，左拳在下，兩拳心
斜向下；目視身前。（圖 4-165）

【要點與用法】與第 5 式鷂子
束身相同，惟方向相反。

12. 鷂子入林（左）

13. 鷂子束身

14. 鷂子入林

圖 4-165

第 12～14 式動作說明與要點與前第 6～8 式完全相

同，惟方向相反。

15. 收勢

打到原來起勢位置時，打出鷂子入林右式（見圖 4-160）。然後向左轉身做鷂子翻身式。（參閱第 9 式鷂子翻身說明）

接「鷂子翻身」式，兩腳不動，兩拳變掌，兩手臂外旋向左右平展，然後兩手向上托起過頂，兩手微內旋沿面前向下捋至腹前，兩掌變拳，拳心向下，虎口向內，兩臂呈弧形。（參閱圖 3-17、圖 3-18）

上動略停，重心前移至左腿，右腳前提至左腳內側並步，身體起立，隨著兩拳變掌收至大腿兩側，掌心向內，指尖向下，目視前方，恢復預備式姿勢。（參閱圖 3-19）

以上所述為鷂形的跟步練法。初習者為了打好基礎功，應當以先練定步鷂形為要，即一步一式、一步一樁的練法，不墊步不跟步，重在擺正姿勢，練氣摸勁，熟悉勁道，規範動作。

在此基礎上，可進一步練習活步，以求身、手、步之上、中、下三盤動作勁力的內外協調一致。待以上兩種練法熟習後，再進一步練習行步，行步鷂形是化身練法，其上盤手法與鷂形基本練法相同，不同處在下盤步法，此行步步法是三步一組，直線行進。行步走拳與內氣運行內外融為一體，外行如天馬行空，又似行雲流水。有規矩又脫於規矩；內裡以意行氣，以氣貫身，使氣血流注於全身四肢百骸。於無形之中見真形。

四、鷂形四把拳

鷂形四把

這是一個組合拳套，動作古樸，身形步法流暢，技擊性強，過去多為門內秘傳，故社會上罕見流傳。

1. 預備式

面向東南，兩腳並立，腳跟併攏，右腳尖外撇 45°，身斜向東南立正站好，兩手臂自然下垂於大腿外側，掌心向內，指尖向下；兩眼平視前方。（圖 4-166）

【要點】平心靜氣，精神集中，氣沉丹田。

2. 起勢

兩腳不動，兩手臂外旋從身兩側平展向上托起，兩掌過頭頂，然後兩手略內旋向下沿胸前向下挼按至腹前，虎口相對，掌心斜向下；兩腿略屈膝下蹲；目視身前。（圖 4-167、圖 4-168）

【要點】兩手上托時吸氣，兩手下挼時呼氣。

圖 4-166　　　　圖 4-167　　　　圖 4-168

3. 三體式

上動略停，兩手外旋變拳收至腹臍兩側，拳心向上（圖 4-169），然後右拳貼胸向上鑽至頦下，再向前鑽出，小指一側擰轉朝上，高與鼻尖齊，右拳不動，重心偏於右腿（圖 4-170）。

上動不停，左腳向前上一步，右腳不動，成左虛步。同時左拳上提至右腕後，然後兩拳內旋變掌，左掌從右掌上向前推出，掌心向前，食指高與鼻尖齊，右掌收至腹臍右側，掌心向下；目視左掌（圖 4-171）。

【要點】參閱前三體式樁之要領說明。

圖 4-169　　　　圖 4-170　　　　圖 4-171

4. 拗步劈拳

（1）左腳不動，右腳向前上一步，腳尖外撇 45°，重心移至右腿；同時左手回收至腹前變拳，拳心向下，不停，左拳外旋沿胸前弧形向上鑽出，小指一側擰轉朝上，高與口齊，右手變拳，拳心向上；目視左拳。（圖 4-172）

（2）右腳不動，左腳向前上一步，重心偏於右腿；

同時兩拳變掌，右掌上提從左掌上向前推出，掌心向前，食指高與鼻尖齊，左掌收至左腹側，掌心向下；目視右掌。（圖 4-173）

【要點】動作（1）右腳上步與左拳前鑽要動作一致。左拳前鑽要有擰鑽勁。動作（2）左腳上步與右掌前劈動作一致，勁到右指尖。

【用法】左拳上攔敵手，下邊起右腳蹬踏對方前腿。腳踏中門掌劈對方胸面。

圖 4-172　　　　　　圖 4-173

5. 退步栽捶

左腳不動，右腳後撤半步，重心偏於右腿；同時左掌從右掌上向前推出，掌心斜向右，掌指向上，高與胸齊，右掌收至右腰側，掌心向下；目視左掌。（圖 4-174）

重心後移，左腳略上提再下落，腳尖點地成左虛步。隨左腳

圖 4-174

上提，右掌向後向上提至右耳側，掌心向裡，上動不停，左腳下落成左虛步，同時左掌變拳從右拳上向下栽拳，位至左膝前，拳眼向上，右掌變拳收至右腰側，拳心向上；目視左拳前。（圖 4-175～圖 4-177）

【要點】撤步推掌動作一致，力到指尖。兩掌前後上提，與左腳前提後落動作要協調，勁力順達。

【用法】右手回攦，左手前推，重心後坐以助力。左右拳連環點擊對方胸腹，提左膝有膝頂腳踢之意。

圖 4-175　　　　　圖 4-176　　　　　圖 4-177

6. 上挑

右腳不動，左腳向前上半步，重心仍偏於右腿；同時，左拳從下向上挑起，拳眼向上，高與口齊，此時右拳不動；目視左拳。（圖 4-178）

【要點】拳到腳到，力到拳眼，挑勁用腰。

圖 4-178

【用法】拳擊對方下頦。

7. 雙托

右腳不動，左腳原地外擺，重心略前移；同時雙拳變掌外旋向上托起，左掌在前，掌心向上，高與胸平，右掌上托至左腕後，掌心向上，指尖均向前；目視掌前。（圖4-179）

【要點】墊步上托用腰勁，力到掌心。

【用法】雙手托拿對方來手。

8. 上步雙拿

左腳不動，右腳向前上步，腳尖內扣，身體向左轉90°（面北），成馬步；邊上步邊轉身，雙掌內翻，於胸前相交（呈左上右下狀），然後雙掌向身兩側下按，掌心向下，掌指向前，位置在兩胯外側，雙掌呈虎爪形；目視身前，兼顧左右。（圖4-180）

【要點】兩掌下按要有外撐之勁，兩手臂呈弧形。

【用法】上步拿對方手臂。

9. 轉身雙托

身向右轉90°（面東），隨之左腳內扣，右腳尖外展，重心偏於左腿；同時，雙手外旋，從兩側向身前上托，右

圖 4-179　　　　　　　圖 4-180

手在前，左手在後，掌心向前，掌指向上，高與胸齊。左手托至右小臂內側，掌心向上；目視左掌前。（圖 4-181）

【要點】雙手上托，力到掌心。

【用法】雙手托拿對方來手。

10. 上步轉身雙拿

重心右移，左腳向前上步，腳尖內扣，身向右轉 90°（面南），兩腿屈膝略蹲成馬步；同時雙手內翻於胸前相交（右上左下）後，向身體兩側下按，手心向下，位至兩胯外側，兩臂呈弧形，兩手成虎爪形；目視身前，兼顧左右。（圖 4-182）

【要點與用法】和第 8 式完全相同。

11. 鷂子束身

身向左轉 90°（面東），隨之左腳撤至右腳前，腳掌虛著地，成右獨立步；同時，兩掌變拳收至腹前，兩拳相交（右上左下），拳心斜向下；目視身前。（圖 4-183）

【要點】隨著左腳撤步，兩腿要略屈膝下蹲。

【用法】此式為拿法，抓拿對方來手。

圖 4-181　　　　圖 4-182　　　　圖 4-183

12. 鷂子入林

左腳向前上一步，右腳不動成左虛步；同時右拳貼胸上鑽至鼻前，再向上擰轉至右額側，墜肘，拳心向外；同時左拳上提至胸前，然後直拳向前打出，拳眼向上，高與肩平；目視左拳。（圖 4-184）

【要點】右拳先鑽後擰翻，左拳直拳前打，肩要鬆，肘要墜，勁到順達。

【用法】右手上攔擋，同時，左拳直擊對方胸面。

13. 鷂子穿林（上步穿掌）

右腳向前上一步，左腳不動，成右虛步；隨上步右掌從左掌上向前穿出，掌心向上，高與口齊，左掌收至右小臂內側，手心向下；目視右拳。（圖 4-185）

上動不停，左腳先前上一步，右腳不動，成左虛步；同時左掌從右掌上向前穿出，掌心向上，高與口齊，右掌收至左小臂內側，手心向下；目視左拳。（圖 4-186）

【要點】連續上步穿掌，手臂要有擰鑽之勁。

【用法】連續上步穿掌，攻擊後退之敵。

圖 4-184　　　　　圖 4-185　　　　　圖 4-186

14. 鷂子鑽天

左腳不動，右腳向前上一步，重心偏於左腿；同時，兩掌變拳，左拳內旋下按，右拳邊外旋邊從左拳上向前鑽出，拳心向上，高與鼻齊，左拳收至右小臂內側，拳心向下；目視右拳。（圖 4-187）

【要點】上步鑽拳，手臂要有擰鑽之勁，力達拳面。

【用法】左手下按敵來手，右拳鑽擊敵頭面。

15. 鷂子翻身

身向左轉 180°（面西），右腳內扣，左腳尖順直朝前，重心偏於右腿；隨轉身右拳內旋左拳外旋兩手臂先相交於胸前（右上左下），右拳位至左肩前，拳心向外，左拳至右肋側，拳心向上；目視身前。（圖 4-188）

上動不停，左腳向前半步，右腳不動，重心偏於右腿；同時，左拳從右側向左前上方撩抽，力到橈骨一側，拳心斜向上，高與左肩齊，右拳撤至右胯後側，拳心向下；目視左拳。（圖 4-189）

【要點】此式轉身後，先成左虛步，屈膝坐胯縮身，

圖 4-187　　　　　圖 4-188　　　　　圖 4-189

兩手臂相合於身前，為蓄勢。左拳前抽，右拳後收，兩手都要用力，以腰為樞紐，力到左臂橈骨一側。

16. 鷂子束身

左腳不動，右腳向前上半步至左腳後約 20 公分處，重心偏於右腳；同時兩拳略外旋收至腹前相交，右拳在上，左拳在下，兩拳心均朝上；目視身前。（圖 4-190）

【要點】右腳上步，重心後移，兩腿屈膝略下蹲成右獨立步。

【用法】縮身蓄勢，以靜制動。

17. 鷂子入林

左腳向前進一步，右腳跟進半步至左腳後 20～30 公分，重心偏於右腿。同時右拳上鑽至鼻前再向右擰轉至右額外側，拳心朝外，鬆肩墜肘，左拳直拳向前打出，拳眼朝上，高與左肩平；目視左拳。（圖 4-191）

【要點】右拳擰翻，左拳直擊動作一致，力到拳面。

【用法】腳踏中門，直擊對方胸腹。

18. 穿林走（上步三穿掌）

圖 4-190　　　　　　圖 4-191

（1）接上式，右腳向前上一步，左腳不動，成右虛步；同時右掌從左掌上向前穿出，掌心向左，小指一側向前，指尖向上，高與鼻齊，左掌收至右小臂內側，掌心向右；目視右掌。（圖 4-192）

（2）上動不停，左腳向前上一步，右腳不動，成左虛步；同時左掌從右掌上向前穿出，掌心向右，指尖向上，高與鼻齊，力到小指一側，右掌收至左小臂內側，掌心向左；目視左掌。（圖 4-193）

（3）上動不停，右腳再向前上一步，左腳不動，成右虛步；同時右掌從左掌上向前穿出，掌心向左，指尖向上，高與鼻齊，左掌收至右小臂內側，掌心向右；目視右掌。（圖 4-194）

圖 4-192　　　　圖 4-193　　　　圖 4-194

【要點】以上三個動作每動上一步同時穿一掌，連續上三步穿三掌，動作連續，一氣呵成；穿掌力到小指一側，穿掌要有穿、鑽、搓之勁。

【用法】連續上步穿掌，追擊後退之敵。

19. 左換影

接上式，右腳尖回扣，身向左轉 180°（面東），同時，身略下蹲，右手臂向胸前外旋掩肘，左手略內旋向左腰後插手，手背貼身；上動不停，左腳向右腳後倒插步，左腳掌先著地，再全腳落實；右腳尖內扣，身體繼續左轉180°（西），重心偏於右腿；隨轉身左手外旋從身後向前擰轉伸出，手心向上，高與口平；右掌收至右腹側，手心向下；目視左掌。（圖 4-195、圖 4-196）

圖 4-195　　　　　　　圖 4-196

【要點】轉身倒步、手臂擰翻，動作要協調有序。

【用法】用身形步法的快速轉換應對身前之敵。

20. 鷂子束身

接上式，左腳撤至右腳前，腳尖點地，兩腿屈膝略蹲，成右獨步。隨撤步兩手變拳先相交於腹前再收至腹臍兩側，拳心均向上；目視身前。（圖 4-197、圖 4-198）

【要點】撤步收拳，兩手臂外旋有擰勁。

【用法】雙手回收，用拿法化解對方擊來手臂。

圖 4-197　　　　　圖 4-198　　　　　圖 4-199

21. 上步形

左腳向前進步，右腳不動，重心偏於右腿成左虛步；同時雙拳向前下方擊出，拳心向上，兩拳間距約 10 公分，位置腹前下方；目視雙拳前。（圖 4-199）

【要點】上步擊拳，力到拳面，以身抖手，發力短促。

【用法】上步以雙拳擊打對方腹部。

22. 鷂子翻身

（1）左腳尖回扣，身向右轉 180°（東），右腳以腳跟為軸腳尖順直（向東），重心偏於左腿，兩腿略屈膝下蹲；隨轉身兩拳臂左上右下相合於胸前，左拳伸至右肩前，拳心向右，右拳伸至左胯外側，拳心向左後；目視身前。（圖 4-200）

（2）上動略停，右腳向前上半步，左腳不動，重心偏於左腿；隨上步右拳向右斜上方抽打，力到橈骨一側，左拳同時向左後下方發力，拳心向左後，位至左胯外側；目視右拳。（圖 4-201）

【要點】上抽下打，腰身抖動，丹田發力。

圖4-200　　　　　　　圖4-201

【用法】轉身抽擊身後之敵肋腹部。

23. 上步三穿掌

（1）左腳向前上一步，右腳不動，成左虛步；同時左掌從右掌上向前穿出，掌心向上，指尖向前，高與鼻齊，右掌收至左小臂內側，掌心向下；目視左掌。（圖4-202）

（2）上動不停，右腳向前上一步，左腳不動，成右虛步；同時右掌從左掌上向前穿出，掌心向上，高與鼻齊，左掌收至右小臂內側，掌心向下；目視右拳。（圖4-203）

（3）上動不停，左腳再向前上一步，右腳不動，成左虛步；同時左掌從右掌上向前穿出，掌心向上，高與鼻齊，右掌收至左小臂內側，掌心向下；目視左掌。（圖4-204）

【要點】連續上三步穿三掌，穿掌要有擰鑽之勁，動作聯貫，一氣呵成。

【用法】連續上步穿擊對方喉面。

圖 4-202　　　　　圖 4-203　　　　　圖 4-204

24. 退步三穿掌

接上式，左腳向右腳後撤一步，右腳不動，重心偏於左腿，成右虛步；同時右掌從左掌下向前穿出，掌心向上，指尖斜向上，高與鼻齊；左掌收至右小臂內側，掌心向下；目視右掌。（圖 4-205）

上動不停，右腳向左腳後撤一步，左腳不動，成左虛步；同時左掌從右掌下向前穿出，掌心向上，高與鼻齊；右掌收至左小臂內側，掌心向下，目視左掌。（圖 4-206）

上動不停，左腳再向右腳後撤一步，右腳不動，重心偏左；同時，右掌從左掌下向前穿出，掌心向上，高與鼻齊，左掌收至右小臂內側，掌心向下；目視右拳。（圖 4-207）

【要點】連續後退穿掌，動作要聯貫不停頓，後掌前穿要有擰鑽勁。

【用法】這是敗中取勝之法，退中有攻，攻守兼備之法。

圖 4-205　　　　　圖 4-206　　　　　圖 4-207

25. 左換影

接上式，右腳尖回扣，左腳不動，身向左轉 90°；同時左手臂略內旋橫於胸前，手心向外；右掌外旋向左肘下穿出，手心向上，目視左肘尖；上動不停，左腳外擺，身略左轉，隨之左手反手向左腰後插掌，手背緊貼左腰後，同時右手略向前穿，手心向上；然後右腳向前上步，腳尖內扣，身向左轉 180°（東），左腳尖順直（向東），右腳不動，重心偏於右腿，成三體式。隨之左手外旋向前穿出，手心向上，高與口齊，右掌內旋收至腹臍右側，手心向下；目視左掌。（圖 4-208～圖 4-210）

圖 4-208　　　　　圖 4-209　　　　　圖 4-210

【要點】轉身腋下穿掌腰要活。轉身背插掌，身隨步轉，手隨身動，動作嚴謹協調。

【用法】轉身換式，這是防前顧後的打法。

26. 收勢

接上式，兩腳不動，兩手臂外旋向兩側展開，掌心向上，兩手上託過頂，然後兩手略內旋合至面前沿胸向下捋按至腹前，兩掌變拳，拳心向下，虎口向內，兩手臂呈弧形；目視身前。（圖 4-211、圖 4-212）

圖 4-211　　　　　　　圖 4-212

上動略停，重心前移，右腳前提至左腳內側並步；兩腿屈膝略蹲，然後身體起立，隨之雙拳撒開變掌收至大腿兩側，掌心向內，指尖向下；目平視前方，恢復預備式姿勢。（圖 4-213、圖 4-214）

【要點】收勢要穩，沉氣歸元，精神內斂，身體放鬆。

圖 4-213　　　　　　　　圖 4-214

五、用勁特點

　　鷂的特點是雄勇而靈敏，它既有翻身之巧、入林之奇，又有展翅之威和束身捉物之捷，且有鑽天之勇。

　　練習鷂形要注意外形勁力順達，內氣飽滿，要體現出靈巧而雄勇的神形。具體講，凡「束身」之勢，身形要緊湊不僵，「入林」之勢要舒展有力，其勁在兩膊。練時須兩膊一抖一展，側身而進，並非硬打硬進。

　　「翻身」之勢，要靈巧敏捷，練時以腰為主，向左、向右、向後，中間不要停頓，以腰動帶動兩臂，要和順自然，保持全身動作的完整性。「鷂子鑽天」，要神氣貫頂，身催臂展，有衝天之勢。

六、技擊用法

　　鷂形技法主要體現鷂鷹之雄勇性能。「鷂子展翅」是採捋之法，如對方以右順步拳擊我面門，我即以雙手從其來手臂之外環接手，右手叼拿其右腕，左手捋其右上臂，然後順其來勢向我身右後採捋之，同時我右腳可蹬踏對方

前腿膝脛骨與腳面。

「鷂子束身」是接手，如對方以直拳擊我胸腹，我以雙手小臂相合，順勢吸黏來手，此式可變拿腕；敵若後退，我順勢上步以直拳擊之，低可打腹，中可打鳩尾，高可打華蓋，至於是左腳進半步，還是右腳進疾步，需視對方退步情況而定奪。

如上式對方若回拳變招，我則可以前拳上挑，後拳直打，隨之欺身進步，此即「鷂子入林」之勢。

如對方以直拳擊我前胸，我可以前拳扣壓其來手臂，隨之進步鑽拳擊打對方下頦，此乃「鷂子沖天」之勢。

假設有敵從我身後來襲，我可將前腳回扣，左腳順直，急轉身形，同時右手從面前向下扣壓，左手從右拳臂下向前撩擭對方襠腹，此為「鷂子翻身」。

鷂形出手雖然勇猛，但不尚拙力，其技在於身法迅捷、巧妙而富有靈性。其一吞一吐、一化一擊，無不體現形意拳剛柔相濟，快速迅捷之特點。

七、養生作用

《拳經》言：練此拳能收心臟之氣，取之於拳能舒身縮體。此拳不同於其他諸形，全套動作擰腰轉臂左右旋轉，牽動帶脈及手三陰，手三陽，奇經八脈，諸脈經氣俱動。

習練「鷂子束身」「鷂子入林」兩勢，兩手臂一合一伸，其身一縮一展，其勢合肩、涵胸、使神氣凝聚於丹田，進步一個直拳，內氣便形成一個丹田至會陰、命門、再丹田的小周天之循環，故曰可以藏氣、活身、健腎強脊

利水道通腹氣。換式時，腳尖有上翹、有外擺、內扣；疾步有提有落，有塌腰、抱胯⋯⋯能牽動全身之經絡，故健身作用甚大。《拳經》言：練此拳若能「形式順，則能收其先天之祖氣，而上升於天谷泥丸」，能自覺全身舒鬆、通暢；練之不順，則感覺渾身如被捆綁，不靈亦不舒暢也。故習練此形，當在靈光巧妙處下工夫，方能有得。

第八節　燕形拳

一、燕形歌

燕形

燕子抄水最輕靈，心火下降腎水升。

天陽地陰補血氣，一藝求精百倍功。

二、燕形要義

《拳經》云：「燕者禽之最輕妙最敏捷者也。性有抄水之巧，鑽天之能，飛騰高翔之妙，動轉無聲之奇。取之於拳而為燕形。取諸身內則為肝肺。肝主筋，肺主皮毛，且氣之機關也，氣活則神清，百病不生，氣有輕清之象，故拳中燕形生清妙之靈。形勢順則筋絡舒暢。心內虛空，氣順則有上生下降之能；形勢逆，則氣拘筋滯，身體重拙，而不靈捷矣。」故曰：一藝求精百倍功，功成之路自然通；扶搖試看燕取水，才識男兒高士風。

燕形是一個小組合套路，著重表現了燕形連續縱跳下

落抄水的巧妙。在內容上，由起伏、前縱、獨立和旋轉等動作組成，常練此形能使腰部、腿部以及胯髖各關節得到很好的鍛鍊。

「燕子抄水」一式看似簡單，其實不然，它既要求上下配合的完整不懈，又要求靈活和快速有力，最主要的是要有充足的內勁（氣），這樣才能做到縱得遠，落得既輕又穩。另外，在身體左右轉動時，精神要集中，做到動轉敏捷，形神合一。燕形路徑是直線往復而行。

🌀 三、基本練法

1. 預備式
2. 起勢
3. 三體式
4. 上步替手

（1）接三體式，左腳向前墊步，右腳向左腳前上一步，左腳跟進至右腳內側，腳尖虛著地成右獨立式；隨上步左手收至胸前，手心向下，右手從左手下向前探出，手心向下，高與口平，不停，右手收回左手在從右手下向前

圖 4-215　　　　圖 4-216　　　　圖 4-217

探出，手心向下，高與口平；右手至左小臂內側，手心向下；目視左手。（圖 4-215～圖 4-217）

（2）上式不停，左腳向前上半步，右腳向左腳前上一步，左腳跟進至右腳內側，腳尖虛點地成右獨立步。隨上步左手收至胸前，右手從左手下向前探出，手心向下，高與口平；不停，右手回收，左手再從右手下向前探出，手心向下，高與口平，右手至左小臂內側，手心向下；目視左手。（圖 4-218、圖 4-219）

動作（3）與動作（2）完全相同。

圖 4-218　　　　　　　　　圖 4-219

【要點】連續上步替手穿掌，動作輕靈敏捷，上下協調一致。

【用法】對方用右掌擊我胸，我以左手下按其來手，用右手替左手攔敵手，快速以左手擊敵胸。

5. 燕子鑽天

左腳上半步，右腳向前上步，腳尖內扣，右腳踏實，身向左轉 90°（北），隨之左膝提起成右獨立式。隨上步左手下按，右手從左手上向上穿出，手指向上，手掌外

擰，掌心向左；左手收至右腋下，手心向右；目視左前方。（圖 4-220、圖 4-221）

【要點】上步提膝獨立步要穩，右手上穿要有外擰之勁。

【用法】左手下按敵來手，右手穿擊敵之喉面。

6. 燕子抄水

身微左轉，隨之右腿屈膝下蹲，左腳下落向左側仆出；同時，兩手內旋，左手沿左腿內側向前伸出，手心反向上，右手反手伸向身後，手心向上，略低於右肩，目視左手前。（圖 4-222）

【要點】左腳前仆要輕穩，雙手前後伸展要快速有力，身體盡量保持正直，頭頂不失領勁。

【用法】下仆腿伏身避其敵進攻鋒芒，前手可抄敵前踢之腿，同時可用肩向前靠打對方褡腹等要害部位。

圖 4-220　　　　圖 4-221　　　　　圖 4-222

7. 上步鑽拳

接上式，身微左轉，左腳外擺，隨之左手前探，掌心

向上；右腳上步，重心偏於左腿；兩手變拳隨上步右拳從左拳上向前鑽出，拳心向上，高與鼻平，左拳收至腹臍左側，拳心向下；目視右拳。（圖 4-223、圖 4-224）

【要點】上步鑽拳，腳到拳到，力到拳面。

【用法】左手下按敵之來手，腳踏中門右手以鑽拳擊敵胸面。

8. 上步崩拳

左腳向前上一步，右腳跟進半步至左腳後，重心偏於右腿；隨上步左拳直拳向前打出，拳眼朝上，高與胸平；右拳收至腹臍右側，拳心向上；目視左拳。（圖 4-225）

【要點】進步崩拳，勁力要完整。

【用法】腳踏中門直擊敵之胸腹。

圖 4-223　　　　圖 4-224　　　　圖 4-225

9. 燕子展翅

左腳外擺，身向左轉 90°（南），隨之右腳向前上步，腳尖內扣成馬步；同時，左拳變掌內旋向左劃至左額左前方，手心向外，右掌隨上步向右側橫掌切出，手心向下，掌外緣向右，高與腰平；目視右掌前。（圖 4-226）

【要點】左掌左劃要有抓擴之勁，右掌橫切力到掌外緣。

【用法】左手刁擴敵來手，右掌猛切敵之腰腹。

10. 燕子唧泥

（1）兩腳不動，身向左轉，隨之右手外旋沿胸前向左腋下平穿，手心向上；左手臂橫擺至胸前，手掌至右肩前，手心朝下；目視左肘外側。（圖4-227）

（2）上式不停，兩腳不動，身向右轉，重心移至右腿；隨著左手外旋，雙手向右側平捋，左手至胸前，手心向上，指尖向左；右手捋至右額右前方，手心向外；目視左前方。（圖4-228）

（3）左腳外擺，腳尖順直，身向左轉90°（東），右腳上步至左腳內側，腳尖虛著地，兩腿屈膝下蹲，重心偏於左腿；隨之右手從上向下反手插至右膝外下方，指尖朝下，手心向右；左手劃至右肩內側，手心向外；目視右手，兼顧身前。（圖4-229）

（4）右腳踏實，重心移至右腿，身體長起，提起左膝成右獨立式；隨之右手上提至頭頂，手心向上，左手向

圖4-226　　　　　圖4-227　　　　　圖4-228

前立掌推出，手心向前，指尖向上，左肘尖與左膝上下相
對；目視左手前。（圖 4-230）

圖 4-229　　　　　　　圖 4-230

【要點】動作（1）、（2）要連續做，身體要放鬆，
兩手靈活翻轉。動作（3）、（4）連續做，提膝獨立步要
穩，右手抓擄上提要有擰轉之勁。

【用法】動作（1）、動作（2）腋下穿掌是接對方來
手，然後是順勢捋手。動作（3）、動作（4）是下蹲抓提
對方小腿，可乘勢提膝撞擊敵之襠腹，同時左手發掌前擊
敵之胸腹。此招即「燕子唧泥」。

11. 燕子三抄水

（1）左腳前落，重心前移至左腿；同時左手臂橫肘
於胸前，手心向下，指尖向右；右手下落向左腋下平穿
出，手心向上；目視左肘前。（圖 4-231）

上動不停，身向右轉約 90°（南），重心移至右腿，
隨之右手內旋向右捋至右額右前方，手心向外；左手外旋
劃至胸前，手心向上，手指向左；目視左前方。（圖
4-232）

圖 4-231　　　　　　　　圖 4-232

【要點】左穿右捋，動作要聯貫。

【用法】①如敵以右順步拳擊我胸，我以左手攔截，右手穿擊其胸；可順勢向我右後捋帶敵之右手臂。

②接上式，重心左移，身微左轉，左腳蹬地身向前躍起，隨之兩腳騰空，右腳先起向前橫蹬，腳尖向右，腳底向前；左腳後起，向前橫腳前踢，腳尖向右，力到腳面外緣，隨兩腳騰空踢腳，右手下劃從腹前向前向上撩手，手指向上，手心斜向左，高過頭頂；左手劃至右肘內側，手心向右；目視身前。（圖 4-233、圖 4-234）

圖 4-233　　　　　　　　圖 4-234

【要點】前縱要遠，騰空
蹬踢兩腿出腳要快捷，不可拖
泥帶水。

圖 4-235

【用法】如上式敵被捋要
後退，我可乘勢以連環腳蹬踢
退敵。動作三與下勢連動為「伏身而進，抓襠打腎」之法。

（3）接上動，右腳下落屈膝下蹲，隨之左腳下落向
左側僕出，隨兩腳下落，兩手下劃至胸前反手向兩側伸
出，左手沿左腿內側反手前伸，手心反向上，右手反手伸
至身右後，手心反向上，略低於右肩；目視左手前。（圖
4-235）

【要點】兩腿下落要輕靈沉穩，腳落手出，動作一
致。

上動不停，重心前移，左腳蹬地躍起如動作（2）、
動作（3）再連續做兩次，此即「燕子三抄水」。

【注意】「燕子三抄水」一式可作為燕形單操式子單
獨反覆操練，如在練習燕形套路前先練燕子三抄水，然後
再練整個套路，燕形就好練多了。

12. 燕子啣泥

左腳尖外擺順直，重心前移，身向
左轉約 90°（東），右腳上步至左腳內
側落步震腳，重心移至右腿，左腳掌虛
著地，兩腿屈膝略下蹲；同時，右手外
旋隨轉身從右向前撩出，手心向上，高
與腹平，左手劃至右小臂內側，手心向
下；目視身前。（圖 4-236）

圖 4-236

【要點】右腳上步震腳，右手撩擊發力。

【用法】右手前撩擊打對方襠腹，並可回抓擄對方襠部。

13. 飛燕打旋

(1)右腳踏實，身略右轉，提左腿向左側蹬出，腳尖斜向右上方，力達腳跟；同時，左手內旋向左側展開，手心向左，高與左肩平；右手內旋向右側展開，手心向外，略高於肩；目視左腳。（圖 4-237）

（2）上動不停，身向右轉約 135°，左腳向右腳前落步，腳尖內扣，重心偏於左腿；同時，兩手臂於胸前交疊，左手臂在上，右手臂在下，手心均向下；上動不停，身繼續向右轉約 180°（東），右腳外擺，右膝前弓，左腿前蹬，腿不可挺直，重心移至右腿；同時右手略內旋向上提至頭頂，手心向上，左手向前推出，掌心向前，掌指斜向右；目視左手。（圖 4-238、圖 4-239）

【要點】左蹬腳，獨立步要穩，轉身旋轉要快捷穩重。兩腳擺扣清楚，兩手勁力清晰。

圖 4-237　　　　圖 4-238　　　　圖 4-239

【用法】動作（1）右手採挒，左手擊其肋腹，順勢左腳蹬擊其腹肋。動作（2）是順勢轉身打法，右手上攔，左手前擊。

14. 鑽拳

右腳原地腳尖順直，左腳不動，重心偏左，順勢右手變拳外旋下落從胸前向前鑽出，高與鼻平；左手變拳收至腹臍左側，拳心向下；目視右拳。（圖 4-240）

【要點】右腳擺正，重心移左，身形左轉順勢打鑽拳，以腰勁帶動右拳發力。

【用法】左手下按來手，右拳前鑽敵之胸面。

15. 上步崩拳

左腳向前上一步，右腳跟進半步至左腳後，重心偏右，隨之左拳直拳向前打出，拳眼向上，高與胸平，右拳收至腹臍右側，拳心向上；目視左拳。（圖 4-241）

【要點】進步打崩拳，力達拳面。

【用法】腳踏中門，直拳擊打敵之胸腹。

圖 4-240　　　　　　　　圖 4-241

16. 燕子展翅

左腳外擺，身向左轉 90°（北），隨之右腳向前上步成馬步；同時，左拳變掌內旋劃向左額外側，手心向外；右掌隨上步向右側橫掌切出，手心向下；目視右掌。（圖 4-242）

圖 4-242

【要點】左拳變掌內旋要有抓擄勁，右腳上步右掌橫切，力達掌外緣。

【用法】左手叼擄敵之來手，右掌猛切敵之腰腹。

17. 燕子啣泥

（1）兩腳不動，身向左轉，隨之左手臂橫擺劃至胸前，左掌至右肩前，手心朝下；右手外旋沿胸從左臂下向左腋下穿出，手心向上；目視左肘外側。（圖 4-243）

（2）上動不停，兩腳不動，身向右轉，重心移至右腿，隨之左手外旋右手內旋，雙手向右側平捋，左手至胸前，手心向上，手指向左；右手捋至右額右前方，手心向外；目視左前方。（圖 4-244）

圖 4-243

圖 4-244

（3）左腳外擺，身向左轉 90°（東），右腳上步至左腳內側，前腳掌虛著地，重心偏於左腿，兩腿屈膝下蹲；隨之右手內旋下劃至右膝下（偏外）插手，手心朝外，指尖向下；左手內旋劃至右小臂內側，手心向右；目視右手，兼顧身前。（圖 4-245）

（4）右腳踏實，重心移至右腿，身體長起，提起左膝成右獨立式；隨之右手內旋上提至頭頂，手心向上；左手前推，手心向前，指尖向上，左肘尖與左膝上下相對；目視左手。（圖 4-246）

【要點】動作（1）、動作（2）要連續做，左穿右捋動作聯貫；動作（3）、動作（4）要連續做，右手下插上提時要有撐勁，提膝獨立步要穩。

【用法】動作（1）、動作（2）腋下穿手是接來手，然後順勢向右捋帶敵來手；動作（3）、動作（4）下蹲插手是抓提對方小腿；提膝有撞擊對方襠腹之意，亦可順勢左掌擊敵之胸腹。

圖 4-245　　　　　　　　圖 4-246

18. 燕子三抄水　19. 燕子啣泥　20. 飛燕打旋

21. 鑽拳　　　　22. 上步崩拳　23. 燕子展翅

24. 燕子啣泥

以上第 18～24 式動作說明及用法與第 11～17 式相同，惟方向相反。

25. **換影**

（1）接上式，左腳向前上半步，右腳不動，重心偏於右腿成左虛步，隨上步左手向前擺出，虎口朝上，手指向前，高與腹平，右手收至右腰側，手心朝裡；目視左手。（圖 4-247）

（2）上動稍停，兩腳不動，重心略左移，隨之左手臂橫擺至胸前，左手至右肩前，手心向下；右手向左腋下平穿出，手心向上，目視左肘外側。（圖 4-248）

上動不停，身向右轉 270°（北），隨轉身右腳外擺，左腳向右腳前上步，腳尖內扣；同時右手臂內旋橫肘於胸前，手心向下，右手至左肩前；左手外旋向右腋下平穿出，手心向上；目視右肘外側。（圖 4-249）

圖 4-247　　　圖 4-248　　　圖 4-249

【要點】左手向前擺撩要發力，勁達左手虎口處。

【用法】擺挑對方襠腹。

【要點】兩動要連續做，做右穿手，身形旋轉，既快捷又輕靈、沉穩。

【用法】用左右轉身換影身法應對前後敵之進攻。

26. 收勢

接上式，身向右轉 90°，右腳後撤一步，重心移至右腿；隨撤步，右手臂外旋向右側平展，手心向上；左手略向前伸展，手心向上；目視左手。（圖 4-250）

兩手上託過頂，然後兩手略內旋沿胸前向下捋按至腹前，兩掌變拳，拳心朝下，虎口向內，兩臂呈弧形；上動略停，身微左轉，重心前移至左腿，右腳前提至左腳內側並步，身體起立，兩拳撒開變掌收至大腿外側，手心向內，指尖向下；目平視前方，恢復預備式姿勢。（圖 4-251、圖 4-252）

【要點】收勢要穩，兩手上托吸氣，兩手下按呼氣，氣沉丹田，全身放鬆。

圖 4-250　　　　　圖 4-251　　　　　圖 4-252

🌀 四、用勁特點

燕為飛禽中最靈巧、最敏捷之物，有鑽天之能，抄水之巧，動轉無聲之奇，飛騰高翔之妙。

練習燕形時，務要去掉身體中之拙力，逐漸化拙力為靈巧之勁。此形中最難練的當屬「燕子抄水」一勢。練習時要注重其下肢的功夫和身軀的靈活，伏身時力在後膝，身要下伏，兩胯下落，腰要塌下，同時手臂向兩側伸展，如同伏身從板凳底下鑽過去，側身一斜而起。

此勢連續演練時，前縱要遠，騰空蹬踢，兩腿出腳要快捷，不可拖泥帶水。兩腿下落時要輕靈沉穩，腳落手出，動作一致。如此演練才能體現出抄水時迅速、轉動時敏捷的特性。

🌀 五、技擊用法

本書所述燕形拳中「燕子喞泥」一式有兩種技擊用法：一是用右手下插抓擴對方小腿向上提起，同時發左掌擊打對方胸腹，左膝上提有膝頂腳踢對方襠腹之意；二是以我右手前撩抓襠打腎，若得手時，左手可順勢向對方小腹發掌；同時右手向後一拉，可將對方外腎揪下，此招俗稱「摘桃」。這是絕命招數，切勿輕用。

設對方以左順步拳擊我前胸，我以左手抓擴攔截對方攻擊手；同時我上右步，以右掌橫切對方腹肋，此為「燕子展翅」用法。

「燕子抄水」是燕形中較為難練的技法，此式是手腳並用，並且是騰空而發連環踢腿的擊法。應用時，如對方

用右順步拳擊我胸面，我以雙手從其來手臂外環抓攟並向我身右後捋帶之；同時可提右腳橫踢對方前腿，對方若撤步後退，我即迅速以左腳蹬踢對方另一腿或其腰肋部。

燕形技法比較豐富，如其中「燕子啣泥」接「飛燕打旋」然後連鑽拳打崩拳，緊接著一個「燕子展翅」。這一連串的招式，應用起來就是一套很好的連環技法。其中妙處讀者可舉一反三，自悟之。

六、養生作用

練習燕形，躍身、縱步、撩掌，可使腎水上升，心火下降，心腎相交，水火既濟，連續縱跳既加大了下肢的力量，也增強了心臟的心肌力度。另外，對活腰強脊、輕靈身體也是一種極好的鍛鍊。屈膝下蹲，伏身而進，雙手手背朝下，是飲地陰也，《黃帝內經》云：「吸天陽以養氣，飲地陰以養血。」故練之能以補血氣。

啣泥時，束身而起，兩臂相交，手三陰之脈氣接通。大陵、內關、兩穴受到摩擦，可以清心凝神，合胃降逆。臂上起外分時，極泉、章門、帶脈三穴皆開，可使內氣上下相通，丹田之氣得以周流全身，故常練此形有精氣足、身體輕靈、神清氣爽之妙趣。

第九節　蛇形拳

一、蛇形歌

　　從來順理自成章，撥草而行柔中剛。

　　懷抱陰陽通督脈，化去拙力透真陽。

二、蛇形要義

　　蛇形主要模仿蛇之盤轉屈伸。練習蛇形要全身動轉靈活，發勁渾厚，伸縮自如，轉折迅速，不可有僵滯之象。《拳經》曰：蛇者最靈活之物也，其性能有撥草之巧，有纏繞之能，屈伸自如，首尾相應，取之身內為腎之陽，用之於拳，能活動腰力，通一身之骨節，故擊首則尾應，擊尾則首應，擊身則首尾相應，其身有陰陽相摩之意，因蛇之靈活自如，故拳之命名為蛇形。

　　練之勢順，能起真精補還於腦，而神經充實，百疾不生。形勢逆，則身體亦不靈活，心竅亦不開朗，反為拙氣所束滯矣。

　　故曰：從來順理自成章，撥草能行逞剛強，蛇形寄語人學會，水中翻浪細思量。學者於此形當勉力求之，靈光巧妙得之於身心則終身用之不盡也。

　　蛇形主要動作有金蛇盤柳、白蛇縮身、白蛇吐信、白蛇抖身等。

三、基本練法

初習蛇形拳可先練「蛇盤步」（定步蛇形），次練「蛇盤柳」（跟步蛇形），最後練「追風趕月」（行步蛇形）。

「蛇盤步」是練習蛇形拳的基本功法。它和以後的練趟子不一樣，主要是練一個盤步、抖身（白蛇抖身）。因為蛇形是練身體的柔韌、曲折，由這個盤步練習能去掉身體的僵硬、拙力，使之逐漸產生靈活、巧妙之勁。

另外，「白蛇抖身」還要單獨操練，抖身要鬆活，發力要渾厚。

（一）定步蛇形（蛇盤步）

蛇形之蛇盤步

1. 預備式

2. 起勢

3. 三體式

4. 蛇形右式

接三體式，身體向左轉，左腳外擺，兩腿成剪子股式屈膝半蹲，後腳跟離地，重心在兩腿中間；同時，兩手臂左上右下相抱於胸前，左手伸至右肩前，手心向外；右手下插至左胯外側，手心向外；目視右前方。（圖 4-253、圖 4-254）

上動略停，身向右轉，隨之右腳向右前方上步，左腳不動，重心偏於左腿。同時，右手順右腳方向向前撩出，手心向左，高與腰平；左手收至左胯後側，手心向後下方；目視右手。（圖 4-255）

【要點】屈膝盤步身要穩；兩手臂相抱要貼身，身體陰陽相合而下縮，要縮而不僵，胯要鬆，肩要沉，頭要頂。上步抖手（臂），腰要塌，背要拔，頭要頂，丹田發

圖 4-253　　　　　　圖 4-254　　　　　　圖 4-255

勁，力到手臂。

5. 蛇形左式

接上式，身向右轉，右腳外擺，兩腿屈膝下蹲成半盤步，左腳跟離地，重心在兩腿中間。隨盤步兩手臂右上左下相抱於胸前，右手伸至左肩前，手心朝外；左手下插至右胯外側，手心向外；目視左前方。（圖 4-256）

上動略停，身向左轉，隨之左腳向左前方上步，右腳不動，重心偏於右腿；同時，左手向左前方撩出，手心向右，高與腰平；目視左手。（圖 4-257）

【要點】與前蛇形右式相同，惟方向相反。

圖 4-256　　　　　　　　圖 4-257

6. 蛇形右式

【動作及要點】均與第 4 式
相同。

7. 蛇形回身

打出蛇形右式之後再回身。
身體向左轉約 180°，右腳內扣，
左腳外擺，兩腿屈膝下蹲成半盤
步。同時，兩手臂左上右下相抱

圖 4-258

於胸前，左手伸至右肩前，手心向外；右手下插至左胯外
側，手心向外；目視右前方。（圖 4-258）

【要點】擰身擺步動作要迅速，轉身合抱盤步要穩。

8. 蛇形右式　9. 蛇形左式

第 8、第 9 式動作及要點與第 4、第 5 式相同，惟方
向相反。

10. 收勢

按以上動作反覆操練，待打到原起勢位置，打出蛇形
右式再回身（參閱前蛇形回身式圖及動作說明），回身之
後，打出蛇形右式（參閱圖 4-255）。然後右腳向後回撤
一步，左腳不動，重心移至右腿。同時，左手從右小臂下
向前穿出，手心向上，高與口平；右手收至胸前，向右側
平展，手心向上；不停，兩手上託過頂，然後兩手內翻經
胸前向下捋至小腹前下按，兩掌變拳，拳心向下，虎口向
內；上動略停，重心前移，右腳前提至左腳內側並步，身
體上起，兩拳變掌收至大腿外側，手心向內，指尖向下；
目視前方，恢復預備姿勢。（參見圖 4-250～圖 4-252）

【要點】退步要穩，兩手上託時吸氣，兩手下捋時呼

氣。氣沉丹田，兩拳下按兩臂撐圓，立正還原，身心放鬆。

（二）跟步蛇形（蛇盤柳）

跟步蛇形是在定步蛇形基礎上進一步的練法，這步功夫一是增加了下盤的活步；二是，在手法上有「白蛇吐信」「蛇纏手」「白蛇抖身」三個招式的練習。

1. 預備式

2. 起勢

3. 三體式

4. 蛇形右式

蛇盤柳・行步蛇形

接三體式，左腳向前墊步，右腳隨之跟步至左腳內側，前腳掌著地，腳跟離地，兩腿屈膝下蹲，重心偏於左腿；同時右掌從下向前向上再向下劃立圓收至左肋下，手心向外；左掌從前撤至腹前，再向右肩前探出，手心斜向上；目視右前方。（圖4-259、圖4-260）

上動略停，右腳向右前方上一步，左腳隨之跟進半步，重心偏於左腿；同時，右掌左下向右前方撩出，手心向左，虎口向上，高與腰平；左掌同時收至左胯後側，手心向下；目視右拳。（圖4-261）

圖4-259　　　　　圖4-260　　　　　圖4-261

【要點】

①右手向前纏手要輕柔，兩手臂於胸前相交要緊貼身體，左腳墊步，右腳跟步，要和兩手上下變動整齊一致，屈膝下蹲時，胯要鬆，肩要沉，頭要頂。

②右掌前撩，左掌回收要和右腳進步整齊一致；左臂撐圓，右手臂前抖不可伸直；頭要頂，腰要塌，背要拔，氣要沉。

5. 蛇形左式

右腳向前墊步，左腳隨之向前跟步至右腳內側，前腳掌著地，兩腿屈膝半蹲，重心偏於右腿；同時，左掌從下向前向上再向下劃立圓收至右肋下，手心向外；右掌從前弧形撤至腹前，再向左肩前探出，手心斜向上；目視左前方。（圖 4-262）

上動略停，左腳向左前方上一步，右腳隨之跟進半步；重心偏於右腿；同時，左掌由右下向左前方撩出，手心向右，虎口向上；高與腰平；右掌同時收至右胯後側，手心向下；目視左掌。（圖 4-263）

【要點】與第 4 式蛇形右式相同，惟左右相反。

圖 4-262　　　　　　圖 4-263

圖 4-264

6. 蛇形右式

【動作及要點】與第 4 式蛇形右式相同。

7. 蛇形回身

打出蛇形右式之後再回身。右腳提起向左腳前扣步，身體向左後轉約 180°；左腳收至右腳內側，前腳掌虛著地，兩腿屈膝半蹲，重心偏於右腿；隨轉身左手臂向前向下纏手，然後收至右肋下，手心向外；右掌撤至腹前，再向左肩前探出，掌心斜向上；目視左前方。（圖 4-264）

【要點】扣步轉身與兩手纏繞，上下協調一致。步法清晰，身法靈活，兩腿屈膝胯要鬆，肩要沉、要抱，頭要頂。

8. 蛇形左式　9. 蛇形右式

第 8、第 9 式動作及要點與第 5、第 6 式相同，惟行進方向相反。

10. 收勢

按以上動作反覆操練，待打到原起勢位置，打出蛇形右式再回身（回身式參閱前回身動作說明），回身之後，再打出蛇形左式。（參閱圖 4-262、圖 4-263）

上式略停，兩手臂外旋向兩側平展，然後兩手向上托舉略過頭，兩手內翻沿頭前經胸向下捋按至腹前，兩手變拳，拳心向下，虎口向內；上式略停，重心前移至左腿，右腳前提至左腳內側並步，身體起立，同時兩拳變掌收至

大腿兩側，手心向內，指尖向下；目視前方，恢復原預備
式姿勢。（參閱圖 4-250～圖 4-252）

【要點】收勢動作宜緩，兩手上托時吸氣，兩手向下
捋按時呼氣，氣沉丹田，立正還原，全身放鬆。

（三）行步蛇形（追風趕月）

行步蛇形是在跟步蛇形練法基礎上更進一步的練法，
也是蛇形的高級練法。在跟步蛇形的上盤纏手（蛇盤柳）
基礎上，再加上下盤獨特靈活的七星步法和中盤左右旋轉
輕靈的身法，進一步凸顯出蛇形的靈活性。行步蛇形如金
蛇浮游於水面，曲曲折折，左右擺動，迅捷凶猛。

1. 預備式

2. 起勢

3. 三體式

4. 蛇形右式

接三體式，右腳向前上步；同時右手從下向前弧形劃
出，手心向前；左手外旋從前弧形收至腹前，手心向上；
上動不停，左腳向前上步，同時右手外旋下劃至左肋下，
手心向外；左手伸至右肩前，手心斜向上；上動不停，身
微右轉，右腳向右前方上步，左腳不動，重心偏於左腿；
隨上步，右手從左下向右前方撩出，手心向左，高與腰
平；左手撤至左胯後，手心向下；目視右手。（圖 4-265～
圖 4-267）

【要點】左右腳上步與左右纏手要動作一致。三步一
組，行進走斜線，手腳動作都要在行進中完成。要做到手
到、腳到、身子到，以身帶手，身隨步轉，第三步撩手時
要沉氣到前腳底下。

圖 4-265　　　　圖 4-266　　　　圖 4-267

5. 蛇形左式

接上式不停，身微左轉，左腳向前上步；同時左手從下向前弧形劃出，手心向前；右手外旋從前弧形收至腹前，手心向上；上動不停，右腳向前上步；同時，左手外旋下劃至右肋下，手心向外；右手伸至左肩前，手心斜向上；上動不停，身微左轉，左腳向左前方上步，右腳不動，重心偏於右腿；隨上步，左手從右下向左前方撩出，手心向右，高與腰平；右手撤至右胯後，手心向下；目視左手。（圖 4-268～圖 4-270）

圖 4-268　　　　圖 4-269　　　　圖 4-270

【要點】兩手上下纏繞與兩足上步要協調一致，身體隨步而動；百會穴頂勁不丟，腰要塌，胯要鬆，背要拔，兩腳行步要拿著腳走。

6. 蛇形右式

【動作及要點】與第 4 式蛇形右式相同。

7. 蛇形回身

右腳在前左回身，左腳在前向右回身。如當打到右腳右手在前的蛇形右式時，身體向左後轉身 90°，隨之左腳向左後擺腳；同時，左手向左後前方劃弧纏手，右手外旋收至腹前，手心向上；上動不停，身體繼續向左轉 90°，右腳向左腳前上步扣腳；隨之左掌從上向下劃至右肋下，手心向外，右手伸至左肩前，手心向上；上動不停，身體繼續左轉 90°；隨之左腳向左前方上步，右腳不動，重心偏於右腿；隨上步左掌向左前方撩出，手心向右，虎口向上，高與腰平，右掌撤至右胯後，手心向下，目視左掌；成蛇形左式姿勢。（圖 4-271～圖 4-273）

【要點】步法聯貫，擺扣清晰，身隨步轉，掌纏臂繞劃弧形，鬆胯活腰，涵胸拔背，頭要頂。

圖 4-271　　　　圖 4-272　　　　圖 4-273

8. 蛇形右式　9. 蛇形左式

第 8、第 9 式動作說明及要點與第 4、第 5 式相同，惟行進方向相反。

10. 收勢

如上式反覆操練，待打到原起勢位置，打出蛇形右式，再回身（參閱前蛇形回身式動作說明），回身之後打出蛇形左式。（圖 4-274～圖 4-276）

上動略停，左手外旋使手心翻向上，右手向右側平展，手心向上，然後兩手向上托舉過頂，兩手內翻沿面前經胸向下捋按至腹前，兩掌變拳，拳心向下；上動略停，重心前移至左腿，右腳前提至左腳內側並步，身體起立，兩拳變掌收至大腿外側，手心向內，指尖向下；目視前方，恢復預備式姿勢。（參閱圖 4-250～圖 4-252）

【要點】與跟步蛇形收勢相同。

圖 4-274　　　　圖 4-275　　　　圖 4-276

四、用勁特點

蛇形用於拳，要體現出蛇柔韌、靈活的特性。蛇是水

陸兩棲之物，其身雖無一足，但行動起來不論是在水中還是在陸地，都能行動自如，特別是在草地上，蛇更是神勇無比，「嗖嗖嗖」，只聞其聲，不見其蹤。蛇之所以有如此神能，靠的是它在行進時身體不停頓地左右曲曲折折的搖擺抖動，另外蛇在行時，它的頭總是直豎、頂起，兩眼精光四射，特別是在與對敵相搏之時，其頭更是挺拔豎立，配以儡人神光，真是攝人魂魄，不戰自威。

學習蛇形是人以身形物之形、物之意以人意悟之，是把蛇之特長轉為我們習練者之技能。我們就是要由學習蛇形拳更好地掌握身體的伸縮吞吐，步法的曲折斜進，勁道的亦柔亦剛，靈活渾厚。

🌀 五、技擊用法

蛇形的技法在纏繞，如對方以右順步拳擊我胸面，我以右手從對方來手外環接其手，順勢手內翻以卡子手向我右後方採帶之，同時上左步以左手向前撩擊對方襠腹，此為「白蛇抖身」用法。

如對方上右步以右手擊我胸面，我以右手從對方來手外環接其手，順勢向內向外劃弧纏其手腕交與左手，然後上右步再用右手抽擊對方肋腹部，這是「蛇纏手」用法。

又如，對方上右步以右拳擊我胸，我以左手從其來手外環接其手，順勢下按其手，我右拳速向前穿擊其喉面（此為「白蛇吐信」），敵若接我右手，我速翻掌扣腕，回帶其手，同時左腳進步，吃住敵之右腿，同時以我左手臂抽擊對方之腹肋，如貼近對方之身時，可以左膝叩擊敵腿或伸臂抖動以傷之。

做「蛇盤步」時，身向左轉身，左手臂在上右手臂在下成「懷抱陰陽式」，左手上穿是撥轉敵手以護臉，上右步右手向前擺挑是打襠，如能以低勢伏身而進，則可以肩打襠，此即老譜所云「蛇形看肩」。

蛇形在實戰運用時，多配合以靈活的步法、多變的身法、手臂的纏繞、剛柔相濟的勁道，使對方防不勝防。

六、養生作用

內家拳法以練養內氣為主旨。練蛇形之內氣，練的是腎中之陽。以「懷抱陰陽」一式為例，兩臂交叉環抱於胸前，後背繃緊，內氣凝聚於前胸中脘之處。前手一挑一撩，內氣自中府、雲門，直透大拇指端之少商，轉入食指之商陽。中府為肺經之募穴，少商為肺經之井穴，商陽為大腸經之井穴。肺與大腸互為表裡，可以開胸下氣。蛇形操練時頂頭、豎項、塌腰，其內氣自後腳跟起，沿大腿上行與督脈相接，直達百會，督脈諸穴乃全通。督脈總一身之陽，故亦可起腎中之陽，直透於外。特別是練到行步蛇形階段，身體左右旋轉，雙臂前後纏繞，腳踏七星不停步，內氣催動外形顯神威，猶如神龍雲中行，金蛇草上飛，練者心曠神怡，觀者賞心悅目。如此練習日久，習者可養肺、強腎、光顯顏面，其神采常人不可比也。

第十節　鮐形拳

一、鮐形歌

鮐形

　　鮐形展翅，舒臂寬胸。

　　長腰豎尾，降濁升清。

二、鮐形要義

　　鮐是傳說中一種禽類動物，另有稱此物為禿尾巴鷹是也。古拳譜云：其天性有豎尾上升超達雲際之勢，下落兩掌有觸物之形。取諸身內而能平肝益肺，實為肝肺之股肱。故以拳形其像一落一起，如雷奔電。以尾之能，如迅疾風變；以性情言之，外猛內柔，有不可言喻之巧力也。形勢順則疏肝固氣，實復而生道心。形勢逆不特全身瘀滯，而氣亦不通矣。

　　鮐形拳模擬這種動物形成，用以鍛鍊肩、肘、手各部的靈活和臂、胸、背各部肌肉的彈力。

　　此形步法與虎形大致相同，但是手法有區別，虎形是用兩掌向前撲打，而鮐形是兩手臂左右迴環之後，用兩拳向前衝頂。

　　在鮐形練習中，要始終保持兩臂與身上用勁的完整一致。主要是用中焦之氣，並將勁力集中在中指和食指的中節上，打擊對方之兩肋及軟組織部位。鮐形路線同虎形，沿波浪形直進斜打。

〰 三、鮐形基本練法

1. 預備式

2. 起勢

3. 三體式

4. 鮐形左式

接三體式，右腳向前上一步，同時右手前伸至左手下，手心向下，然後雙手向上掤至頭部上方後，向兩側劃開；上動不停，左腳跟進至右腳內側，腳尖虛著地，兩腿靠緊；同時，雙手弧形收至腰部兩側，兩掌變拳，拳心均向上；目視左前方。（圖 4-277、圖 4-278）

【要點】兩腳上步不停頓，兩手上掤下劃成一整圓，兩拳收回兩小臂內側要貼緊肋部。

上動稍停，左腳向左前方上一步，隨之右腳向前跟進半步，膝部彎曲，重心偏於右腿；同時兩拳由腰部向前衝出，拳心向下，兩小臂交叉（右上左下），高與腹平；目視雙拳。（圖 4-279）

【要點】左腳上步要與雙拳衝出動作一致，兩小臂不

圖 4-277　　　　圖 4-278　　　　圖 4-279

可伸至，鬆肩墜肘；腰要塌、頭要頂。

5. 鮎形右式

左腳向前墊步，右腳隨之跟進至左腳內側，腳尖虛著地，兩腿靠緊；同時兩拳變掌向上掤至頭頂，然後向左右分開，劃一整圓收至腰部兩側，兩掌變拳，拳心均向上，兩小臂貼近肋部；目視右前方。（圖 4-280、圖 4-281）

上動不停，右腳向右前方上一步，左腳隨之向前跟進半步，膝部彎曲，重心偏於左腿；同時兩拳由腰部向前衝出，拳心向下，兩小臂交叉（右上左下），高與腹平；目視雙拳。（圖 4-282）

【要點】與鮎形左式相同，惟左右相反。

如上式反覆操練，次數多少自行掌握。

6. 回身式

打出鮎形右式之後再回身，右腳向左腳前扣步，兩腳成八字形，身向左轉約 135°；同時兩拳變掌向上掤至頭部上方，然後向左右分開；上動不停，身繼續左轉 90°，左腳跟稍離地面，腳尖轉向前虛點地，重心偏於右腿；同

圖 4-280

圖 4-281

圖 4-282

時，兩掌弧形收至腰部兩側，兩掌變拳，拳心向上，兩小臂內側貼緊肋部；目視左前方。（圖4-283、圖4-284）

【要點】轉身速度要快，步法清晰，兩掌分合要與轉身上步上下協調一致。腰要塌，肩要沉，肘要墜，頭要頂，背要拔。

圖4-283　　　　　　　　圖4-284

7. 鮐形左式

接上式，左腳向左前方上一步，右腳隨之跟進半步，膝部彎曲，重心偏於右腿；同時兩拳由腰部向前衝出，拳心向下，兩小臂右上左下交叉，高與腹平；目視兩拳。（圖4-285）

【要點】與鮐形左式第二動相同，惟行進方向相反。

8. 鮐形右式

動作及要點與第5式第二動相同，惟行進方向相反。

9. 收勢

打到原來起勢位置時，打出

圖4-285

圖 4-286　　　　　圖 4-287　　　　　圖 4-288

鮐形右式再回身（參閱前回身動作說明），回身之後，打
出鮐形左式。（圖 4-286～圖 4-288）

　　上動稍停，兩拳變掌均外旋使掌心向上，向兩側平
展，然後兩手向上托舉略過頭，兩手內翻沿頭前經胸向下
捋按至腹前，兩掌變拳，拳心向下，虎口向內；上式略
停，重心前移至左腿，右腳前提至左腳內側並步，身體起
立，同時兩拳變掌收至大腿兩側，手心向內，指尖向下；
目視前方。恢復預備式姿勢。（參閱圖 4-250～圖
4-252）

　　【要點】與前劈拳收勢相同。

　　以上所介紹的練法是鮐形的跟步練法，初習形時，最
好是先練定步形，即在行拳時不墊步，也不跟步。一步一
拳，一步一樁的練習，待有了一定基礎後，再練習跟步，
可收到事半功倍之效。

　　在這兩步功夫熟練後，可進一步練習行步功法，其步
法與虎形行步練法相同，可參照練習。

四、用勁特點

鴟是傳說中的猛禽，鴟在獵物時主要是靠兩隻翅膀的合勁來打擊獵物，且兩爪有觸物之形。

取之於拳，鴟形練時注意開、裹、頂三個勁。練習時兩拳上鑽外開，是用開勁破對方進攻的雙手臂；兩臂內裹、進步，是近身蓄勁；上步向前以雙拳頂出，是進擊對方腹部。

開要有橫撐之勁，裹要有合聚之勁，頂要有沉塌之勁。運作時兩手臂是弧形，外形飽滿，內氣鼓盪，腳踏拳擊，剛勁中不失柔和之趣。

五、技擊用法

練習鴟形兩手上掤外開，是用開勁破對方進攻的雙手，此謂「白鶴展翅」。

此式另一種技擊含義是，當對方以單拳擊我頭面時，我可向對方側面跨步，同時兩手上鑽，以一手從其來手臂外環接手，叼拿其腕。

兩手臂內裹、並步，是近身蓄勁，其用兩腿一蹲，也是一種臀打。向前以雙拳出擊是打法也是一種拿法。

打是雙拳頂出，直打對方腹部；拿是當對方以右拳打我胸或腹部時，我以雙拳交叉下按吸附於對方來手腕上，然後以我右手外翻其手腕，左手從外助之，可將對方來手反拿之。

當我與對方相距較近時，則在我兩手臂外開的同時，可提膝擊打對方襠部或小腹，但提膝不宜過高，老譜曰

「起膝望腹」即指此。

　　若對方受擊後退很快，使我膝頂落空，或對方變招將手抽回復以雙手攻我，我可即速將腳落下，並以雙手順對方來勢而向回領帶、吸、粘接對方來勁後，再向前進步踏中門，兩拳齊出擊敵胸腹，兩拳向前出擊時不可遠，要用臀尾之力向前送。墊步、並步、進步要一氣呵成。

⌇ 六、養生作用

　　鮐形練的是一氣之升降，故練之順可收平肝益肺、固氣之效；其勢逆，則有全身氣血瘀滯、氣之不通之慮。練習「白鶴展翅」時雙手臂上掤、對開時，可以理三焦、調五臟、洩內熱，並能利胸膈、舒肝、理肺。雙臂下落內合，胸內涵，使內氣收縮而復歸於丹田。

　　雙拳外頂時，用的是臀尾之力，一提一送，可以通督脈、聚腎精，得強腎固本之功。腎水足而肝木得榮，故練之順，可得氣固肝舒之效。

　　另外，練此形雙足的墊步、並步、進步，多種步法變化；雙手時拳時掌，雙臂時開時合，循環劃圓；內氣時升時降，使手三陰、手三陽及任督二脈得以氣血涵養，並能起到活肩、活足的健身作用。

第十一節　熊形拳

一、熊形歌

熊形

　　兩膀開合肺氣伸，拔背豎項力千鈞；

　　化去肝風補脾土，調中和胃萃精神。

二、熊形要義

　　《拳經》云：熊者物之最鈍笨者也。性直不屈，而力最猛，其行極威，外陰而內陽，取之身內，能助脾中真陰，消化飲食，強身健體，使陰氣下降，補還丹田。形之於拳，有豎項之力，鬥虎之猛。如與鷹形相合演之，氣之上升而為陽，氣之下降而為陰，謂之陰陽相摩，亦為之鷹熊鬥志。總之，不過一氣之伸縮也。

　　此形主要鍛鍊習者的膀力和臂力，如在橫拳中的裹勁和撥勁，都是用的這種勁力。

　　拳中橫格、裹撥均以克制對方為主，而熊膀則有打擊對方的作用。如果將熊形和鷹形合練，即主求其刁領和擒拿。

三、基本練法

（一）熊形單練

　　熊形單練是熊形單操法一種，此功是練習熊形的基本功法，常練此功對增強兩足蹬踏力，以及腰身和兩膀的活

力都有很大的作用。練習方法可參閱本書「熊形功」練習
介紹，此處不再重述。

（二）熊形練法

1. 預備式

2. 起勢

3. 三體式

4. 熊取物

接三體式，左腳不動，右腳向前上一步，成右虛步；
同時右手上提從左手下向前穿出，手心向上，指尖高與鼻
齊；左手收至右小臂內側，手心向下；目視右手。（圖
4-289）

上動不停，左腳向前上一步，右腳不動，成左虛步；
隨上步左手從右下向前穿出，手心向上，指尖高與鼻齊，
右手收至左小臂內側，手心向下；目視左手。（圖
4-290）

圖 4-289

圖 4-290

【要點】右腳上步與右手前穿要動作一致，右手前穿
要有擰鑽勁。左腳上步與左手穿手動作一致，左手前穿右

手回收都要有撐勁。

【用法】穿手也是替手，即接替前手攔截對方進攻之手。

「熊取物」一式可以作為熊形單操式反覆練習。練習時左右腳上步配合左右手穿手。可以走順步穿手，也可以走拗步穿手，直行步行進。也可以兩腳不動，站好三體式，然後左右手輪換向前穿手練習。

5. 熊踏水

接「熊取物」左式（左腳左手在前），身向右轉90°，左腳內扣，右腳向右側橫跨半步成馬步；隨之右拳從胸前向右側踏掌，掌心向下，小指一側掌外緣向右，高與腰平，手臂呈弧形；左掌同時內旋下按於腹前，手心向下；目視右手。（圖4-291）

上動不停，身微右轉，重心移至左腿，右腳回撤半步至左腳內側，腳尖虛點地；同時，右手外旋手至右肩前，掌心向上，左手不動；目視右手。（圖4-292）

【要點】兩掌按踏與左腳落步要動作一致，馬步踏掌，腰要塌，背要拔，肩要鬆，氣要沉，兩臂要撐圓。

圖4-291　　　　　圖4-292

【用法】此式與熊取物一式配合，先用替手攔截對方來手，然後可擰身上步以另一手掌踏對方小腹或軟肋。

「熊踏水」一式也可以作為單式練習，練習時與熊取物一式配合，可以左右反覆練習。

6. 熊抖擻

圖 4-293

「熊抖擻」練的是抖絕之勁，練習時前接「熊取物」一式，然後轉身，前腳內扣，後腳橫跨半步成馬步，如「熊踏水」一式；不同處是，此式轉身後兩手內旋，分向兩胯外側同時下踏按掌，掌心向下，高與腰平，兩臂呈弧形。並隨轉身跨步、踏掌，腰身（丹田）抖動，身體從內向外瞬間發出一個整體抖絕之勁。（圖 4-293）

【要點】轉身跨步、兩掌下踏要動作一致。發力時要先全身放鬆（蓄勁），然後突然一抖，如火燃皮，驟然顫動。發勁要由內帶外（形），丹田抖勁，內氣催動；外部則以尾閭、腰脊為軸心，帶動全身抖擻。

【用法】如我身被對方困住，身手不得施展之際，身體一鬆，再突然一抖動，像動物抖毛那樣，全身一顫，靠內力傷其犯者。

「熊抖擻」一式，平時也可以單獨練習，但是要注意練習此式時，要將內氣調順，將身體四肢活動開了，不要上來就練，如果沒有事前的準備活動，貿然而動，很容易傷其內臟、震傷大腦，習者不可不知也。

【說明】本門前輩老師所傳這一熊形，共有三個式

子，這三個式子練習時可合可分。分練時如前所述之練法。合練時，以三體式起勢，然後先走「熊取物」一式，變「熊踏水」，接著走「熊抖擻」。

練習時「熊取物」一式是連接式，可左右換式走；也可以加「換影」式，左右轉身都可以。初習可走直線，熟練後，隨習者之意，直行、斜行、前行、後退、左右而行，轉身換式，無可無不可也。願習者在練中自悟之。收勢可參照劈拳之收勢，基本一樣。

四、用勁特點

熊在動物中看似非常鈍笨，但其膀力和臂力卻是十分大的。熊有豎項之力，其力之處在兩膊，熊形單操練的即是此勁。練習時兩膀外開，兩膊搖擺，身形晃動，隨之兩腿輪番提膝（頂勁）；兩足輪番下踏（踩勁），練功日久，其力可得矣。

本書熊形一節，主要練習三個勢子，即熊取物（熊探掌）、熊踏水（熊踏掌）、熊抖擻（熊抖毛）。

熊取物，練時兩掌交替向前穿出，後手從前手下向前穿出時，兩手臂要有向前擰轉之意，既有向前穿勁，又有向外橫撥之意。

熊踏水亦叫熊踏掌。練習時兩掌隨轉身要有前踏之形（意），力到掌根。

熊抖擻俗曰熊抖毛。抖毛是大多數動物之特點。小到麻雀，大到獅子、老虎，都有此習性。

取之於拳，主要練習人身的抖勁，此勁在形意拳叫「抖絕」，又稱為寸勁、抖勁、冷脆勁。絕勁主要來源於

龜尾之急遽轉抖和丹田之氣的集聚吐發。

🌀 五、技擊用法

熊形技擊性很強，首先熊形主要是練習兩臂膀之力，練習腰力；透過抖絕練習，增強內臟、大腦震動之承受力。

「熊取物」一式是形意拳交手對敵時常用之手法，名曰穿手、替手。其意一是接對手來手，二是前接後打，或即接即打，再是接拿變化，俗話有：好漢難敵三穿手，即指此。

「熊踏水」也是形意拳中常用手法。此式與「熊取物」一式前後配合，靈活運用，再配以靈活的步法，在對敵交手中很有成效。如對方以右直拳擊我胸面，我即可上右步以右手上穿攔截對方來手，然後順其來勢（勁），向我右後採捋其右腕，然後擰身上左步，同時以左掌踏按對方腹肋，同時我之左腳也可乘機蹬踏對方膝腿。

又如，我被近敵抱住，身手被對方困住之際，此時可全身一沉（鬆沉），然後全身突然一抖，瞬間爆發內勁，將對方彈出，這就是形意拳特有的抖絕之勁。此處名曰「熊撒毛」。

🌀 六、養生作用

熊形練的是一氣之開合。合則胸涵、背拔、頭頂、豎項，真氣達於百會，聚於中脘，督脈通矣；開則兩膀兩肩、胸背、雙肋齊開，真氣降入丹田，任脈通矣。

練此拳，兩手臂陰陽交替向前擰穿，使手三陰、手三

陽諸經活躍，並且帶動中府、雲門、肩井、夾脊諸穴，一齊開動，故而可以通肺氣、補脾土、化肝風。真精化氣，增長氣力，對治療五勞七傷及病後者調養恢復健康會有一定療效。

　　練習「熊踏水」「熊抖毛」兩式時，腰身不斷轉動，特別是「熊抖毛」一式的全身瞬間顫動，對疏通帶脈、去病化瘀、涵養臟器都是大有裨益的。

第十二節　鷹形拳

一、鷹形歌

　　　九秋最是鷹得意，搏兔全憑鷹爪力。
　　　腎中陽氣過三關，還精補腦入泥丸。

二、鷹形要義

　　《拳經》云：「鷹者為禽中最猛最狠之禽也。其性瞥目能見細微之物。放爪能有攫獲之精，其性外陽內陰。取之腎內能起身中真陽，穿關透體，補還於腦。形之於拳，能抑心火滋腎水。形勢順則真精化氣，通任開督，流通百脈。灌溉三田，驅逐一身百竅之陰邪，滌盪百脈之濁污。形勢逆則腎水失調，陰火上升，目生雲翳矣。」

　　鷹形主要在於鍛鍊手上指爪的功夫，及身形合一的勁氣。《拳經》云：「虎威鷹猛，以爪為鋒」，總是以利爪

之威而獲勝。所以在練習鷹形時，功夫主要應貫注在指上。

　　本節介紹兩種鷹形練法：一是「鷹捉」，二是「鷹熊合演」。

三、基本練法

　　「鷹捉」是古傳形意拳的最基本功法，而世人多有不知「鷹捉」也稱「定步劈拳」或「鷹形」。三個拳名實則是一個練法。從基本功到「五行」「十二形」基本拳路，形意門都安排了這個式子，可想而知，此拳在形意門的重要作用。

　　形意門特有的內勁稱「翻浪勁」，而翻浪勁的得來是由於練習了「起落鑽翻橫豎」的基本功夫，而所謂「鷹捉」，主要練的就是形意拳起落鑽翻這個技法，掌握了這個核心技法，再練「五行拳」及「十二形拳」就容易多了（因為有了內勁基礎），所以過去老先生們常說「鷹捉」是形意母拳中之母拳。《拳經》云：「出手橫拳，把把鷹捉」；又云：「出勢虎撲，起手鷹捉」，可見鷹捉在形意拳中的地位非同一般。

　　形意門前輩多終生重視此拳，平時多以此拳作為常習之術，修身心，培元氣，養情趣，品人生，其樂融融也。

　　1. 由三體式樁起勢

　　2. 鷹捉右式

　　（1）接三體式，兩腳不動，右手前伸與左手齊，然後雙手邊向下、向回捋，邊捋邊握拳，兩拳收至腹臍兩側，拳心向上，兩前臂要靠緊腹側；目視身前。（圖

4-294）

（2）上式不停，左拳經胸前由下頦處向前上方鑽出，高與口平，手心斜向外上方，小指擰轉朝上，肘尖下垂，肩向前鬆，臂前伸至六七分，呈淺弧形，右拳不動，目視左拳；左拳前鑽時，左腳向前墊半步，腳尖外撇45°，膝微屈，重心移向左腿，右腿向後蹬勁，但膝仍要微屈，不可挺直。同時吸氣，吸氣盡而式成。吸氣時膈肌上升，肋骨微微向外開，下邊提肛縮臀將腹內臟器托住，小腹內收，氣至中脘，胃部隆起。（圖 4-295）

（3）接上式，右拳經胸自口前鑽出至左臂脈窩處，即由拳變掌，掌心朝前下方，以五指之力向前下方劃出，高與肩平，五指分開，虎口撐圓，掌心內涵，五指如鉤；肩勁撒開，並向下鬆沉，肘尖下垂，臂前伸，呈淺弧形；左拳同時變掌，掌心朝下往回捋至腹臍左側，拇指貼緊小腹，目視右手。右手前翻掌擊出，同時，右腳向前蹬出一步，左腳不動，重心偏於左腿，同時呼氣，呼氣盡而式成。呼氣時膈肌下降，兩肋向內向下合，腹內臟器自然下

圖 4-294　　　　圖 4-295　　　　圖 4-296

垂，真氣沿任脈下行，注入丹田，小腹凸起，胃部自然平復（圖 4-296）。

3. 鷹捉左式

動作與上述鷹捉右式相同，惟左右相反。

如上式向前操演，次數多少自行掌握，回身收勢與定步劈拳收勢相同，可參閱其說明。

四、練習要領

頭要頂，項要豎，下頦微收，舌要頂，齒要扣，身要正，肩要鬆，肘要下垂，兩眼平視前方。兩腳十趾抓地，湧泉穴要虛空；兩手如抓物，虎口要撐圓，四指自然張開，掌心要內涵，俗稱「虎爪」。

出手起落，要兩手護心，兩肘護肋，手足上下相順，齊起齊落，不可散亂，後腳向前進步，足膝要相磨而行，行步如行犁，落步意有踩踏之意。

前拳上鑽時為吸氣，同時提肛、縮臀，自中焦領起肺氣，直出中府、雲門；手向下一翻一落，同時呼氣，其氣自雲門沿臂內側而下，直貫於少商、充於五指尖。發力時，隨著掌之翻落，雙腿微屈，臀尾向下垂勁，腰塌背拔，頭頂項豎，前掌直向前下一劃，後掌向回捋。如同向下鉤物一般。上身放鬆，胸中空洞洞，氣向下沉，腹內充實，自覺沉甸甸，此即謂「氣沉丹田」。進步換式既要緊湊，又要自然，向前推掌勿使拙力，但不可鬆散，必須上下協調，內外完整一氣，意動則氣動，氣動則形隨。

此勢練之要剛中有柔，柔中有剛。練者細細體悟，練功日久，必有所得。

🌀 五、鷹形熊形合演

鷹形熊形合演是傳統形意拳各流派常選用的練法。此拳的內容，主要吸取鷹捉物的勇猛和熊守禦的渾厚頂豎的特點，融合為一而成。在練習中起是熊形，身法要體現頂頭豎頸之力；落是鷹形，兩手臂要有翻落捉拿之勁。由起落鑽翻，左右輪換，學者四肢軀幹、頭頸都能得到鍛鍊。

古拳譜中有「鷹熊競志，取法為拳。陰陽暗合，形意之源」一說，表明形意拳處處不離陰陽和攻守，不離鷹熊起落伸縮之勢。此形在練習時要盡量做到使呼吸藉著伸縮起落的動作上下調節，就是說動作的伸展與收縮要與呼吸密切配合，以使動作發勁更加完整、嚴密協調。此形的運行方向和路線與虎形大體相同，惟左右墊步時，後腳腳跟提起收在前腳後側，重心略偏前。

1. 預備式
2. 起勢
3. 三體式
4. 左熊形起勢

鷹熊形合演

圖 4-297

接三體式，左手向下回落，邊回邊握拳，待收至腹前，小臂外旋，拳心向內，經胸前鑽至下頦處，再向前伸出，小指一側斜向上，高與口齊，右拳同時變拳置於腹臍右側，拳心向上；同時右腳前進一步，左腳跟進半步，腳跟微離地面，膝向下垂，重心偏於右腿；目視左拳。（圖 4-297）

【要點】左拳前伸要與右腳上步一致，右腳尖略向裡扣，兩膝也均向裡扣，左腳掌要蹬地，頸要豎直，腰要塌，兩肩要沉。

5. 右鷹形落式

左腳經右腳內側向左前方進一步，右腳隨之跟步半步，腳跟微離地面，膝部彎曲，重心在兩腿中間；隨上步右拳經胸前向上鑽出，當與左手相遇時，兩拳變掌翻轉向前下方挒按，右掌高與腰平，左手同時回挒至左腰側，兩掌掌心均向下；目視右掌。（圖 4-298）

圖 4-298

【要點】右掌向前挒按與左腳進步要一致。右掌下按，臂不可伸直，兩掌如鷹捉物；兩膝要向裡扣，身體要略向前傾，但不可低頭，頂勁不丟。

6. 右熊形起勢

接上式，右手回收，邊回邊握拳，待收至腹前，小臂外旋拳心向裡，經胸前鑽至上頦處再向前伸出，小指一側斜向上，高與口齊；左掌同時變拳，拳心向上；同時左腳向前墊步，右腳位置不動，腳跟提起，重心偏於左腿；目視右拳。（圖 4-299）

【要點】與第 4 式左熊形起勢相同，惟左右相反。

圖 4-299

7. 左鷹形落式

右腳經左腳內側向右前方進一步，左腳隨之跟步半步，重心在兩腿中間；隨上步右拳經胸前向上鑽出，同時左掌上鑽至右腕內側，然後兩拳變掌翻轉向前下方抄按，左掌高與腰平，右掌撤至右腰側，兩掌拳心均向下；目視左拳。（圖4-300）

圖4-300

【要點】與第5式右鷹形落式相同，惟左右相反。

如上式左右交替反覆練習，數量不限。

8. 回身式

當打出左式鷹形後，以兩腳掌為軸，身體向左後轉約225°，同時左掌隨轉身下落變拳經腹部、胸部貼近下頦向上、向前伸出，高與口齊，拳心向上；同時右掌變拳外翻置於右腰側，拳心向上；右腳隨轉身方向向前進一步，屈膝半蹲，重心偏於右腿，

圖4-301

左腳腳跟離地，膝部彎曲，目視左拳。（圖4-301）

【要點】左拳伸出要與右腳進步動作一致，轉身時動作要迅速，不要左右搖擺，要保持平衡穩定。

9. 右鷹形落式

接上式，左腳繼續向左前方進一步，隨之右腳跟進半步，腳跟欠起，重心在兩腿中間；同時右拳順左前臂內側

向上、向前伸，待兩拳接近時變
掌，翻轉向前下方按出，動作與第
5 式右鷹形落式完全相同，惟方向
相反。（圖 4-302）

　　這樣可以左右輪換向原來方向
打回去，往返次數自行掌握。

10. 收勢

　　當打到原來起勢位置時，打出

圖 4-302

左鷹形落式後向左轉身（參閱前回
身動作說明），回身之後，再打出右鷹形落式（圖
4-303、圖 4-304）；上式稍停，左掌由右掌下面前伸，掌
心向下，高與肩平；右掌撤至腹臍右側，掌心向下，目視
左掌，成三體式姿勢（圖 4-305）。

　　稍停，兩手臂外旋向兩側平展，然後兩手上托，待兩
手托舉過頂後，再沿面前向下捋按至腹前，兩掌變拳，拳
心向下，兩臂掤圓；上動略停，重心前移至左腿，右腳前
提至左腳內側並步，身體長起，隨之兩拳撤開變掌收至大
腿兩側，掌心向內；目視前方，恢復預備式姿勢。

圖 4-303　　　　　圖 4-304　　　　　圖 4-305

【要點】與前劈拳收勢相同。

上述鷹形熊形合演是跟步練法，這步功夫練熟後，可以進行行步練法，行步拳是三步一組，斜行前進。行步鷹熊合演第一步是走左熊形起勢，具體練法如下：

接三體式，左腳前墊半步，同時左手回收至腹前變拳上鑽至頦下再向前伸出，拳心向上；上動不停，左拳不動，右腳向前上一步，不停，左腳再向左前方上一步，兩腿屈膝略下蹲，重心在兩腿中間，身體微向前傾，同時右拳伸至左下臂內側，然後兩拳內翻變掌，右掌從左掌上向前下方按出，手心向下，高與腰平；左掌收至左腰側，手心向下；目視右掌。

這是右鷹形落式。

上動不停，身微右轉，右腳向前上一步；同時右掌收至腹前變拳經胸上鑽至頦下，再向前鑽出，拳心向上，高與口齊；同時左掌變拳，位置不變，拳心向上，目視右拳。

這是右熊形起勢。

上動不停，左腳向前上一步，兩拳位置不變，右腳向右前方上一步，兩膝屈膝略下蹲，重心在兩腿中間，身體微向前傾；同時左拳伸直右小臂內側，兩拳內翻變掌，左掌從右掌上向前下方按出，掌心向下，高與腰平；右掌收至右腰側，掌心向下目視左掌。

這是左鷹形落式。

如此左右交替向前打出，若要回身，左右均可；回身後再打到原來起勢位置，再做回身收勢。回身步法也要走行步，其他要點與跟步練法基本相同。

六、用勁特點

鷹是飛禽中最凶猛、最狠毒之物，有瞥目可查細微之物、放爪能有攫獲之精。

取之於拳，主要在於習者手上指爪的功夫，即身形合一的勁氣。《拳經》云：「虎威鷹猛，以爪為鋒。」猛獸總是以利爪之威而獲勝。所以在練習鷹形時，功夫主要應貫注在指上。

老譜云：「鷹有捉拿之精，熊有豎頂之勁。」故練習鷹熊合演之形時應有所體現，其要旨皆在二目。鷹下視而頭不低，熊上視而頭不仰。一伸一豎，頂力不去。鷹抓之力全在筋梢，熊之用力全在兩膊。故拳上鑽時，要挺腰豎項，兩肩垂扣；鷹捉向下捋按時要五指如鈎，沉肩墜肘，身子似鬆似捆，有下墜之勢。譜云：「未起如摘子，未落如墜子」，即指此。

七、技擊用法

熊形為防守，鷹捉為攻取，熊形接手在對方來手腕部或小臂外側，進擊則是從對方肘窩上進擊。或者以右拳拗步接手，左手以鷹爪之力順對方大臂向下捋按，右手同時助之而向下採捋。若採之不動，即可順其抵抗之勢速用左掌拗步進劈對方胸腹，如此數招連發，敵必敗之。

鷹熊合演也是一種擒拿法，若對方以右拳擊我胸，我以右手從其來手外環接手，迅速順其來勢引之，然後右手外旋向外翻拿其腕，使其肘尖翻向上，同時我速以左手向下搓按對方肘部，為了加大力度，也可以我左小臂向下橫

按對方肘部，使其就擒。

　　另外，在我擊打對方擒拿對方時，也可起後腳向前蹬踏對方小腿及膝部。

八、健身養生作用

　　老譜云：「鷹有捉拿之精，熊有豎項之勁。」此二者在練習時均有所體現。其要點皆在二目，練習時鷹捉下視而頭不可低，熊形起鑽上視而頭不可仰。一伸一豎，皆有絕大之項力。

　　鷹爪之力功在筋梢，熊之用力在於兩膊。故在習拳時，上鑽要注意挺腰豎項，兩肩要垂扣，鷹捉向下抒按時要五指如鉤，沉肩墜肘，身子似鬆似捆，有下墜之勢。

　　練習鷹形其勁在爪，其精在目，鷹有瞥目可察細微之物，放爪能有攫獲之精。其性外陽內陰，取之身內能起腎中之陽氣，上升補腦，穿夾脊、過三關而上入於泥丸，復其真陽之氣。練習時，若能動作自然順遂，則可真精補還於腦而使眼光明亮。若其勢悖謬，內氣不順而勉強為之，則必致真氣不能貫於四肢而陰火上升，頭眩眼赤。

　　實踐證明常練此拳，對消化不良、腎虛腰疼和各種眼疾均有一定療效。

第五章

傳統單練套路

第一節　五行進退連環拳

這是一組形意拳單練套路，它是在五行拳劈鑽崩炮橫基礎上，結合十二形中的鮀形、鼉形、虎形等動作組編而成。其特點是進退連

五行連環拳

五行進退連環拳

環，螺旋行進，套路結構嚴謹，步法靈活，技擊性強，進時追擊敵人，勇猛快速；退時迅速靈活。進也是打，退也是打。進退如潮漲潮落，勢不可擋。

這套拳練習時也應遵循定步、後跟步、再活步的練法，本書所介紹的練法屬於活步練法。

1. 預備式

身體直立，半面向右（東南），兩肩向下鬆沉，兩手臂自然下垂於大腿兩側，手心向內，指尖向下；兩腳跟併攏，左腳尖順直對正前方（東），右腳尖外撇 45°，身體看斜似正，看正似斜；兩眼平視前方。（圖 5-1）

圖 5-1

【要點】神態自然，心無雜念，凝神斂氣，全身渾然一體。頭要頂，項要豎，下頦微內收，舌頂上齶，鬆肩垂肘，涵胸拔背，氣沉丹田。

2. 起勢

兩手掌外旋使掌心向上，掌指相對從腹前向上托起至心口處，然

後向兩側分割至兩肩外側，再向上托起；同時兩腳掌蹬地，腳跟離地，兩手掌託過頭頂，吸氣。（圖 5-2）

　　上動不停，兩手掌內旋掌心向下，經胸前捋按至腹前，掌心向前下方，虎口相對，兩小臂掤圓；兩腳踏實，兩腿屈膝落胯略下蹲，氣沉丹田；目視兩掌前。（圖 5-3）

圖 5-2

圖 5-3

　　【要點】兩掌上托時，兩腳蹬地，腳跟提起，同時吸氣，氣至中脘，提肛縮腎，百會穴領起。兩掌向下捋按呼氣，氣沉丹田。

3. 三體式

　　接上式，兩腳不動，兩掌外旋變拳收至腹臍兩側，拳心均向上（圖 5-4）。重心略向左移，右拳貼胸上鑽至頦下再向前伸出，小指一側斜向上，高與口齊（圖 5-5）。

　　重心右移，左腳向前上一步，同時左拳上提至右小臂內側，然後兩拳內翻變掌，左掌從右掌上向前推出，掌心斜向右，食指高與鼻齊，右掌收至腹臍右側，掌心向下；大拇指根輕貼腹部；目視左掌（圖 5-6）。

圖 5-4　　　　　圖 5-5　　　　　圖 5-6

【要點】左腳上步與左掌推出動作要一致。左腳落步要有踩物之意，落腳如踩毒物。左掌前推右掌後捋用勁均勻。其他要點可參閱前三體式樁。

4. 拗步右崩拳

接三體式，兩掌外擰變拳，拳心均向上，兩手位置不變；左腳進步，右腳跟步至左腳後，兩腳前後距離 20～30 公分，重心偏於右腿。同時右拳從左拳上向前直拳打出，拳眼向上，高與胸平，左拳收至腹臍左側，拳心向上；目視右拳。（圖 5-7）

【要點】左腳進步要與右拳打出動作一致，拳到腳到氣勁到。右拳打出，拳臂要擰著勁向前打，鬆肩墜肘，臂不可伸直，呈淺弧形。左臂回收，左肘有後頂之意。合襠、活胯、擰腰、順肩，向前有催勁。

圖 5-7

【用法】右拳直打對方心臟，

左臂回收肘尖後頂，擊打身後抱腰者之胸肋，前打後防。

5. **退步左橫拳**（青龍出水）

接上式，左腳、右拳不動，右腳後撤一大步，重心偏前（圖 5-8）。然後重心後移，左腳順著右腳方向撤至右腳後，左腳內橫，腳尖略向內，右腳外橫，腳尖外撤，右腿略向前弓，重心略偏於右腿，兩腿相交略屈膝坐胯成剪子股式；左腳後撤時，左拳從右小臂下向前打出左橫拳，拳心向上，高與鼻齊，右拳收至右肋下，拳心向下；目視左拳（圖 5-9）。

圖 5-8 　　　　　　　　　　圖 5-9

【要點】退右腳時身體不動，右肩也不可隨向右扭轉，右腳後撤時，重心略前移，成左弓步；左腳後撤時，左腳跟虛離地面，以前腳掌擦地後撤至右腳後頓步踏實。同時左拳從右小臂下向前橫拳打出，發力時要有向前的擰鑽勁，發力呼氣、氣沉丹田，以丹田內勁催動腰身由脊背發出抖顫勁。發力後要塌腰坐胯，重心稍向前移，兩大腿內側夾緊；身體斜向右前方，左肩順，右肩合，脊背拔起，頭頂項豎，精神飽滿。

【用法】退步以左橫拳撥打對方來手，或以左拳擊打對方胸面。

6. 順步右崩拳（黑虎出洞）

左腳墊步，右腳向前進一步，左腳隨之跟進半步至右腳後，重心偏於左腿；同時右拳順著右腳方向直拳向前打出，拳心向上，高與胸平，左拳撤至腹臍左側，拳心向上，成右拳右腳在前的順步崩拳姿勢；目視右拳。（圖5-10、圖5-11）

【要點】右腳進步與右拳打出，務要整齊一致。右肩前順、左肩裡合，塌腰坐胯，頭頂項豎，脊要挺拔。

【用法】右拳直打對方心臟。

圖 5-10　　　　　　圖 5-11

7. 上步鮎形

身向右轉 45°，隨之右腳向前墊步，腳尖外擺，左腳不動，重心偏於左腿；同時兩拳於胸前右上左下相交，拳心斜向下，然後雙拳外旋收至腹臍兩側，拳心向上；目視身前（圖 5-12）。左腳向前上一步，右腳不動，重心偏於右腿；同時兩拳內翻順著腹部兩側向前下方擠打。左拳

在下，右拳在上，兩小臂相交，拳心向下，高與腹平；目
視雙拳前。（圖 5-13）

【要點】上式兩個動作要一氣呵成，兩拳抱腰，小臂
要貼緊雙肋；向前擠打，要重心後坐，拳腳齊到。

【用法】右腳上步橫踩對方前腳；兩拳臂相交回收是
吸、吞對方正面進攻來手，上左腳是先吃住對方前腿，然
後雙拳向前擠打對方小腹。形意拳講究短打、近打，鮐形
手亦屬短打、近打。

圖 5-12

圖 5-13

8. 退步大鵬展翅

身微左轉，隨之左腳向左後方退步，右腳不動，重心
略偏於左腿；同時兩拳收至腹前，拳心向下；鬆肩墜肘，
兩拳下沉勁。(圖 5-14）

上動略停，重心略向右移，同時，兩拳從腹前分向兩
側展開，右拳在上至頭上偏右；左拳分向左下方至左胯外
側偏後，兩拳心斜相對，目視右拳。（圖 5-15）

【要點】左腳退步，兩拳腹前下沉是蓄勁。兩拳向右
上左下展開是雙砸勁，丹田發勁，以腰帶動兩拳臂向兩側

圖 5-14   圖 5-15

砸出，是抖勁，力到拳背。

【用法】右拳打前，擊砸對方頭面，左拳打後，打前防後。

9. 進步左炮拳

（1）接上式，重心後移，左腳踏實右膝上提，腳尖自然下垂，成左獨立式；同時兩手外旋，左拳變掌提至胸前，掌心向上，右拳上提至右耳側，拳心向裡；目視左掌。（圖 5-16）

上動不停，右腳下落至左腳內側，震腳，重心偏於左腿；隨右腳下落，右拳略外旋下砸至左掌心上，右拳左掌合於腹前，（兩手掌心均向上），兩臂呈弧形；目視身前。（圖 5-17）

【要點】震腳與下砸拳動作整齊一致。

【用法】下砸拳是打穴位。

（2）右腳向右前方上步，左腳隨之跟進半步，重心偏於左腿，同時右拳上鑽至鼻前再內旋向外滾翻掤架，位置右額外側，拳輪與眉梢平，拳心斜向外；左拳由腰間向

圖 5-16

圖 5-17

圖 5-18

右前方（右腳尖方向）直拳打擊，拳眼向上，高與肩平；
目視左拳。（圖 5-18）

【要點】右腳進步與左拳打出要同時到位。

【用法】右拳上鑽先將對方進攻手滾翻掤開，左拳直
擊對方心臟。

10. 退步掩肘

身向左轉 45°，左腳後退半步，隨之右腳退至左腳
前，腳掌虛著地，重心偏於左腿，隨退步擰腰轉胯，右臂
同時向正前方掩肘（滾肘），轉拳心朝裡，高與鼻齊，沉
肩垂肘；左拳變掌護於右肘內側，
掌心向右；目視身前。（圖 5-19）

【要點】退步、擰腰轉胯與掩
肘動作要協調一致。掩肘是護住自
己中門，轉臂要有擰勁。

【用法】對方進步擊我胸面，
我退步化解其來勢，同時用滾肘法
攔截對方的攻擊，左手在內保護自

圖 5-19

己的心臟和腹部；前腳虛是隨時可起腳蹬踢對方。

11. 退步切掌（特形掌）

圖 5-20

接上式，左腳不動，右腳向後退一步，重心移至右腿；同時右拳變掌向後撤至右腰側，掌心向上；同時左掌從右掌上向前橫掌切出，掌心向下，掌指向右，肘臂成弧形，小臂橫於胸前；目視左掌前。（圖 5-20）

【要點】右腳退步與左掌前切動作一致，力到左掌外緣。

【用法】左掌發力擊打對方胸腹。

12. 原地右鼉形掌

圖 5-21

兩腳不動，身微左轉，隨之左掌向左前方掤架，掌心向外，食指高於眉梢，不停，左手臂外旋弧形向下劃至腹前，掌心向上，成左下鼉形掌；同時，右手臂經胸前向上向右前方掤架滾化，掌心向外，食指高於眉梢，成右上鼉形掌，臂呈弧形，鬆肩沉肘；目視右前方。（圖 5-21）

【要點】以腰帶動手臂滾動，左右鼉形掌轉換要銜接不斷，兩手臂擺動要圓活聯貫。

【用法】上手掌滾化截攔敵攻我頭面之手；下手掌向

對方腰部猛擊。

13. 退左步左鼉形掌

左腳向左後方退一步，右腳不
動，重心偏於左腿；左掌同時向左
前方滾翻攔截，手心向外，左臂呈
弧形沉肘，食指高於眉梢，成左上
鼉形掌；右掌外旋轉掌心向上，弧
形劃落至腹前，成右下鼉形掌；目
視左前方。（圖 5-22）

圖 5-22

【要點】後退時身體仍要保持正直，兩手臂上下走弧
形，含胸拔背，鬆肩垂肘，屈膝活胯塌腰，退步時既靈活
輕捷，又保持穩定，以三角步向後退步。

【用法】退步中以左胯右胯，左肩右肩靠打後方來人
的身體，退步踩後面來人的腳面，鼉形掌是對付前面進攻
手，前也是打，後也是打。

14. 退右步右鼉形掌

上動不停，右腳向右後方退一步，左腳隨之退半步至
右腳前，腳掌虛著地，重心偏於右
腿；右掌同時向右前方滾翻掤化，
掌心向外，食指高於眉梢，成右上
鼉形掌，手臂成弧形，沉肘；左掌
弧形劃落至腹前，掌心向上，成左
下鼉形掌；目視左掌。（圖
5-23）

【要點】右腳退步要與右掌向
上滾化攔截協調一致。兩手臂左右

圖 5-23

擺動要圓活聯貫。

【用法】與前鼉形掌相同。

15. 上步雙推掌

接上式，兩腳不動，右掌下落至右腹前，手心向下；同時左掌在原位置翻掌，掌心向下，兩掌虎口相對；目視身前。（圖5-24）

左腳向前半步，右腳不動，重心偏於左腿；隨上步，兩掌向前推出，左掌在上，掌心斜向前，虎口向下，掌指向右；右掌心向前，掌指斜向上，兩掌虎口上下斜相對，兩臂呈弧形，右手高與胸平；目視兩掌前。（圖5-25）

圖5-24　　　　　　　圖5-25

【要點】兩掌收至腹前（蓄勁），然後上提至胸前推出。上步推掌動作一致。

【用法】左腳上步先吃住對方前足，然後雙掌發力，推擊對方胸腹。

16. 進左步右鑽拳

接上式，左腳向前進步，右腳跟進半步至左腳後，重

心偏於右腿同時兩掌變拳，右拳從左拳上向前鑽出，拳心向上，高與鼻齊，左拳收至腹臍左側，拳心向下；目視右拳。（圖 5-26)

【要點】左腳進步與右拳前鑽要動作一致。鑽拳似電，出拳要勇猛有力，爆發力強，打著即傷。

【用法】左手下按對方來手，右拳擊打對方面部。

17. 狸貓上樹

重心前移至左腿，右腳提起，腳尖向上勾住，膝不過腰；右拳不動，左拳伸至右肘內側，拳心向上。（圖 5-27）

上動不停，右腳極力向前踩一大步，右腳落地，腳尖外撇；左腳隨之跟步，左膝蓋對右腿彎處，左腳跟離地，兩腿屈膝下蹲成剪子股式，隨右腳上步，兩拳變掌內翻左掌從右掌上向前下方劈掌，掌心向前下方，高與腹平，右掌收至腹臍右側，掌心向下；目視左掌。（圖 5-28）

【要點】右腳上提獨立步要穩，右腳前踩與左掌前劈動作完整一致。兩腿屈膝下蹲，身略前傾，但腰不可彎，

圖 5-26　　　　　圖 5-27　　　　　圖 5-28

要塌腰拔背，頭頂勁不丟，鬆肩墜肘。

【用法】右腳直踩對方小腿迎面骨，再順勢滑到腳面，左掌直擊對方心臟，腳手齊到，上下齊打，打者必傷之。

18. 行步右橫拳

左腳向前上一步，右腳不動，重心偏於右腿；同時左掌邊回邊握拳收至腹前，外旋拳心向內沿胸向上鑽至頦下向前伸出，拳心向上，高與口齊；右掌變拳收至腹臍右側，拳心向下；目視左拳。（圖 5-29）

上動不停，右腳向左腳前上一步，兩拳位置不動（圖5-30）。勢不停，左腳向左前方上一步，右腳不動，重心偏於右腿；同時右拳從左小臂下外旋擰著勁向前衝出，拳心向上，高與鼻齊；左拳內旋收至腹臍左側，拳心向下；目視右拳。（圖 5-31）

【要點】連續上三步發兩拳，上步出拳上下動作協調聯貫，勁力順達。

右拳前伸，拳心向上向外翻轉，左拳要向裡向下扣

圖 5-29　　　　　圖 5-30　　　　　圖 5-31

勁，兩手臂如同撐繩一樣，不要有絲毫鬆懈。右拳既要有前衝的力量，又要含著向外橫撥的勁，但不要過分顯露於外。兩胯要縮，兩膝要扣，腰要活，脊要正，頭要頂，身似斜，肩前順。

【用法】左腳上步左拳上鑽接對方來手。右拳橫撥化解對方來手，或用橫勁擊打對方。

19. 行步左橫拳

身微右轉，右腳向前上一步，左腳不動，重心偏於左腿；同時右拳向前橫擺，拳心向上，左拳不動；目視右拳。（圖 5-32）

上動不停，左腳向右腳前上一步，兩拳不動（圖5-33）；右腳向右前方斜角上步，左腳不動，重心偏於左腿；同時，左拳從右小臂下擰著勁向前衝出，拳心向上，高與鼻齊；右拳內旋收至腹臍右側，拳心向下；目視左拳（圖 5-34）。

【要點】第一步、第二步向前走直線，第三步向斜角45°上步，這是行步拳的基本步法。初習時可以走跟步，

圖 5-32　　　　　　圖 5-33　　　　　　圖 5-34

即打一橫拳上一步即可，進步時身體不要向上躥起，要坐胯，身體應保持平穩。第一動，右拳向前伸出要內含橫撥之勁。其他要點與 18 式相同。

【用法】與前行步右橫拳相同，惟左右相反。

20. 半步崩拳（拗步右崩拳）

身向左轉約 45°，隨之左腳向正前方上一步，右腳跟進半步至左腳後 20～30 公分處，重心偏於右腿；右拳從左拳上直拳向前打出，拳眼向上，高與胸平；左拳收至腹臍左側，拳心向上；目視右拳。（圖 5-35）

圖 5-35

【要點】左腳進步與右拳打出要整齊一致。右肩要鬆開，肘要垂，右臂不要伸直，呈淺弧形，力達拳面。

【用法】右拳直擊對方心臟。

21. 十字崩拳

上動不停，右腳向前上一步，左腳不動，重心偏於左腿；同時左拳從右拳上向前直拳打出，拳眼向上，高與胸平，右拳收至腹臍右側，拳心向上；目視左拳。（圖 5-36）

圖 5-36

【要點】右腳進步與左拳打出整齊一致。

【用法】左拳直擊對方心臟。

22. 過步崩拳

　　上動不停，左腳向前上一步，右腳不動，重心偏於右腿；同時，右拳向前直拳打出，拳眼向上，高與胸齊；左拳收至腹臍左側，拳心向上；目視右拳。（圖 5-37）

　　上動不停，右腳向前上一步，兩拳位置不動。（圖 5-38）

　　不停，左腳再向右腳前上一步，隨之右腳跟進半步至左腳後，重心偏於右腿；同時左拳直拳向前打出，拳眼向上，高與胸齊，右拳收至腹臍右側；拳心向上；目視左拳。（圖 5-39）

　　【要點】左腳上步與右拳打出整齊一致。右腳先過一步，然後上左步打左拳，動作協調聯貫。

　　【要點】上述半步崩、十字崩、過步崩是連續動作，中間不可停頓，一氣呵成。這是崩拳的行步打法。

　　【用法】用連續進步，連續崩拳追擊後退之敵。

圖 5-37　　　　　　　圖 5-38　　　　　　　圖 5-39

23. 回身式

　　身向右轉約 90°，隨轉身，右腳外擺，擰身轉胯，轉

身時兩拳變掌內旋，右掌向右胯外側下按，掌心向下；左掌從前向左側頭上掤架，掌心向上；目視身前。（圖 5-40）

上動不停，身繼續向右轉約 90°，隨之左腳向右腳左側上步，腳尖內扣，成馬步；同時左掌從上向胸前下按，掌心向前下方，同時右掌外旋變拳經右腰側上提從左掌上向前上方鑽出，拳心向上，高與鼻齊；目視右拳。（圖 5-41）

【要點】轉身上步，擺扣步要清晰，兩手上下撐圓。馬步鑽拳左手下按，右手上鑽，動作要協調。

【用法】此式是回身換式走化身法，閃化身後之敵，然後左手攔截對方來手，右拳隨即擊打敵人頭面。

圖 5-40

圖 5-41

24. 狸貓上樹

接上式，重心左移，右腳提起，腳尖向上勾住，膝不過腰，成左獨立式；同時，右拳微向前伸，左掌變拳外旋伸至右小臂內側，拳心向上；目視身前。（圖 5-42）

上動不停，身微右轉，右腳用力向前向下橫踩落地，左腳隨之跟進半步，腳跟離地，兩腿屈膝略下蹲，成前腳

（右）橫，後腳（左）順的半坐盤步；同時，左拳順著右
小臂內側上伸至兩拳接近時，兩拳翻轉變掌，左掌從右掌
上向前向下劈出，掌心向前下方，高與腹平，右掌收至腹
前，掌心向下；目視左掌前。（圖 5-43）

　　【要點】右腳前蹬，左腿不可伸直，保持平衡穩定。
右腳前落與左掌前劈動作整齊一致。兩腿相交坐盤時，後
腿膝蓋要與前膝後窩抵緊。頭要頂，肩要鬆，肘要垂，腰
要塌，脊要正。

　　【用法】右腳直踩對方小腿之迎面骨，再順勢滑到其
腳面，毀之四梢，左掌直擊對方心窩，腳手齊到，上下齊
打。

圖 5-42　　　　　圖 5-43

25. 拗步右崩拳

　　身微左轉，右腳墊步，左腳向前進一步，隨之右腳跟
進半步至左腳後 20～30 公分處，重心偏於右腿；同時，
兩掌外翻變拳，拳心向上，右拳從右腹側上提沿左小臂內
側，從左拳上直拳向前打出，拳眼向上，高與胸平，左拳
收至腹臍左側，拳心向上；目視右拳。（圖 5-44）

圖 5-44

【要點與用法】與前第 4 式「拗步右崩拳」相同，惟方向相反。

以上是五行進退連環拳單行動作說明，如果繼續向原來方向回打時，可接第 25 式拗步右崩拳，再接著打第 26 式退步橫拳（青龍出水）至第 47 式退步橫拳（青龍出水）。

以上拳式與第 25～26 式完全一樣，惟行進方向相反，為了節省篇幅，相同的動作不再重述，請參閱前面相關動作說明及圖照。

26. 收勢

接第 47 式，左腳向前上步，右腳不動，重心偏於右腿；兩拳變掌向兩側伸展，掌心向上，接著兩手向上托舉過頂，吸氣，然後兩手略內旋合於頭前，再經胸前向下捋按至腹前，呼氣；兩掌變拳，拳心向下，虎口向裡，兩臂撐圓；目視身前。（圖 5-45、圖 5-46）

圖 5-45

圖 5-46

圖 5-47

　　上動略停，重心前移至左腿，右腳前提至左腳內側並步身體起立，兩拳變掌收至大腿兩側，手心向內，指尖向下，兩眼平視前方，呼氣，全身放鬆恢復預備式姿勢。（圖 5-47）

　　【要點】收勢要穩，兩手上托時吸氣，兩手下捋時呼氣，氣沉丹田，全身放鬆。其他要點與劈拳收勢相同。

第二節　八式拳

　　八式拳是形意門比較古老的傳統套路，形意拳各流派多有傳承，因流傳日久，練法有所區別。本書介紹的八式拳是由張鴻慶先生所傳，這套拳結構嚴謹，動作古樸簡練，勁道渾

八式拳

厚，招法清晰，是形意拳中不可多得的技擊性極強的組合套路。可以說該拳招招不是虛構，式式可用於技擊，且可舉一反三，變幻莫測。學者練習純熟，自可深悟之。

　　1. 預備式
　　同五行進退連環拳預備式（參閱圖 5-1）。

　　2. 起勢
　　同五行進退連環拳起勢（參閱圖 5-2、圖 5-3）。

　　3. 三體式
　　同五行進退連環拳三體式（參閱圖 5-4～圖 5-6）。

　　4. 鷂子入林
　　接三體式，身微右轉，右腳後退半步，隨之左腳退至

右腳前，腳尖虛著地；隨左腳後退，兩掌變拳，左手臂外旋掩肘至胸前，小臂直豎，肘尖下垂，拳心斜向內，右手不動。（圖 5-48）

上動不停，左腳向前上一步，隨之右腳向左腳前上步（蓋步），腳尖外展，兩腿交叉屈膝略下蹲；隨上步左拳臂向前橫撩，拳心向下，右拳隨之從左小臂上向前下插，拳心斜向上；目視右拳前。（圖 5-49、圖 5-50）

圖 5-48　　　　　　圖 5-49　　　　　　圖 5-50

【要點】退步掩肘，左手臂要有擰鑽勁；蓋步插手，右腳步要橫，右拳向前下插，力到拳面。

【用法】掩手攔截對方正面攻擊手。

蓋步踩踏對方前腿迎面骨，插手打襠。

5. 穿林走

左前向前上一步，右腳不動，重心偏於右腿，同時左拳向前撩崩，拳眼向上，高與腹平；右拳收至腹右側，拳心向裡；目視左拳。（圖 5-51）

【要點】上步撩拳如蛇形拳，力達手臂上側，用腰發力，帶動手臂向前抽擊。

【用法】抽擊對方襠腹。

6. 鷂子鑽天（順步右炮拳）

接上式，左腳後退一步，隨之右腳退至左腳前，腳尖著地；同時右拳前伸至左拳上，不停，兩拳外旋回收至腹臍兩側，拳心均向上。（圖 5-52）

上動不停，右腳向前上一步，左腳跟進半步至右腳後20～30 公分，重心偏於左腿；同時右拳向前直拳打出，拳眼向上，略高於肩；左拳同時上鑽至鼻前，然後向外撐翻掤架至左額外側，拳心向外；目視右拳。（圖 5-53）

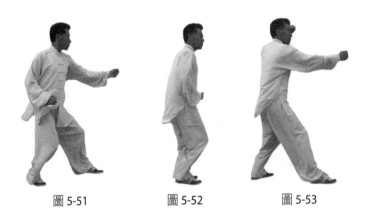

圖 5-51　　　　圖 5-52　　　　圖 5-53

【要點】兩拳回收要擰轉有吸勁。

上步打拳腳到拳到整齊一致，力到拳面。

【用法】對方拳擊我胸腹，我以兩拳臂接住來手，順勢吸化其來手；敵若後退我順勢步入中門拳擊敵之頭面。

7. 上步搬肘打砸手

身微左轉，隨之左腳向前上步，腳尖外擺，右腳不動，重心偏於右腿；同時左拳變掌劃至右肩前，手心向外；同時右拳伸至左胯外側，尺骨一側緊貼左腹部，兩手

臂於胸前交叉，左手臂在上，右手臂在下；目視右前方。
（圖 5-54）

　　上動不停，右腳向前上一步，左腳不動，重心偏於左
腿，成三體式；隨上步右拳反拳向前砸出，拳心向上，高
與鼻平；同時左拳收至左腰側，拳心向下；目視右拳。
（圖 5-55）

　　【要點】上步合手，兩臂抱緊；右拳向前掄砸，拳臂
走弧線，力到拳背。

　　【用法】若對方以右拳擊我胸，我以左手從對方來手
外環攔截（搬攔），隨之我以右拳反拳砸擊對方之頭面。
另外下盤左腳擺腳、右腳上步都暗含有腿（踩踢）法。

圖 5-54　　　　　　　　　　圖 5-55

8. 順步左崩拳

　　身微右轉，左腳向前上一大步，右腳隨之跟進半步至
左腳後，重心偏於右腿；同時，右拳微內扣回收至右腹
側，拳心偏向內，小臂貼靠腹部；同時左拳直拳向前打
出，拳眼向上，高與胸平；目視左拳。（圖 5-56）

　　【要點】右拳回挽、左拳打擊，左腳上步動作聯貫，

力到拳面。

【用法】若對方以左直拳擊我胸腹，我以右拳內旋按其腕臂，隨之以左直拳擊其胸腹。

9. 青龍探爪（並步右穿掌）

左腳向前上一步，右腳跟進至左腳內側與左腳並步，重心偏於左腿；同時左拳變掌下按收至左腹側，手心向下；同時由拳變掌略外旋從左掌上向前穿出，手心向上，指尖向前，高與鼻齊；目視右手。（圖 5-57）

【要點】左手前穿時，手臂要有擰鑽勁，力到指尖；右腳落步可震腳助力。

【用法】若敵以右手擊我胸面，我可以左手下按其手臂，隨即用右手前穿對方之喉鼻眼部。

圖 5-56　　　　　　　圖 5-57

10. 單風貫耳（右擺拳）

右腳向後退一步，同時右掌變拳先向左劃（挽）再向下收至右腹側，拳心向下；上動不停，左腳向後退一步至右腳前，腳尖虛點地，隨左腳退步，左掌變拳從腹前向左上劃，然後拳臂外旋向胸前劃挽，左臂呈淺弧形，拳高與

胸平（圖 5-58、圖 5-59）。此式名曰「廣肘」。

　　上動不停，左腳向前上半步，同時左拳收至左腹側，拳心向上；隨之右腳向前上一步，左腳不動，重心偏於左腿；同時右拳從右腹側向右上弧形劃擺至右額前，拳心向下，力到拳眼一側；目視右拳（圖 5-60）。此式名曰「單風貫耳」。

圖 5-58　　　　　　圖 5-59　　　　　　圖 5-60

　　【要點】此式左右腳連續退步進步，步法要活，隨進退步左右拳裡挽外擺，手臂走弧線。

　　【用法】此式為防守反擊之用法。如敵以左順步拳擊我胸面時，我用右手從其來手外環向內化挽（攔截），同時退右步；敵見我退步，又上右步以右拳擊我上部，我隨之退左步，同時以左手臂向內化挽攔截其來手，然後迅速上右步以右擺拳擊打敵之左太陽穴。

　　此式前半部為形意門之「化手」，此處為裡化手，同時化中有打，退中有進，靈活運用。

　　11.　白馬翻蹄（馬形炮）

　　接上式，右腳向後退一步；同時右拳外旋向裡挽手

（掩肘），然後內旋向下收至右
腹側，拳心向下；上動不停，左
腳向後退步至右腳內側偏前，腳
尖虛點地；隨左腳退步，左拳從
下向外向上弧形上劃，然後手臂
外旋向胸前掩肘，小臂直豎，肘
尖下垂，拳高與鼻平；目視左拳
前。（圖 5-61）

圖 5-61

　　上動略停，左腳向左前方斜角上半步（墊步）；同時
左肘下沉從上向下劃，小臂尺骨一側與左肋摩擦，左拳劃
至左腰側，拳心向上，然後左拳內旋向外向上向前劃擺，
拳心向下，位置左胸前；同時右腳向前上一步，左腳不
動，重心偏於左腿，右拳不動；目視左拳。（圖 5-62、
圖 5-63）

　　上動不停，左腳繼續向左前方上一步，右腳不動，重
心偏於右腿，同時左拳回落收至左胸前，拳心向下；同時
右拳上提從胸前向前平拳打出，拳心向下，高與胸平；目
視右拳。（圖 5-64）

圖 5-62　　　　　　圖 5-63　　　　　　圖 5-64

【要點】左右退步與左右化手，上下動作要協調聯貫。上左步打右拳，整齊一致，力到拳面。

【用法】單風貫耳是正面化手。白馬翻蹄是斜行化打，此式是連續退步化解對方左右手對我上盤進攻之後，突然向對方右側閃化，斜行進步，同時以右拳擊打對方右額或面部。

12. 左右橫拳

（1）身微右轉，左腳後撤半步，右腳不動，重心偏於左腿；同時左拳伸至右小臂下外翻擰著勁向前衝出，拳心向上，高與鼻齊；同時右拳下落收至右腹側，拳心向下；目視左拳。（圖5-65）

（2）上動略停，左腳不動，右腳向前半步，重心移至左腿；同時右拳外擰從左小臂下向前衝出，拳心向上，高與鼻齊；左拳同時內翻下落收至左腹側，拳心向下；目視右拳。（圖5-66）

【要點】左右橫拳出手，兩手臂要有擰轉勁，向前是擰鑽勁，直中有橫；向後時內翻，有擄帶勁。

圖5-65　　　　　　　　圖5-66

【用法】動作（1）是近身打法，當我以右拳擊敵胸面時，敵若以右手接我右拳，我可擰身拗步，以我右手臂化解敵之接手；同時我用左橫拳擊打敵之右肋、腹部。也可用我左拳臂挑打敵接我右拳的右手臂；然後用動作（2）的打法，以右橫拳打敵左肋或腹部。

13. 金雞播米（含右崩拳）

（1）接上式，兩腳不動，身微左轉，然後再向右轉（東），隨身左轉重心左移，右拳同時內旋向下向左後劃弧，然後隨身右轉，右腳提起向前下落震腳，隨右腳下落，左膝提起，高不過腰，成右獨立式；隨右腳下落震腳，右拳同時從左下向上向前外旋反背向前掄砸，拳心向上，高與胸平，力到拳臂，不停，右拳收至右腹側，拳心向上；同時，左拳變掌從右拳上向前橫掌推出，掌心向前下方，指尖向右；位至左膝上略偏前；目視左手前。（圖5-67～圖5-69）

【要點】震腳反砸捶、推左掌這三個動作要聯貫，一氣呵成。

圖 5-67　　　　　圖 5-68　　　　　圖 5-69

【用法】該動作是對付身右之敵偷襲，若對方以右拳擊我右背時，我以右拳反砸其小臂或大臂之要穴。震腳一是助力，二是可踩踏敵之腳面。接上動，當我與敵之右手臂相接觸時，可順其勁向右擴其手腕，同時用左掌頓擊敵右上臂，敵上臂必折，此處右手接手時，要有一個纏腕擴帶之勁。

圖 5-70

（2）上動不停，左腳向前進步，右腳跟進半步至左腳後，重心偏於右腿；同時右拳直拳向前打出，拳眼向上，高與胸平；左掌護於右小臂內側，掌心向右；目視右拳。（圖 5-70）

【要點】進步打拳整齊一致，力到拳面。

【用法】該動是直拳擊打敵之心臟。

14. 馬形炮

（1）左腳向後退一步，隨之右腳退至左腳前約 20 公分，前腳掌虛著地，體重完全落於左腿；當左腳後退時，左手沿右小臂上向前抹至右拳面，然後左掌右拳同時外旋上翻，左掌翻至右拳下，手心向下輕托右拳背，右拳心亦向上；上動不停，隨右腳後退，兩手收至腹前，左掌右拳（右上左下）手心均向上，兩小臂撐圓；目視身前。（圖 5-71、圖 5-72）

【要點】左右腳退步與左掌右拳外翻回收，上下動作要聯貫，不能停頓。

【用法】該動是拿法，當對方抓住我右手腕時，我左手從我右手下拿住對方抓我右手之手腕，然後我左右手同時外旋上翻，可破解對方抓拿我之手。

（2）上動不停，右腳向前上一步，左腳隨之跟進半步，體重偏於左腿；同時左拳沿胸上鑽至鼻前然後向外撐翻搠架至左額外側，拳心向外；右拳同時向前直拳打出，拳眼向上，高與肩平；目視右拳。（圖 5-73）

【要點】右腳上步右拳打出，整齊一致，右肩前順，力到拳面。

【用法】上步打拳直擊對方心臟。

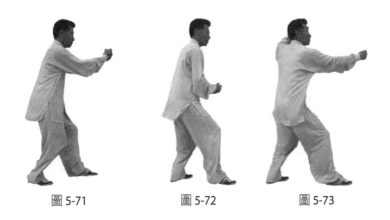

圖 5-71　　　　圖 5-72　　　　圖 5-73

15. 青龍出水（原地橫拳）

接上式，身向右轉約 45°，右腳尖外撇，左腳跟向外磨轉，腳尖微向內橫，兩腿交叉略屈膝下蹲成剪子股式，右腿微向前弓，重心略偏於右腿；同時，左拳下劃至右小臂下，外撐，從右拳臂下向前衝出，拳心向上，高與鼻齊；右拳同時撤至右腹側，拳心向下；目視左拳。（圖

5-74）

【要點】身體向右轉時，要擰腰轉胯。左拳前衝要有擰鑽勁，內涵橫撥勁；右拳回撤有擄勁，兩拳臂如同擰繩，勁不可鬆懈。

左拳打出時腰要塌，胯要坐住，頭頂項豎，鬆肩垂肘，氣沉丹田，精神飽滿有氣勢。

【用法】如與敵接近，若敵抓住我右手臂，我右手不動，先擰腰化解敵之拿勁，同時順勢以左拳或左小臂擊打敵之肋腹，注意此法多用腰勁帶動手臂發力。

16. 龍虎交遇

重心前移，右腿站穩，左腳由地面屈膝提起，再向前蹬出，腳尖上翹，腳跟用力；同時，右拳直拳向前打出，拳眼向上，高與胸平；左拳同時撤至左腹側，拳心向上；目視前方。（圖 5-75）

【要點】打右拳，蹬左腳，速度要快；右腿微屈，左腿蹬直，身體要平衡穩定；左腳蹬出時要勾腳尖，腳跟用力向前蹬出。

【用法】接上式，我左橫拳打出後，敵若後退，我可

圖 5-74　　　　　　　　圖 5-75

迅速起身提腿腳蹬對方襠腹；同時，右拳擊打對方心臟。

17. 左右順步崩拳

上動不停，左腳下落，同時左拳向前直拳打出，拳眼向上，高與胸平，同時右拳撤至右腹側，拳心向上；上動不停，右腳向前上一步，隨之左腳向前跟進半步，屈膝半蹲，體重偏於左腿；同時，右拳直拳向前打出，拳心向上，高與胸平，左拳撤至左腹側，拳心向上；目視右拳。（圖 5-76、圖 5-77）

圖 5-76　　　　　　　　圖 5-77

【要點】左右腳連續進步，兩拳輪換打出順步崩拳，動作要快捷，勁力順達。

【用法】連續上步，同時左右連珠打出崩拳，追擊後退之敵。

18. 上步鮐形

接上式，身向右轉 45°（東南角），同時右腳外擺，左腳不動，重心偏於左腿；隨之左手拳略向前伸與右拳（左下右上）於胸前交叉，拳心均向下，不停，兩拳臂外旋撤至腹臍兩側，拳心均向上；目視身前。（圖 5-78）

上動不停，左腳向右腳前上一步，右腳不動，重心偏於右腿；隨上步兩拳內旋下翻，拳臂相交（左下右上）向前下方捶擊，拳心均向下，位至腹前；目視兩拳前。（圖5-79）

【要點】轉身擺腳、收拳動作要協調聯貫。上步擊拳力到拳面。

【用法】雙拳回收是吸吞對方擊我胸腹來拳。敵若後退我可順勢進步用雙拳擊其腹。

圖 5-78　　　　　　　圖 5-79

19. 退步大鵬展翅

接上式，身微左轉，隨之左腳向左後方撤一步，右腳不動，重心略偏於左腿；同時兩拳收至腹前（左下右上）拳心均向下，鬆肩垂肘，塌腰坐胯，兩拳下沉勁；目視身前。（圖 5-80）

上動略停，重心微向右移，同時兩拳上翻從腹前向身體兩側展開，右拳在上，位至右額外側偏上；左拳分向左胯外側偏後，兩臂呈弧形，兩拳心上下斜相對；目視右拳。（圖 5-81）

【要點】左腳撤步，兩拳腹前下沉是蓄勁。兩拳上翻向右上左下掄砸，丹田發勁，以腰帶動兩拳臂向兩側砸出，用抖勁。

【用法】右拳打前，擊砸對方頭面，左拳打後，打前防後。

圖 5-80　　　　　圖 5-81　　　　　圖 5-82

20. 翻身炮

（1）接上式，重心後移，左腿站穩，右腿屈膝上提，腳尖自然下垂，膝高不過腰，成左獨立式；同時兩手臂外旋，左拳變掌提至胸前，掌心向上，右拳上提至右耳側，拳心偏向裡；目視左手。（圖 5-82）

上動不停，右腳下落至左腳內側，震腳，重心偏於左腿；隨右腳下落，右拳略外旋下砸至左掌心上，右拳左掌合於腹前（兩手心均向上），兩臂呈弧形；目視身前。（圖 5-83）

【要點】提右膝與兩手上提，動作要協調一致，獨立步要穩；震右腳

圖 5-83

下砸拳動作整齊一致，震腳，砸捶兩響成一響。

【用法】右拳下砸是打穴法。如對方出左拳擊我胸，我以左手從其來手外環接手，然後反拿其腕，同時我右拳下砸其上下臂之要穴。

圖 5-84

（2）上動略停，雙腳蹬地，身體騰空躍起向右轉 135°（面南），雙腳同時落地，面向南成馬步；同時左拳直拳向身體左側打出，拳眼向上，高與肩平；同時右拳向上掤架至右額右前方，拳心向外，墜肘；目視左拳。（圖 5-84）

【要點】翻身要快，落地要穩。

【用法】如有人從背後襲擊，我迅速轉身，以右手接其來手向右側擄帶，同時以左拳擊打對方胸肋。

21. 上步鑽拳

接上式，身向左轉 90°（面東），隨之左腳尖外撇 45°，右腳不動，重心偏於右腿；同時左拳變掌外旋向前探掌，掌心向上，指尖向前，高與鼻齊，右拳同時外旋下落收至右腹側，拳心向上；目視左掌。（圖 5-85）

上動不停，右腳向前上一步，左腳隨之向前跟進半步，重心偏於左腿；隨右腳上步，左手翻掌下按，右拳從左掌上向前鑽出，拳心向上，高與口齊，左掌變拳撤至左腹側，拳心向下；目視右拳。（圖 5-86）

【要點】轉身探掌，穿掌有向前的撐鑽勁。上步鑽拳要快捷，「鑽拳似電」步到拳到，力到拳面。

圖 5-85　　　　　　　　　　　　圖 5-86

【用法】穿手擊敵喉面，下擺腳可蹬踏對方膝脛及腳面。如敵以右拳擊我前胸，我以左手扣住來手腕臂，同時，上步鑽右拳擊敵胸面。

22. 左右金雞抖翎

（1）身向左轉約 90°（面北），左腿向左側退半步，右腿隨之稍向左撤，兩腳均橫，成左重右輕的半馬步；同時右拳臂外旋向胸前裹肘，拳心向裡；左拳臂同時劃至右肘前與右臂相交，拳心向裡，上動不停，右拳內旋從胸前向右下方撐開，停於右胯外側，拳心向下，右臂成

圖 5-87　　　　　　圖 5-88　　　　　　圖 5-89

弧形；左拳屈肘撐到左額左前方，拳心向外；目視右拳。
（圖5-87～圖5-89）

　　（2）上動不停，左拳臂向胸前裹肘，拳心向裡；右拳臂同時劃至左肘前與左臂相交，拳心向裡；上動不停，右腿向右側退半步，左腿隨之稍向右撤，兩腳均橫，成右重左輕的半馬步；同時，左拳內旋從胸前向左下方撐開，停於左胯外，拳心向下，左臂成弧形；右拳屈肘撐到右額右前方，拳心向外；目視左拳。（圖5-90～圖5-92）

　　【要點】動作（1）兩拳臂於胸前相交是蓄勁；然後兩拳向右上左下撐開，力量均衡用腰勁，丹田抖動，力到拳臂。撤步有肩胯靠打之意。

　　動作（2）與動作（1）相同，左右式不同。

　　【用法】合肘是裹攔對方正面來手攻擊。右手向上採捋對方攻我頭面之手，左拳擊敵腹肋。若敵近身，接敵來手向上採捋後，進步貼敵身，可用肩胯靠打其身。

　　動作（2）與動作（1）相同，惟左右相反。

圖 5-90

圖 5-91

圖 5-92

23. 虎擺尾

兩腳不動，身微右轉，同時左拳外旋向上劃至面前，拳心向裡；右拳外旋撤至右腹側，拳心向上；上動不停，身向左轉約 90°（西），隨之左腳向前上半步，右腳微向前跟步，重心偏於右腿；同時左拳從面前劃落至腹前再向前撩出，拳眼向上，高與腹平，力到拳背，右拳不動；目視左拳。（圖 5-93、圖 5-94）

【要點】身向右轉要擰腰轉胯，右拳下落左拳上裹都要有擰勁。

左拳先從面前向下向前走一弧形，再向前發勁，丹田抖動，用腰帶動拳臂發出抽打勁。

【用法】轉身是閃化對方進攻身法。圖 5-94 是撩打抽擊對方腹部或下陰部，其力點在拳背處。

圖 5-93　　　　　　　　圖 5-94

24. 鷂子入林

接上式，右腳向左腳前上步（蓋步），腳尖外撇約 45°，左腳不動，兩腿交叉屈膝略下蹲，重心在兩腿中間；左拳略回撤至腹前，拳心向下；右拳外旋從左拳臂上

向前下插，拳心斜向上；目視右拳前。（圖5-95）

【要點】蓋步插手右腳落步腳要橫擺，右拳下插力到拳面。

【用法】若對方以右拳擊我腹部，我即以左手下按其來手，同時以右拳擊敵胸腹，右腳蓋步是橫蹬敵之膝脛，這是手腳並用的打法。

圖 5-95

以上是八式拳單行動作說明，如果繼續向原來方向回打拳式與第5～23式完全相同，惟進行方向相反，為了節省篇幅，相同的動作不再重述，請練習者參閱前面相關動作說明及圖照。

25. 回身換影

接上式，兩腳不動，兩拳變掌，左手屈臂回收左掌劃至右肩前，掌心向下；右掌同時從左腋下向前穿出，掌心向上，指尖向前；目視右手。（圖5-96）

圖 5-96　　　　圖 5-97

　　上動不停，身向右轉 180°（西），同時左腳尖內扣，右腳尖外擺；隨之左手外旋從右腋下向前穿出，掌心向上，指尖向前，右掌內旋翻掌劃至左肩前，掌心向下；目視左手前。（圖 5-97）

　　上動不停，左腳向右腳前上步，腳尖回扣，身繼續向右轉 180°（東），隨之右腳向前上半步，腳尖向前，左腳不動，重心偏於左腿；隨轉身左手內旋劃至胸前，掌心向裡，指尖向上，小臂直豎，肘尖下垂；同時右手先內旋下落手背貼右肋向身後反背插手，然後隨右腳上步，右手外旋向前穿掌，掌心向上，指尖向前，高與鼻齊，左掌下落收至左腹側，掌心向下；目視右掌。（圖 5-98、圖 5-99）

　　上動不停，右腳後撤一步，左腳不動，重心偏於右腿；隨右腳回撤，左掌從右掌上向前劈出，掌心向前，略偏右，掌指向上，高與鼻齊，同時右掌內旋撤至右腹側，掌心向下；目視左手。（圖 5-100）

　　【要點】回身換影轉動要靈活敏捷，左右穿手上下翻

圖 5-98　　　　　　圖 5-99　　　　　　圖 5-100

掌要快捷；右掌後插掌背貼肋，擰腰順肩以擰鑽勁向前穿掌。

【用法】回身換影是用身形晃動，左右穿手、抽身換影，指東打西之法，應對前後之敵的進攻。

26. 收勢

動作說明及要點與五行進退連環拳收勢基本相同。（參閱圖 5-45～圖 5-47）

第三節　十二形合演拳

十二形合演拳

十二形合演拳是形意門中流傳較少的一個傳統套路。由於師承不同，各流派練法有異。本書介紹的這套十二形合演拳是由張鴻慶先生再傳弟子吳桂忠老師（褚廣發高徒）晚年所傳。

這套十二形合演拳綜合力五行拳、十二形拳的基本練法，適當吸收了八式、五行連環拳的個別動作內容，較一般形意拳單練套路，動作要複雜很多，增加了一定難度。其主要特點是：結構複雜，運動量大，動靜分明，剛柔兼備。

練好這套拳，先要求打好五行拳、十二形拳的基礎，循序漸進，方得其妙。

練習方法也應是先練定步，後跟步，再練活步。練習純熟後可成套練習，也可隨意抽出其中幾個勢子單獨演練，練習方式可隨自己習慣靈活掌握。十二形合演拳為我

們習練形意拳者提供了一個拓展練法，提高技藝的好平台，習者可舉一反三，當有所悟。

1. 預備式

同五行連環拳預備式（參閱圖 5-1）。

2. 起勢

同五行連環拳起勢（參閱圖 5-2、圖 5-3）。

3. 三體式

同五行連環拳之三體式（參閱圖 5-4～圖 5-6）。

4. 鷂子入林

接三體式，左腳向前墊半步，同時右手前伸與左手齊，手心向下，不停，雙手邊回邊外旋收至腹臍兩側，翻掌變拳，拳心向上；上動不停，右腳向前上一步，同時右拳貼胸上鑽至頦下，再向前鑽出，拳心向上，高與口齊。（圖 5-101～圖 5-103）

上動不停，左腳向前上一步，右腳隨之跟進半步，重心偏於右腿；隨左腳上步，左拳向前直拳打出，拳眼向上，高與肩平，右拳同時內旋向上擰鑽掤架至右額外側，拳心向外；目視左拳。（圖 5-104）

圖 5-101　　　　圖 5-102　　　　圖 5-103

圖 5-104　　　　　　　　圖 5-105

【要點】左腳墊步、雙手回收；右腳上步鑽右拳；上左步打出左直拳，這三步兩拳是一套組合拳，動作聯貫，中間不可停頓，要一氣呵成。

【用法】若對方打我前胸，我雙手向後捋帶來手臂，敵若後退，我隨之進步右鑽拳左直拳連續攻擊對方上盤。

5. 並步砸捶

身微左轉，左腳不動，右腳前提向左腳內側落步震腳，與左腳並步；同時右拳外旋向前砸出，拳心斜向內位至鼻前約 30 公分，左拳收至左腹側，拳心向上；目視右拳。（圖 5-105）

【要點】並步震腳發力，動作整齊，勁力完整，屈膝鬆胯、塌腰、含胸拔背，身體不可前撲。

【用法】捶擊頭面。

6. 馬形炮（白馬翻蹄）

（1）接上式，右腳向後退一步；同時右拳外旋向胸前掩肘，然後內旋向下收至右腹側，拳心向下；上動不停，左腳向後退步至右腳稍前，腳尖虛著地；隨左腳退

步，左拳從下向外向上弧形上
劃，然後手臂外旋向胸前掩肘，
立肘，肘尖下垂；左拳位至左肩
前約 30 公分處；目視左拳。（圖
5-106）

圖 5-106

　（2）上動略停，左腳向左前
方上半步，同時左拳先內旋向
下，再向上弧形劃至左胸前；同
時右腳向前上一步，左腳不動，
重心偏於左腿，右拳不動；目視左前方。（圖 5-107、圖
5-108）

　（3）上動不停，左腳繼續向左前方上一步，右腳不
動，重心偏於右腿；同時左拳回落收至左胸前，拳心向
下，右拳同時上提從胸前平拳打出，拳心向下，高與胸
平；目視右拳。（圖 5-109）

　【要點】左右退步與左右化手，上下動作要協調聯
貫。上左步打右拳整齊一致，力到拳面。

圖 5-107

圖 5-108

圖 5-109

【用法】先退步化解對方攻擊，突然上步出右拳打敵頭面。

7. 左右橫拳

接上式，身向右轉約 45°（東），隨之左腳後撤一步，右腳不動，重心偏於左腿；同時，左拳從右拳臂下向前衝出，拳心向上，高與鼻齊；同時，右拳下落收至右腹側，拳心向下；目視左拳。（圖 5-110）

上動不停，右腳向前上半步，左腳微向前跟步，重心偏於左腿；同時，右拳從左拳臂下向前衝出，拳心向上，高與鼻齊，左拳同時內翻下落收至左腹側，拳心向下；目視右拳。（圖 5-111）

圖 5-110 　　　　　　　圖 5-111

【要點】左右橫拳出手，兩手臂要有擰轉勁，如同擰繩子兩手絲毫不能鬆解。

【用法】當我以右拳擊敵胸面時，敵若以右手接我右拳，我即以左拳從其來手下方向前橫擊，化解敵之來手；敵若再接我左手，我可迅速以右拳臂向前撥打。這是即攔

即打之法。

8. 金雞播米

接上式，兩腳不動，身微左轉，然後再向右轉（東），隨身左轉重心左移，右拳同時內旋向下向左後劃弧；然後隨身右轉，右腳提起向前下落震腳，隨右腳下落左膝提起，膝高不過腰，成右獨立步；隨右腳下落震腳，右拳同時從左下向上向前外旋反背向前掄砸，拳心向上，高與胸平，力到拳背，不停，右拳收至右腹側，拳心向上；同時，左拳變掌從右拳上向前橫掌推出，掌心向前下方，指尖向右，位至左膝上略偏前；目視左手前。（圖5-112～圖5-114）

圖 5-112　　　　　圖 5-113　　　　　圖 5-114

【要點】震腳、反手砸捶、左掌橫推，這三個動作要聯貫，不能停頓。

【用法】如對方以左拳擊我前身，我以右拳從來手臂外環向裡劃撥，順勢用反背捶砸擊對方頭面；對方若接我的右手，我即以左掌擊敵胸腹。

9. 右崩拳

圖 5-115

接上式，左腳向前落步，右腳隨之跟進半步至左腳後，重心偏於右腿；同時右拳向前打出，拳眼向上，高與胸平，左掌護於右小臂內側，掌心向右，掌指向上；目視右拳。（圖 5-115）

【要點】左腳前落，右拳打出，動作整齊一致，力到拳面。

【用法】直拳擊打對方心臟。

10. 馬袖炮

（1）左腳向後退一步，隨之右腳跟至左腳前約 20 公分，前腳掌虛著地，體重完全落於左腿；當左腳後退時，左手沿右小臂上向前抹至右拳面，左掌右拳同時外旋上翻，左掌翻至右拳下，手心向上輕托右拳背，右拳心亦朝上；上動不停，隨右腳後退，兩手收至腹前；左掌右拳（右上左下）手心均向上，兩臂呈弧形；目視身前。（圖5-116、圖 5-117）

（2）上動不停，右腳向前上一步，左腳隨之跟進半步，重心偏於左腿；同時左拳沿胸上鑽至鼻上，後向外撐翻掤架至左額外側，拳心向外；右拳同時向前直拳打出，拳眼向上，高與肩平；目視右拳。（圖 5-118）

【要點】左右腳退步與兩手回收，動作要聯貫、上步打拳整齊一致，右腳前順，力達拳面。

【用法】動作（1）是拿法，當對方抓住我右腕時，我左手從右手下拿住對方抓我右手之手腕，然後我兩手同

圖 5-116　　　　　圖 5-117　　　　　圖 5-118

時外旋上翻，可破解對方抓拿我之手。動作（2）順勢上步進中門直擊對方心臟。

11. 進步左右崩拳

（1）接上式，左腳向前上一步，右腳跟至左腳後，重心偏於右腿；同時左拳從右拳上直拳向前打出，拳眼向上，高與胸平，右拳收至右腹側，拳心向上；目視左拳。（圖 5-119）

（2）右腳向前上一步，左腳跟至右腳後，重心偏於左腿，右拳同時從左拳上直拳向前打出，拳眼向上，高與胸

圖 5-119　　　　　　圖 5-120

平，左拳收至左腹側，拳心向上；目視右拳。（圖 5-120）

【要點】左右連續上步，打出順步崩拳，動作快捷，勁力飽滿。

【用法】連續上步，同時左右連珠打出直崩追擊後退之敵。

【注意】此式也可以打出行步連環崩拳的練法。

12. 上步鮐形

接上式，身向右轉 45°（東南），同時右腳外擺，左腳不動，重心偏於左腿；隨之左手拳略向前伸與右拳（左下右上）於胸前相交，拳心均向下，不停，兩拳臂外旋撤至腹臍兩側，拳心均向上；目視身前。（圖 5-121）

上動不停，左腳向前上一步，右腳不動，重心偏於右腿；隨上步兩拳內旋下翻，拳臂相交（右上左下）向前下方捶擊，拳心均向下，位至腹前；目視兩拳前。（圖 5-122）

【要點】轉身擺腳、收拳動作要聯貫協調一致。上步擊捶，雙拳力量均勻，力到拳面。雙拳前擊時，兩小臂要

圖 5-121

圖 5-122

與兩肋相摩。

【用法】雙拳回收是吞吸對方擊我胸腹來拳。敵若後退我可順勢進步用雙拳擊敵胸腹。

13. 退步大鵬展翅

接上式，身微左轉，隨之左腳向左後方撤一步，右腳不動，重心略偏於左腿；同時兩拳收至腹前（左下右上），拳心均向下，鬆肩垂肘，塌腰坐胯，兩拳下沉勁，兩臂呈弧形；目視身前。（圖 5-123）

上式略停，重心微向右移，兩拳同時上翻從腹前向身體兩側展開，右拳在上，位至右額外側偏上；左拳劃至左胯外側略偏後，兩臂呈弧形，兩拳心上下斜相對；目視右拳。（圖 5-124）

圖 5-123　　　　圖 5-124

【要點】左腳撤步，兩拳收至腹前下沉是蓄勁，塌腰坐胯。兩拳向兩側掄砸，丹田發勁，以腰帶動兩拳臂發出抖勁。

【用法】右拳打前，擊敵頭面，左拳打後，打前防後。

14. 進步左炮拳

（1）接上式，重心左移，身微右轉，左腿站穩，右腳提起，腳尖自然下垂，成左獨立式，同時兩手略外旋，左拳變掌劃至胸前，掌心向上，右拳上提至右耳側，拳心向裡；目視左掌。（圖 5-125）

上動不停，右腳下落至左腳內側震腳，重心偏於左腿；隨右腳下落，右拳略外旋下砸至左掌心上，右拳左掌合於腹前，兩臂呈弧形；目視身前。（圖 5-126）

【要點】震腳下砸拳動作整齊一致。

【用法】下砸拳是打穴位。

（2）右腳向右前方上一步，左腳隨之跟進半步，重心偏於左腿；同時右拳上鑽至鼻前，然後內旋外翻搠架至右額外側，拳心向外；左拳同時上提至胸前再直拳向前打出，拳眼向上，高與肩平；目視左拳。（圖 5-127）

【要點】右腳上步與左拳打出要同時到位，力到拳面。

【用法】右拳上鑽先將對方來手搠架開，左拳直擊對方心臟。

圖 5-125　　　　圖 5-126　　　　圖 5-127

15. 進步右炮拳

接上式，身向左轉 45°，隨之右腳向正前方（東）上步，左腳不動，重心偏於左腿；隨右腳上步，兩拳外旋收至腹臍兩側，拳心均向上。（圖 5-128）

上動不停，身微左轉，左腳向左前方上一步，右腳隨之跟進半步，重心偏於右腿，隨上步，左拳向上鑽至鼻前，然後向外擰翻掤架至左額外側，拳心向外，同時右拳直拳向前打出，拳眼向上，高與肩平；目視右拳。（圖 5-129）

圖 5-128　　　　　　圖 5-129

【要點】左腳向左斜角上步，右腳跟進打出右崩拳，動作整齊，勁力完整，這是跟步炮拳打法。

另外，此式也可以先上左步，再上右步，然後左腳在向左前方上步，同時打出右炮拳，此是行步炮拳的打法。

【用法】與進步左炮拳動作（2）相同，惟左右相反。

16. 轉身虎撲

接上式，身向右轉 135°（南），隨之右腳外擺，左

腳不動，同時兩拳變掌內旋向兩側平行劃弧，掌心向外，兩臂呈弧形；上動不停，身繼續向右轉 90°（西），隨之左腳向右腳內側扣步，右腳跟微提，重心偏於左腿；同時兩掌從兩側弧形收至腰兩側，兩掌變拳，拳心均向上，然後雙拳貼胸向上鑽至頦下，再向前鑽出，拳心向上，高與口平；目視雙拳。（圖 5-130、圖 5-131）

　　上動不停，身向右轉 45°，右腳向右前方上一步，左腳跟進半步，重心偏於左腿；同時兩拳內翻變掌向前撲出，掌心向前下方，虎口斜相對，高與胸平；目視雙掌前。（圖 5-132）

圖 5-130

圖 5-131

圖 5-132

　　【要點】兩腳擺扣清晰，兩掌弧形橫劃，隨身而動。上步撲掌，勁力完整。

　　【用法】轉身盤步走身法，先擺脫身後之敵攻擊，然後順勢進步用虎形掌擊敵前胸。

17. 蛇形回身

　　接上式，身向左轉 135°，隨之左腳外擺，同時左手

屈臂向左側橫擺，手心向上，右手劃至左小臂內側，手心
向下；目視左手。（圖 5-133）

　　上動不停，身繼續向左轉 135°，隨之右腳向左腳前
扣步，左腳不動，重心偏於左腿；同時兩腕臂內旋相交然
後向左右展開，右手劃至右額右前方，手心向上；左手劃
至左胯外側，手心向下；目視身左側。（圖 5-134）

　　上動不停，身繼續向左轉 90°（西北），隨轉身左腳
向前墊半步，腳尖外撇 45°，重心略前移，右腳跟離地，
兩腿屈膝略下蹲成剪子股式；同時兩手臂左上右下相交於
胸前，左手位至右肩前，手心向外；右手下插至左胯外
側，手心向後；目視身前。（圖 5-135）

　　上動不停，右腳向右前方（西北）上一步，左腳不動
重心偏於左腿；同時右手臂向前挑出，虎口向上，指尖向
前，高與胸齊，左手收至左胯外，手心向下；目視右手。
（圖 5-136）

　　【要點】轉身蛇形是一種首尾相顧的練法和用法。轉
身擺步，兩手纏繞，動作要協調一致。上步挑手，要用腰

圖 5-133　　　　圖 5-134　　　　圖 5-135

圖 5-136

身發力帶動右手臂向前抖出。

【用法】如遇身後有人襲擊，我可用轉身盤步的技法擺脫對方的攻擊，同時隨身法、步法的變化，兩手纏繞伺機攻擊對方。

18. 上步鮐形

接上式，身向左轉 90°（西南），隨之左腳向前進步，同時兩手收至腹前，然後向上相交（左外右內）於額前掤開向左右展開；上動不停，右腳向前上一步，同時兩手從兩側弧形收至腰兩側，兩掌變拳，拳心均向上。（圖 5-137、圖 5-138）

上動不停，左腳向前上一步右腳不動，重心偏於右腿；同時兩掌內旋下翻向腹前擊出，兩腕相交（右上左下），拳心均向下；目視雙拳前。（圖 5-139）

【要點】兩手臂於胸前相交上翻，兩手掌不要過頭頂；兩拳出擊時兩小臂要與兩肋相磨而出，出拳要擰翻向

圖 5-137

圖 5-138

圖 5-139

前擊出。

【用法】如對方出拳擊我胸面，我以雙手十字相交向上搠開對方來手，然後上步以雙拳擊敵胸腹。

19. 蟄龍升起

身向右轉 45°（西），隨之右腳向前上一步，左腳不動，成右弓步；同時由拳變掌向前穿出，掌心向上，高與口平，同時左拳變掌，掌心向下，收至左腰側；目視右掌。（圖 5-140）

上動不停，重心前移，右腿站穩，提起左腿，左腳腳跟用力蹬出，腳尖向上回勾，高於腰；同時左掌提起向前穿出，掌心向上，高與口平，右掌撤回至右腰側，手心向下；目視左腳。（圖 5-141）

【要點】起腳穿掌動作一致，獨立步要穩。

【用法】兩手連環穿擊對方喉面，同時起腳蹬擊對方襠腹。

圖 5-140　　　　　　圖 5-141

20. 潛龍下降

上動不停，右腳沉勁蹬地躍起，兩腳騰空，雙腳在空

中前後交換位置，同時右掌前探，手心向下，高與口平，左手收回至右小臂內側，手心向下；左腳向下落，然後右腳向前落地，腳尖外撇，兩腿交叉屈膝下蹲成坐盤步；同時左手從右手上向前撲出，掌心向前下方，位於腹前，右掌撤回至右腰後側，手心向下，兩臂前後呈淺弧形，不可伸直；目視左掌前。（圖 5-142、圖 5-143）

【要點】右腳蹬起後，兩腳騰空在空中倒腳，同時兩手前後替手，動作要快捷。

【用法】這是手打腳踢並用打法，蹬地起跳是為加大力度。

21. 金雞食米（右崩拳）

接上式，左腳向前上一步，右腳隨之跟步至左腳後20～30 公分，重心偏於右腿；同時右拳直拳向前打出，拳眼向上，高與胸平，左掌附於右腕內側，指尖向上；目視右拳。（圖 5-144）

【要點】上步崩拳，力達拳面。

【用法】上步直拳擊打對方心臟。

圖 5-142　　　　圖 5-143　　　　圖 5-144

22. 金雞抖翎

身向右轉 90°（北），隨之右腳向右側退半步，左腳隨之稍向右撤，兩腳均橫成右重左輕的半馬步；同時左掌內旋從胸前向左下方撐開，停於左胯外側，掌心向下，左臂成弧形，右拳屈肘撐到右額右前方，拳心向外；目視左側。（圖 5-145）

圖 5-145

【要點】兩手向右上左下撐開，力量均衡用腰勁，丹田抖動，力到拳臂。

【用法】右手接對方攻擊手向我身右攦帶，左掌踏按對方腹肋。

23. 轉身右鑽拳

身向左轉 90°（西），隨之左腳向前墊半步，腳尖外撇，右腳不動，重心偏於右腿；同時左掌外翻向前穿出，掌心向上，高與口齊，右拳下落至右腹側，拳心向上；目視左掌。（圖 5-146）

上動不停，右腳向前上一步，左腳不動，重心偏於左腿；同時左掌翻掌扣腕變拳，拳心向下；右拳從左拳上向前鑽出，拳心向上，高與鼻尖平，左拳撤至左腹側，拳心向下；目視右拳。

圖 5-146

圖 5-147

（圖 5-147）

【要點】轉身穿掌上步，步到手到，力到指尖。上步鑽拳動作要迅速，出拳要有向前的擰鑽勁。

【用法】左手穿擊對方喉面，墊步有踩踏對方腳面之意。左手扣壓對方攻擊手，右拳鑽擊對方胸面。

24. 左右金雞抖翎

身向左轉 90°（南），左腿向左側退半步，右腿隨之稍向左撤，兩腳均橫成左重右輕的半馬步；同時右拳臂向胸前裹肘，拳心向裡，左拳臂同時劃至右肘前與右臂相交，拳心向裡。（圖 5-148）

上動不停，右拳內旋從胸前向右下方撐開，停於右胯外側，拳心向下；左拳屈肘撐到左額左前方，拳心向外，兩臂均呈弧形；目視右拳。（圖 5-149）

上動不停，左拳臂向胸前裹肘，拳心向裡；右拳臂同

圖 5-148

圖 5-149

時劃至左肘前與左臂相交，拳心向裡；上動不停，右腿向右側退半步，左腿隨之稍向右撤，兩腳均橫成右重左輕的半馬步。（圖 5-150）

上動不停，左拳內旋從胸前向左下方撤開，停於左胯外側，拳心向下；右拳屈肘撐到右額右前方，拳心向外，目視左拳；兩臂均呈弧形。（圖 5-151）

圖 5-150　　　　　　　　　圖 5-151

【要點】兩拳臂於胸前相交是蓄勁，兩拳臂要有裹勁，然後兩拳向左右撐開，要用腰勁，丹田抖動，力到拳臂。

【用法】合肘是裹攔對方正面攻擊手。左（右）手向上採捋對方攻我頭面之手，左（右）拳擊敵腹肋。若敵近身我可接敵來手向上採捋後，進步貼敵身，可用肩胯靠擊敵身。

25. 懶龍臥道

身向左轉約 90°（東），隨之右腳向前上步（蓋步），腳尖外撇 45°，兩腿交叉屈膝略下蹲成半盤步姿

圖 5-152

圖 5-153

勢，重心略偏前，左腳跟離地；同時左拳屈臂劃至腹前，拳心向下；右拳外旋從左拳上（兩小臂相交，右上左下）向前下方打出，拳心斜向上，高與腹平；目視右拳前。（圖 5-152）

【要點】蓋步拳擊動作一致。

【用法】左拳扣攔對方攻擊手，右拳擊敵腹部；同時可用右腳踩踏對方膝脛。

26. 左步橫抖

接上式，左腳向前上步，右腳不動，重心偏於右腿；同時左拳外旋從下向左上方橫臂（拳）打出，拳心向上，拳高略過左肩；右拳同時撤至腰右側，拳心向下；目視左拳。（圖 5-153）

【要點】左拳向左上方橫打，力到小臂橈骨一側，發拳用腰勁，丹田抖動，力到拳臂。

【用法】用左拳臂橫打對方之胸肋。

27. 盤步左劈拳

接上式，身向右轉 135°，隨之右腳外擺；同時兩拳變掌，雙掌環抱於胸前，虎口相對，掌心向外，兩臂呈弧形。（圖 5-154）

上動不停，身繼續向右轉 90°，隨之左腳向右腳前上步，腳尖內扣；同時雙掌從胸前向兩側平行劃弧，然後雙

圖 5-154　　　　　　　　圖 5-155

掌外旋收至腰兩側變拳，拳心向上。（圖 5-155）

　　上動不停，身再向右轉 135°（東），隨之右腳向前上一步；同時右拳向前鑽出，拳心向上，高與口平。（圖5-156）

　　上動不停，左腳向前上一步，右腳不動，重心偏於右腿；同時左拳伸至右小臂內側，拳心向上；然後兩拳內翻變掌，左掌從右掌上向前推出，掌心向上，指尖高與鼻尖齊；右掌撤回至右腰側，掌心向下；目視左掌。（圖 5-157）

圖 5-156　　　　　　　　圖 5-157

【要點】這個式子是連續不停步向右轉身 360°，隨轉身兩腳要連續擺扣盤步，身隨步轉，手隨步動，上下協調，轉身時要以右手領勁為主。

【用法】盤身劈拳是對付前後敵人攻擊之法，以盤步轉身雙手纏繞應對身前身後之敵攻擊。

28. 轉身猴子摘帽（西）

接上式，左腳向前上半步，右腳不動，重心偏於右腿；同時右掌向前探掌，掌心向下，指尖向前，高與鼻齊；左掌收至右小臂內側，掌心向下；目視右掌。（圖5-158）

上動不停，右腳向左腳前上一步，腳尖回扣，隨之身向左轉 180°（西），左腳微向左移，腳尖點地，重心全部落於右腿，成左虛步；隨轉身右掌劃至左肩前，掌心向前略偏左；同時左掌從右掌上向前劃出，掌心向前，指尖高與鼻齊；目視左掌。（圖5-159）

【要點】這個式子前後兩動，左右腳連續上步轉身，兩手左右替手不停。轉身後，左手伸出後再略回收；要求

圖 5-158　　　　　　　圖 5-159

定式時鬆肩墜肘，屈膝、鬆胯塌腰略下蹲，表現出猴子的靈性。

【用法】用靈活的身法、輕捷的步法、快速多變的手法，迎擊身前身後之敵。

29. 轉身猴子摘帽（東）

動作說明與第 28 式轉身猴子摘帽式完全相同，惟行進方向相反，定式面向東。（圖 5-160、圖 5-161）

圖 5-160　　　　　　　　圖 5-161

30. 燕形展翅

（1）接上式，左腳向前上半步，隨之右腳跟進至左腳內側，前腳掌著地，重心偏於左腿，兩腿屈膝下蹲；同時左掌劃至臉右側，掌心向外；右掌內旋同時向右膝外側下插，指尖向下，掌心向外；目視身前。（圖 5-162）

【要點】下插掌要盡力下蹲。

【用法】上步蹲身插掌是攻擊對方下盤，有肩靠手提對方小腿之意。

（2）上動不停，重心移向右腿，右腳踏實站穩，提

圖 5-162　　　　　圖 5-163　　　　　圖 5-164

起左膝，左腳尖自然下垂；同時右掌向上托舉，位至頭上略偏右，拳心向上；左掌同時向前立掌推出，掌心向前，指尖向上，高與口齊；目視左手。（圖 5-163）

【要點】獨立步要穩，前推掌與上托掌，兩手虎口上下要相對。

【用法】接上式，右手提起對方前腿，隨之左掌迅速前擊對方胸腹。

31. 上步撩陰掌

接上式，左腳向前落步，右腳隨之向前上一步，成右弓步；同時右掌下落至腰右側，不停向前撩出，掌心向上，指尖向前，高與腹平；左掌同時下劃至腰左側，手心向下；目視右掌。（圖 5-164）

【要點】上步撩掌，力達掌心。

【用法】上步用掌撩擊對方襠腹。

32. 上步左劈拳

接上式，右腳尖外撇 45°，左腳向前上一步，右腳不動，重心偏於右腿；隨上步，左掌前提從右掌上向前推

出，掌心向前，指尖向上，高與
鼻齊；右掌撤回至腹臍右側，掌
心向下；目視左掌。（圖5-165）

【要點】上步劈掌動作整齊
一致。

【用法】上步掌劈對方胸
面。

33. 右崩拳（金雞食米）

圖5-165

左腳前墊半步，隨之右腳向
前跟進至左腳後，重心偏於右
腿；同時，右拳向前直拳打出，
拳眼向上，高與胸平，左掌護於
右小臂內側，手心向右；目視右
拳。（圖5-166）

【要點】跟步崩拳，勁力完
整，力達拳面。

【用法】腳踏中門，直擊對
方心臟。

圖5-166

34. 回身狸貓上樹

（1）身向右轉約90°，隨轉
身右腳外擺，擰身轉胯，同時兩
拳變掌內旋，右掌向右胯外側下
按，掌心向下；左掌向左側頭上
掤架，掌心向上；目視身前。
（圖5-167）

上動不停，身繼續向右轉約

圖5-167

90°，隨之左腳向右腳左側上步，腳尖內扣，成馬步；同時左掌從上向胸前下按，掌心向前下方；同時右掌外旋變拳經腰右側上提從左掌上方向前上方鑽出，拳心向上，高與鼻齊；目視右拳。（圖 5-168）

（2）上動略停，重心左移，左腿站穩，右腳提起，腳尖向上勾住，膝不過腰，成左獨立式；同時右拳微向前伸，左掌變拳外旋伸至右小臂內側，拳心向上；目視身前。（圖 5-169）

（3）上動不停，身微右轉，右腳用力向前向下橫踩落地；左腳隨之跟進半步，腳跟離地，兩腿交叉屈膝略下蹲，成前腳（右）橫、後腳（左）順的半坐盤步；同時兩拳變掌內翻，左掌從右掌上向前向下劈出，掌心向前下方，高與腹平，右掌收至腹前，掌心向下；目視左掌前。（圖 5-170）

圖 5-168　　　圖 5-169　　　圖 5-170

【要點】轉身上步，擺扣步要清晰，馬步鑽拳，左手下按，右手上鑽，動作要協調。右腳前蹬，左腿不可伸直，左膝要微屈，保持平衡穩定；右腳前落與左掌前劈動

作一致；半坐盤步身略前傾，但不可彎腰低頭，鬆肩垂肘，頂勁不丟。

【用法】動作（1）回身換式走化身法，轉身後用左手攔截對方攻擊手，右拳擊打對方頭面。

動作（2）右腳直踩對方小腿之迎面骨，再順勢滑到其腳面，毀之四梢，左掌直擊對方心窩，腳手齊到，上下齊打。

35. 上步右崩拳（拗步右崩拳）

身微左轉，右腳墊步，左腳向前上一步，右腳隨之跟進半步至左腳後 20～30 公分，重心偏於右腿；同時兩掌外翻變拳，拳心向上，右拳從腹前上提沿左小臂內側，從左拳上直拳向前打出，拳眼向上，高與胸平；左拳收至腹臍左側，拳心向上；目視右拳。（圖5-171）

圖 5-171

【要點】左腳進步與右拳打出，動作要整齊一致，步到拳到，氣勁到。右拳前崩要擰著勁向前打。

【用法】腳踏中門，直擊對方心臟。

36. 退步橫拳（青龍出水）

接上式，左腳、右拳不動，右腳向後撤一大步，重心偏前；然後重心後移，左腳順著右腳方向撤至右腳後，左腳內橫腳尖略向內；右腳外橫，腳尖外撤，右腿略向前弓，重心略偏於右腿，兩腿相交略屈膝坐胯成剪子股步；左腳後撤時，左拳從右小臂下向前打出左橫拳，拳心向

上，高與鼻齊；右拳收至右肋下，拳心向下；目視左拳。
（圖 5-172、圖 5-173）

【要點】右腳後撤時，左腳跟虛離地面，以前腳掌擦
地後撤至右腳後頓步踏實；同時，打出左橫拳，左拳發出
要有向前的擰鑽勁，丹田抖動，以腰身催動手臂發出抖顫
勁。

【用法】退步以左橫拳撥打對方來手，或以左拳擊打
對方胸肋，這是退中有打的招式。

圖 5-172

圖 5-173

37. 順步右崩拳

接上式，左腳向前墊步，右
腳向前上一步，左腳隨之跟進半
步至右腳後，重心偏於左腿；同
時右拳直拳向前打出，拳眼向
上，高與胸平；左拳撤至腹臍左
側，拳心向上，成右拳右腳前的
順步崩拳姿勢；目視右拳。（圖
5-174）

圖 5-174

【要點】右拳打出與右腳進步要整齊一致，右肩前順，左肩裡合，右臂前伸，略呈弧形，力到拳面。

【用法】腳踏中門，直拳擊打對方心臟。

38. 上步鮐形

身向右轉 45°，隨之右腳向前墊步，腳尖外撇，左腳不動，重心偏於左腿；同時兩拳於胸前右上左下相交，拳心斜向下，然後兩拳外旋收至腹臍兩側，拳心均向上；目視身前。（圖 5-175）

上動不停，左腳向前上一步，右腳不動，重心偏於右腿；同時兩拳內翻向腹臍打出，兩小臂相交，右拳上，左拳下，拳心均向下，高與腹平；目視雙拳前。（圖 5-176）

【要點】上式兩動要動作聯貫，一氣呵成。兩拳抱腰，小臂要貼緊肋部；向前擠打，重心要後坐，拳腳齊到，盡力飽滿。

【用法】右腳上步橫踩對方前腳；上左腳是先吃住對方前腿，然後雙拳向前擊打對方腹部。

圖 5-175　　　　　圖 5-176

39. 退步大鵬展翅

身微左轉，隨之左腳向左後方撤步；右腳不動，重心略偏左腿；同時兩拳收至腹前，拳心向下，兩臂呈弧形，鬆肩垂肘，兩拳下沉勁；目視右側。（圖5-177）

上動略停，重心略向右移，同時兩拳從腹前分向兩側展開，右拳劃至頭右側，略偏上；左拳劃至左胯外側，略偏後，兩拳心上下斜相對，兩臂成淺弧形；目視右拳。（圖5-178）

【要點】左腳撤步，兩拳腹前下沉是蓄勁。兩拳向右上左下展開是雙砸勁，丹田發勁，以腰帶動兩拳臂向兩側砸出，是抖勁。

【用法】右拳打前，擊砸對方頭面，左拳打後，打前防後。

圖5-177　　　　　　圖5-178

40. 進步左炮拳

（1）接上式，重心左移，左腳踏實，右膝提起，腳尖自然下垂，成左獨立步；兩手外旋，左拳變掌提至胸前，掌心向上，右拳上提至右耳側，拳心向裡；目視左

掌。（圖 5-179）

上動不停，右腳下落至左腳內側，震腳，重心偏於左腿；隨右腳下落，右拳略外旋下砸至左掌心上，拳心向上，左掌右拳合於腹前，兩臂呈弧形；目視身前。（圖5-180）

【要點】震腳下砸拳，動作整齊一致。

【用法】下砸拳是打穴位。

（2）右腳向右前方上步，左腳隨之跟進半步，重心偏於左腿，同時右拳上鑽至鼻前，再內旋向外滾翻掤架至右額外側，拳心向外；左拳同時從腰間向前（右腳尖方向）直拳打出，拳眼向上，高與肩平；目視左拳。（圖5-181）

【要點】右腳進步與左拳打出要同時到位。

【用法】右拳上鑽先將對方攻擊手攔截掤開，左拳直擊對方心臟。

圖 5-179　　　　　圖 5-180　　　　　圖 5-181

41. 退步掩肘

身向左轉 45°，左腳後退半步，隨之右腳退至左腳

圖 5-182

前，前腳掌虛著地，重心偏於左腿；隨退步擰腰轉胯，右小臂直豎垂肘外旋向身前擰轉滾肘（掩肘），拳心向裡，高與鼻平；左拳變掌護於左小臂內側，掌心向右；目視身前。（圖 5-182）

【要點】退步、擰腰轉胯與掩肘，動作要協調一致，掩肘是護住自己中門，轉臂要有擰轉、滾勁。

【用法】對方進步擊我胸面，我則退步化解其來勢，同時用滾肘法攔截對方的攻擊；左手在內保護自己的心臟和腹部；前腳虛是隨時可起腳蹬踢對方。

42. 退步切掌（特形掌）

接上式，左腳不動，右腳向後退一步，重心移至右腿；同時右拳變掌撤至右腰側，掌心向上；同時左掌從右掌上向前橫掌切出，掌心向下，指尖向右，屈臂橫肘於胸前；目視左掌前。（圖 5-183）

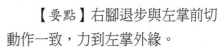

【要點】右腳退步與左掌前切動作一致，力到左掌外緣。

【用法】左掌發力擊打對方胸腹。

43. 轉身熊踏水

接上式，左腳向後撤一步，隨之身向左轉約 135°（南），右腳尖回扣，成右重左輕的半馬步；右

圖 5-183

掌同時向左腋下穿掌，掌心向上；左臂屈肘橫於胸前，左掌劃至右肩前，掌心向下；目視左肘尖前。（圖 5-184）

上動不停，右腳向左腳前上步扣腳，隨之身繼續向左轉約 180°（北），左腳向左側橫跨一步，成右重左輕的半馬步；同時左掌向左側橫掌推出，掌心斜向下，指尖向前（北）高與腰平，右掌同時內旋下按於腹前，掌心向下；目視左掌。（圖 5-185）

【要點】連續向左轉身，然後右穿掌、左踏掌動作聯貫，一氣呵成。

【用法】用靈活的身形步法應對身前身後敵人的攻擊。

44. 熊取物（左）

左腳不動，身微左轉，隨之左腳撤至右腳前，腳尖虛著地，重心完全落於右腿；同時左掌外旋屈肘收至身左側，手心向上，指尖向前，高與肩平；右掌同時收至右腹側，掌心向下；目視左掌前。（圖 5-186）

【要點】轉身撤步手掌動作聯貫。左掌回收，屈臂垂

圖 5-184　　　　　圖 5-185　　　　　圖 5-186

肘，塌腰坐胯。

【用法】撤步收掌蓄勢，以靜禦動。

45. 熊踏水（右）

接上式，左腳尖磨轉向前（北），腳跟落地，左腳踏實，身向右轉約 90°（北），隨之右腳向右側橫跨一步，成左重右輕的半馬步；同時右掌向右側橫掌推出（踏掌），高與腰平，掌心斜向下，指尖向前（北）；左掌同時內旋下按於腹前，掌心向下；目視右掌。（圖 5-187）

【要點】轉身、上步右掌推出動作要聯貫，一氣呵成，右掌力到掌根。

【用法】左手攔截對方左手的攻擊，同時以右手掌踏對方左腹肋部。

46. 熊取物（右）

接上式，左腳不動，身微右轉，隨之右腳撤至左腳前，腳尖虛著地，重心完全落於左腿；同時右掌外旋屈肘收至身右側，手心向上，指尖向前，高與肩齊；左掌收至左腹側，手心向下；目視右掌前。（圖 5-188）

圖 5-187　　　　　圖 5-188

47. 熊撥毛

右腳向前上半步，腳尖回扣，隨之身向左轉約 45°（北），兩腳平行成馬步；同時兩掌向身體兩側踏掌，掌心向下，指尖向前，位至兩胯外側，略偏前，兩臂呈弧形；目視身前，兼顧左右。（圖 5-189）

圖 5-189

【要點】兩掌下踏，丹田發力帶動腰身發出抖顫勁。

【用法】如我被人從身後抱住，先身體放鬆略下墜，然後丹田突然發力，腰身抖動，抱我者可被抖出。

【注意】第 43～47 式可以抽出單獨練習，此即為十二形中之「熊形」練法。

48. 轉身右崩拳

身向左轉 90°（西），左腳向前上半步，腳尖向前；右腳隨之向前跟步至左腳後 20～30 公分，重心偏於右腿；同時右拳從左拳上直拳向前打出，拳眼向上，高與胸平；左拳收至腹左側，拳心向上；目視右拳。（圖 5-190）

【要點】右拳打出，左拳回撤，兩手臂要有拉弓射箭之勢。

【用法】左拳吸吞對方進攻之右手，同時打出右拳直擊對方心臟。

圖 5-190

49. 左劈拳

接上式，右拳外旋上翻，拳心向上；左拳提至右腕內側，拳心向上；左腳向前上半步，右腳不動，重心偏於右腿，隨上步，兩拳內翻變掌，掌心向上，左掌從右掌上向前推出，掌心向前，指尖向上，高與胸平；右掌同時撤至腹右側，掌心向下；目視左掌。（圖 5-191）

圖 5-191

【要點】進步劈掌動作一致，力貫指尖。

【用法】掌劈對方胸面。

50. 進步右崩拳（金雞食米）

左腳向前進半步，右腳隨之跟進至左腳後 20～30 公分，重心偏於右腿；同時右拳直拳向前打出，拳眼向上，高與胸平；左掌護於右腕內側，掌心向右；目視右拳。（圖 5-192）

圖 5-192

【要點】進步崩拳，勁力飽滿，力達拳面。

【用法】進步右拳直擊對方心臟。

51. 馬袖炮

（1）左腳向後退一步，隨之右腳退至左腳前約 20 公分，前腳掌虛著地，體重完全落於左腿；當左腳後退時，

左手沿右小臂上向前抹至右拳面，然後左掌右拳同時外旋上翻，左掌翻至右拳下，手心向上輕托右拳背，右拳心亦向上；上動不停，隨右腳後退，兩手收至腹前，左掌右拳（右上左下）手心均向上，兩小臂掤圓；目視身前。（圖5-193、圖5-194）

【要點】左右腳退步與左掌右拳外翻回收，上下動作要聯貫，不能停頓。

【用法】此動作是拿法，當對方抓住我右腕時，我左手從我右手下拿住對方抓我右手之手腕，然後我左右手同時外旋上翻可破解對方抓拿我之手。

（2）上動不停，右腳向前上一步，左腳隨之跟進半步，重心偏於左腿；同時左拳沿胸上鑽至鼻前然後向外撐翻掤架於左額外側，拳心向外，右拳同時向前直拳打出，拳眼向上，高與肩平；目視右拳。（圖5-195）

【要點】上右步打右拳，手腳齊到，動作整齊，右肩前順，勁力順達。

【用法】上步直拳擊敵心臟。

圖 5-193　　　　圖 5-194　　　　圖 5-195

52. 蛇形回身

接上式，身向右轉 45°，隨之右腳外擺，同時兩拳變掌，右手下劃至右胯外側，手心向下，左手上劃至左額左上方，手心向外，目視身右；上動不停，身繼續右轉 90°，隨之左腳向右腳前扣步，重心移至左腿，左腳踏實。右腳跟離地，成右虛步。同時兩手臂弧形劃至胸前相交（左上右下），左手劃至右肩前，手心向右，右手下插至左胯外側偏後，手心向後。（圖 5-196、圖 5-197）

上動不停，身繼續向右轉 135°（東南），右腳隨轉身向右前方上步，左腳不動，成右虛步；同時右手向前撩出，虎口向上，指尖向前，高與胸平；左手撤至左胯外側，手心向下；目視右掌。（圖 5-198）

【要點】身隨步轉，步法擺扣清晰；上步撩手用腰勁帶動手臂向前抖發。

【用法】用蛇纏手對付身後之敵攻擊。

圖 5-196　　　　圖 5-197　　　　圖 5-198

53. 抽身換影

接上式，身向右轉約 45°，隨之右腳向後撤一步，左

腳不動，成右重左輕的半馬步；同時右手內旋向回帶手，屈臂橫肘，右手位至左肩前，手心向外，大指一側朝下；左手同時劃至右肘下，手心向上；目視左側。（圖5-199）

上動不停，身繼續向右轉約 90°（西），隨之右腳外擺，左腳向右腳前上步，成左虛步；同時左手從右臂下向前穿出，手心向上，高與鼻齊，右手劃至左小臂內側，手心向左；目視左手。（圖 5-200）

圖 5-199　　　　　　圖 5-200

上動不停，左腳尖回扣，身向右轉約 90°，同時左小臂外旋向胸前掩肘，掌心向裡，指尖向上，高與鼻齊，右手位置不動；上動不停，身向右轉約 90°（東），隨之右腳向前上半步，左腳不動，成右虛步；同時右手向下手背貼右肋向後反插手，然後手臂外旋向前穿手，手心向上，高與口齊，左手同時下落至左腹側，手心向下；目視右掌。（圖 5-201、圖 5-202）

上動不停，右腳向後退一步，左腳不動，重心偏於右腿；隨右腳撤步，左掌從右掌上向前推出，掌心向前，指

圖 5-201　　　　　　圖 5-202　　　　　　圖 5-203

尖向上，高與鼻尖平，右掌同時撤至右腹側，掌心向下；
目視左掌。（圖 5-203）

【要點】轉身步法要清晰，身隨步轉，以身帶兩手前
穿，內掩、後插，手法清楚。

【用法】用靈活的身法步法和快速多變的手法，應對
身前身後之敵的攻擊。

54. 收勢

動作說明和要點與五行進退連環拳收勢基本相同。

學完五行拳、十二形拳的行步練法後，習者可以進行
盤身掌法練習，融五行、十二形拳之招法於一身，以靈活
的步法、身法之配合，進行空對空的模擬實戰練習。

在此基礎上可進一步練習散打實戰。初步由老師以領
手、餵手的形式帶領學生做，後一步一步進入完全放開的
對打練習。

推手

第六章————

傳統器械套路

第一節　形意五行單刀

　　形意五行單刀是形意門流傳下來的傳統短器械套路，此套路是由津門形意拳大師張鴻慶先生傳與寧河豐台鎮褚廣發，後又由褚老師傳與漢沽門人。

五行連環刀

　　形意五行單刀套路簡單古樸，刀法清晰，勢勢用法逼真，絕無花招。整個套路包含墊步、跟步、進步、退步、蓋步、丁步、弓步、虛步、連環步、擺扣步、盤步等步法，以及劈、崩、挑、推、橫、抹、掛、切、掃、滾和纏頭裹腦、藏刀式等刀法。整套刀法體現了形意拳剛柔相濟、靈活多變、勇猛善戰的特點。

　　初習此刀，可先按定步練法熟習刀法、勁道，待熟練後，可進一步練習活步以及行步化身練法。由此方顯此套刀法勁道連綿不斷、內外相合、完整一氣、刀法多變、步法靈活、氣勢磅礴的特點。

　　練習此套刀法要有一定的形意拳套路基礎，使之內勁渾厚，精氣飽滿，演練此刀法才會刀法順遂，刀隨身動，以氣催刀，刀法勇猛，氣勢逼人。

1.預備式

　　面向東南方並步站立，兩腳跟併攏，右腳尖外撇45°；左手握刀盤，左臂抱刀垂於身體左側，虎口朝下，刀刃朝前，刀尖朝上，刀背貼靠前臂；右手五指併攏，垂於身體右側；雙目平視前方。（圖6-1）

【要點】頭頂項豎，二目平視，唇齒微合，舌尖輕抵上齶，鼻腔自然呼吸；立身中正，周身放鬆，心氣下降，氣沉丹田，降至湧泉。

2. 上步劈掌

（1）上身略右轉，重心移至右腿，兩膝微屈鬆胯；同時，左手握刀盤略外旋從左下向胸前劃弧，手心向內，刀尖向左；右手略提至右胯前，坐腕、手心向下；目視左側。（圖6-2）

【要點】目視前方，精神集中，鬆胯屈膝，轉身抱刀，心氣下沉。

【用法】轉身屈膝，抱刀蓄勢，準備迎擊對方。

（2）上動不停，身向左轉90°（東），隨轉身左腳向前上一步，腳尖外撇45°，重心前移至左腳；然後右腳向前上一步，腳尖向前，重心偏於左腿；隨左腳上步，左手握刀盤略內旋，刀把朝下，從右胸前向下向左劃至左胯外側，虎口朝下，刀尖朝上；隨右腳上步右手從胸前劈掌，掌心朝前（略偏左），掌指向上，高與鼻尖齊；目視右手。（圖6-3）

圖6-1　　　　圖6-2　　　　圖6-3

【要點】動作要穩，以腰帶步，隨身而動，快速輕靈，右腳踏實，椿步要穩；兩手變化隨步而動，手腳相合。

【用法】當對方用槍棒擊我腰身部，我以左手刀柄向外劃撥對方擊來之槍棒，隨之上右步，用右掌劈擊對方頭面。

3. 退步接刀

右腳向後退一大步，腳尖外撇45°，重心移至右腿，右腳踏實；身向右轉 45°，隨之左腳退至右腳前約 20 公分處，腳尖虛著地，兩腿屈膝略下蹲；隨左腿退步，左手握刀盤略外旋從左下提至右胸前，屈臂橫肘，手心朝上，刀尖朝左；同時，右手從前向後略外旋，劃至左手背下，手心向上托住左手；目視左側。（圖6-4）

圖 6-4

【要點】左右腳退步要隨身而動，快速輕靈，右腳踏實，椿步要穩，兩手變化隨步而動，手腳相合。

【用法】閃身移步，準備接刀對敵。

4. 上步崩刀

身向左轉 90°，隨之左腳向前上一步，腳尖外撇45°，然後右腳向前上一步，腳尖向前，重心偏於右腿；隨右腳向前上步，右手接刀，手握刀把略內旋，向前發力直刺，力貫刀尖，虎口朝上，刀尖向前，高與胸口平；左掌按於右腕內側，掌心向右，掌指斜向上；目視刀前。（圖6-5）

【要點】隨右腳上步，右手刀直刺發力，刀身要平，上步刺刀整齊一致。

【用法】接上式，閃化敵人後快速向前上步，腳踏中門右手刀直刺敵胸腹。

圖 6-5

5. 藏刀式

右腳墊步，腳尖外撇45°，隨之重心前移至右腿，右腳踏實，左腳向前上一步，腳尖向前，重心偏於右腿；隨左腳上步左掌向前推出，掌心斜向右，掌指向上，高與鼻尖齊；同時右手握刀，向後拉至右胯外側（略偏後），刀刃朝下，刀尖向前；目視左手。（圖6-6）

圖 6-6

【要點】上步推掌收刀，動作要協調一致。

【用法】左掌前劈以阻擊敵人進攻，右手後拉藏刀為蓄力，以利下一步進攻敵人。

6. 上步劈刀

左腳向前上半步，腳尖外撇45°，重心前移；隨之右腳上一步，腳尖向前，重心偏於左腿；隨右腳上步，兩手略內旋向左右兩側略開，然後外旋再內旋，從身兩側向上向前劈刀，力到刀刃，右手劈刀時肘節略彎，小臂伸直，

虎口朝上，刀刃向前，高與胸口平；左手按於右腕內側，手心向右；目視刀前。（圖6-7）

【要點】隨右腳上步，兩手要先向外再向內劃一小圈，然後再向前劈刀。

【用法】接上勢，左手劃開對方扎來槍棒，然後迅速上右步猛劈前敵之頭面。

7. 蓋步橫刀

左腳向前上步，腳尖向前，隨之右腳向左腳前蓋步，腳尖外撇45°，兩腿屈膝下蹲，左腳跟離地，左膝蓋前抵右膝窩，重心略前移，成半坐盤步；隨右腳上步，兩手外旋向身兩側平劃，然後兩手內旋從兩側向身前下按刀於腹前；右手橫握刀把，刀身橫於身前，刀刃斜向前下，刀尖向左，左手按於刀背中部；目視身前。（圖6-8、圖6-9）

【要點】坐盤步身體不要前傾，要頭頂項豎，塌腰坐胯，肩鬆肘墜，兩手下按勁，蓋步按刀動作協調一致。

【用法】右手先向外劃撥開對方進攻器械，然後上步向身前下按橫切刀，以阻截對方扎我胸腹之刀槍；右腳上

圖6-7 　　　　　　圖6-8 　　　　　　圖6-9

步，其用意是可在劃開對方進攻器械後，起右腳蹬踢敵之襠腹。

8. 上步滾刀

（1）身體略起，重心前移，右腳踏實；左腳向前上步，腳尖向前，右腳不動，重心仍偏於右腿；隨左腳上步，右手握刀外旋使刀身向上滾刀，刀刃向上，刀尖向前，高與胸口平，意注刀尖，右手心朝上；同時左手略外旋，劃一小圈至右手內側，手心向右下；目視刀前。（圖6-10）

【要點】右手旋腕靈活，意注刀尖。

（2）接上動作，身體向右轉45°（東南），隨之右腳向右前方斜角上一步，左腳跟進半步，重心偏於左腿；隨右腳上步，右手握刀內旋使刀尖向下，刀身滾動向右前方推刀，右手握刀，手心朝外，刀把略高於右肩，墜肘，刀刃朝外，刀尖向下；左手護於右腕內側，手心向外；目視刀前。（圖6-11）

【要點】刀身滾動要快速，推刀有力。

圖 6-10　　　　　　圖 6-11

【用法】此式的兩個動作是一個連續招式。動作（1），我右手刀挑開敵人正面刀劍進攻；動作（2），隨之快速上步旋腕滾刀向前直推刀擊前敵。

9. 轉身橫掃

圖 6-12

身向左轉 180°（北），隨轉身右腳尖內扣，左腳外擺，然後右腳向前上一步，左腳向前上一步，弓左腿，蹬右腿，成左弓步；隨上步右手握刀內旋，使刀從前向左向後纏頭裹腦，刀背貼脊背向右纏繞；上動不停，右手刀外旋使刀從後背向右向下向前向左前方橫掃，手心向上，刀刃向左，刀刃向前（西北），高與胸口平，同時左手內旋劃至左側頭上，手心朝上；目視刀尖，耳聽身後。（圖 6-12）

【要點】轉身向前上連環步，隨上步右手刀纏頭裹腦過後背，然後刀從後向右向左前方橫掃，力達刀刃。

【用法】若我與前敵對搏時，突然身後有人以槍扎偷襲我後身，我急轉身以左手劃開來槍，隨進步以右手刀橫掃來敵腰身。

10. 轉身推刀（炮形刀）

身向右轉 180°（東南），隨轉身左腳尖回扣，右腳向前墊步，腳尖外擺，然後左腳向前上一步，右腳再向前上一步；隨之右手握刀內旋使刀尖向下，刀刃向前，向身前推出，右手朝外，高與肩平；左手從左上方向下劃，使手心貼於刀背中部與右手形成合力推刀；目視身前，耳聽

身後。（圖 6-13）

【要點】轉身要快，步法輕靈，身隨步轉，刀隨身旋，推刀有力。

【用法】由身形步法和刀法的應用練習，此式與前後兩式可鍛鍊操練者應對前後有敵人反覆進攻時的實戰反應能力。

圖 6-13

11. **轉身崩**（刺）**刀**

身向左轉 180°（西北），隨轉身右腳回扣，左腳向前墊步，然後右腳向前上一步，左腳向前上一步，重心偏於右腿；隨左腳上步，右手握刀略外旋向前直刺，刀刃朝下，刀尖向前，高與胸平；左手護於右腕內側，手心向右；目視刀前，耳聽身後。（圖 6-14）

圖 6-14

【要點】轉身要快，步法要活，刀隨身轉，上步刺刀，力到刀尖。

【用法】轉身上步猛刺前敵之胸腹。

12. **化身龍形刀**

身向右轉 360°（西北），隨轉身右腳外擺，左腳向右腳前扣步，然後右腳向前上步，腳尖外撇 45°，隨之兩腿屈膝下蹲成坐盤步，重心略偏於右腿；左腳跟離地，左膝蓋前抵右膝窩，兩大腿內側夾緊；隨轉身兩手略內旋向左右分開，右手刀平行向右橫抹半圈，右手刀上提至腦

後，然後右手刀從左肩上下拉至右胯外側偏後，刀刃朝下，刀尖向前；左手同時外旋劃至胸前再內旋從刀背上向前推出，手心向前，指尖向上，位至腹前；目視左手。（圖6-15、圖6-16）

【要點】在形意拳中此式是個龍形回身動作。兩腳擺扣步，身走化身法，隨身轉步行，刀掃橫抹，纏頭裹腦走龍盤。

【用法】這是一種群戰刀法，若我被敵人圍困時，以靈活的步法、身法配合多變的刀法可化解敵之圍困。

圖6-15　　　　　　　圖6-16

13. 上步崩刀（刺刀）

身體略起，身微左轉，左腳向前上一步，腳尖外撇45°，右腳向前上一步，腳尖向前，重心偏於左腿；同時右手握刀向前直刺，刀刃向下，刀尖向前，高與胸平；左手護於右腕內側，手心向右；目視刀前。（圖6-17）

【要點】上步刺刀，手腳相合，力達刀尖。

【用法】腳踏中門，直刺敵之胸腹。

圖 6-17　　　　　　　　　圖 6-18

14. 藏刀式　　　15. 上步劈刀

16. 蓋步橫刀　　17. 上步滾刀

18. 轉身橫掃　　19. 轉身推刀（炮形刀）

20. 轉身崩刀　　21. 化身龍形刀

以上第 14～21 式動作及要求與前第 5～12 式相同，惟方向相反。

22. 上步崩刀

身體略起，身微左轉（東），隨之左腳向前上一步，腳尖向前，右腳不動，重心偏於右腿；隨上步右手握刀向前直刺，勁到刀尖，刀刃朝下，刀尖向前，高與胸平；左手護於右腕內側，手心向右；目視刀前。（圖 6-18）

【要點】上步刺刀，力到刀尖；步到刀到，整齊一致。

【用法】上步腳踏敵之中門，猛刺敵之胸腹。

23. 收勢

身體略向右轉，隨之左腳撤至右腳內側並步，兩腿微屈；同時右手刀交至左手，左手接握刀盤，左臂抱刀，刀

背貼靠前臂，刀刃斜向上，刀尖向左後；目視身前。（圖6-19）

上動不停，兩手略外旋向身兩側伸展，然後兩手向上托起過頭，兩手再內旋沿面前向下捋按於腹前，手心向下。（圖6-20）

然後兩手劃至兩大腿外側，左手握刀盤抱刀於左臂內側，刀尖向上；右手五指併攏垂於身體右側，同時兩膝伸直，立正，還原成預備式姿勢。（圖6-21）

【要點】兩腿並立，兩臂自然下垂，身體放鬆，氣沉丹田，降至湧泉。

圖6-19　　　　　　圖6-20　　　　　　圖6-21

第二節　形意連環劍

　　本節介紹的這套形意連環劍是張鴻慶先生所傳形意拳械連環系列（連環拳、連環刀、連環劍、連環棍、連環鉤、連環戟）中的一個短

形意連環劍

器械套路。張鴻慶先生晚年將此套劍術傳與同鄉張國才，本人有幸得到了張國才老師的親授。

　　這套形意連環劍保留了形意拳動作古樸、結構嚴謹、招式簡練、勁力完整的特點。演練這套劍術時，要求動作流暢，勢勢相連，節奏分明，剛勁有力。

　　本套劍術雖然短小，但所含劍法卻非常豐富，整套劍術中包括了劈、刺、抱、勾、掛、推、斬、截、擺、崩、鑽、撩、橫十三種劍法。

　　學好劍術需練好拳術，習者應當先學好形意五行拳的基本練法，然後再學習這套形意連環劍法，這樣就容易多了。

1. 預備式

　　雙腳並立，面向南站好，左手持劍，拇指、中指、無名指、小指握於劍格上，食指輕貼劍柄上，劍脊平面輕貼左臂後，劍尖朝上，劍身豎直；右手自然鬆垂於右大腿外側；兩眼平視前方。（圖 6-22）

　　【要點】平心靜氣，全身自然

圖 6-22

圖 6-23

放鬆，氣沉丹田，降至湧泉。

2. 研肘上步

身微右轉再左轉，隨之左手持劍劍柄向上從左下向上向右於胸前研肘，走立圓劃一圈，停於左胯外側，劍身仍貼於左臂外側直豎，劍尖朝上；同時左腳向前上一步，右腳不動，重心偏於右腿，成左虛步；右手訣同時從下向上弧形劃至右耳側（不停）再向前推出，右手劍指腕微坐，手心向前，劍指向前上；目視右手。（圖 6-23）

【要點】左右手動作走弧形，左腳上步與右手訣前指動作一致。

3. 馬步抱劍

左腳不動，右腳向前上一步，成馬步；同時兩手向兩側再向胸前劃弧，兩手合於心口前約 20 公分處，左手在上，手心朝下；右手在下，手心朝上；左手橫握劍柄，劍尖向左；目視左側。（圖 6-24）

【要點】左手持劍要平穩，兩手劃弧屈臂橫肘合於胸前。

4. 轉身上步刺劍

身向左轉 90°（東），隨之左腳外擺，右腳向前上一大步，成右弓步；同時左手劍交於右手，右手握劍向前平行刺出，手心向上，劍尖高與胸平；左手訣

圖 6-24

護於右腕內側，手心斜
向右；目視劍尖前。
（圖6-25）

圖6-25

【要點】上步刺
劍，手腳動作整齊一
致，力達劍尖。

5. 回身下刺

身向右轉 180°
（西），隨之右腳向後
撤一步，腳尖外擺，隨轉身左腳向前上大步，成左弓步；
同時隨右轉身右腳撤步，右手握劍先外旋使劍尖向下向右
後探出，然後隨左腳上步，右手劍從右後向上掛劍（劍尖
向上）；上動不停，右手持劍手臂內旋反手向前下方刺
出，虎口朝下，劍刃向上，劍尖向前下方；左手訣同時伸
至右腕下交叉，手心向下；目視劍尖前。（圖 6-26、圖
6-27）

【要點】轉身後右手劍先外旋向右後探劍，然後向上
掛劍，隨左轉身反手持劍向前下方刺出，要求手腳身法與
劍法協調一致。

圖6-26　　　　　　　　圖6-27

6. 撤步劈劍

左腳後撤一步，右腳不動，重心偏於右腿，成右弓步；隨撤步右手劍先向左後貼身劃立圓，再向上向前劈劍，劍身要平，劍刃向上，劍尖向前，高與胸平；左手訣同時劃至左側頭上，手心向上；目視劍前。（圖6-28）

【要點】隨左腳撤步，右手劍從前向左後向上向前貼身劃一立圓，再向前劈劍。

圖6-28

7. 勾掛

右腳後退一步，身微右轉，同時右手持劍外旋，劍尖從前向下向右後向上劃弧上掛；左手訣按於右腕內側；上動不停，身向左轉，隨之左腳向前上步，腳尖外擺；同時右手劍內旋從上向下向左後劃弧向上勾掛；左手訣依然按於右腕內側；目隨劍轉。（圖6-29、圖6-30）

【要點】左右勾掛劍要與兩腳進退步及身形轉換協調配合；劍運要貼身走立圓，眼隨劍轉。

圖 6-29

圖 6-30

8. 右獨立推劍

接上式，右腳向前上步，右腳踏實站穩，提左腳成右獨立步；同時右手持劍內旋從左向右推出，右手心向內，位至右肩外側，略高於肩，劍刃朝上，劍身平，劍尖向前；左手訣按於右腕內側；目視劍尖。（圖 6-31）

圖 6-31

【要點】獨立步要穩，右手內旋順肩向前推送。

9. 換影

接上式，左腳向後落步，隨之右腳向後倒步，身向右轉約 180°，右腳尖外撇；隨轉身右手持劍上舉過頭向內旋轉（劍身保持平行）劍尖向身後；上動不停，左腳向前上步，腳尖內扣，隨之身向右轉 90°（南），右腳尖磨轉向前（南），重心偏於左腿；同時右手持劍外旋下落至腹前，手心朝上，劍身平，劍尖向右（西）；左手訣仍然附

圖 6-32　　　　　　　　圖 6-33

於右腕上，手心朝下；目視劍尖前。（圖 6-32、圖 6-33）

【要點】右手劍隨轉身在頭上擰轉，劍身要保持平衡。

10. 右弓步刺劍

接上式，身向右轉約 90°（西），右腳向前上一步，左腳不動，成右弓步；同時右手握劍向前刺出，劍刃朝上，劍尖向前，高與胸平；左手訣伸向左側身後，略高於左肩；目視劍尖。（圖 6-34）

【要點】上步刺劍，力達劍尖。

圖 6-34

11. 拗步劈劍

接上式，身微右轉再左
轉，隨之右腳尖外撇約
45°，不停，左腳向前上
步，重心偏於右腿，成左虛
步；同時，右手腕外旋，劍
尖從前向下向右後向上向前
從身右側劃一立圓向前劈

圖 6-35

劍，劍尖略低於左膝，右手虎口朝上；左手訣護於右腕內
側；目視劍前。（圖 6-35）

【要求】上步劈劍，劍走立圓。

12. 退步斬截

身向左轉約 135°（南），隨之左腳向左（東）撤一
步；右腳不動，腳尖內扣，重心偏於左腿，成左弓步；隨
之右手持劍先外旋再內旋，從右下向上向左向下再向右，
在身前劃一立圓，劃至右腿外側，手心向下；左手訣劃至
左側頭上，手心向上；目視劍前。（圖 6-36）

【要點】右手劍先在身前從右向左再向右劃一立圓，
然後向右下削劍，此勢名曰「斬截」。

圖 6-36

13. 擺柳

圖 6-37

接上式，重心左移，提右腳左腿前（東）橫跨一步（蓋步）腳尖外撇，兩腿交叉屈膝略下蹲成半盤步，左腳跟離地，重心略偏於右腿；同時，雙手從兩側向胸前交叉（右上左下），上動不停，雙手向上弧形向兩側劃開，右手劍向右側下劈劍，劍刃向下，劍尖向前，高與腰平；左手訣劃至左肩外側，手心向下，低於左肩，兩手臂不可伸直，略呈淺弧形；目視劍尖。（圖 6-37）

【要點】上步坐盤，兩手從下向上，再向兩側弧形分手劈劍，動作要協調。

14. 左轉身上步崩劍

身向左轉約 90°（東），隨之左腳向前上一步，右腳向前跟進至左腳後約 20 公分處，震腳，重心偏於右腿；

圖 6-38

同時右手劍從後向前直劍刺出，劍刃朝上，劍尖向前，高
與腰平；左手訣護於右腕內側，手心斜向右；目視劍前。
（圖6-38）

【要點】跟步，震腳，刺劍，勁力完整，力達劍尖。

15. 撤步下刺

右腳向右後斜角撤一步，左腳不動，重心偏於左腿，
成左弓步；同時右手劍向右後反手撩劍，手心向後；劍刃
向上，劍尖向前下方（右後方）；左手訣同時向前（東）
伸出，手心向前，高與胸平（圖6-39）。

上動不停，左腳向後撤一步；右腳不動，重心偏於右
腿，成右弓步；隨左腳撤步，右手劍從後向上向前下方反
手刺劍，虎口朝下，劍刃朝上，劍尖向前下方，位至右膝
前；左手訣劃至右小臂下，屈臂橫肘，手心向下，指尖向
右；目視劍前（圖6-40）。

圖6-39　　　　　　　　　　圖6-40

【要點】右撤步後撩劍，左撤步向前反刺劍，前後動
作不間斷，勁力順達。

16. 上兩步劈劍

左腳向前上一步，隨之右腳向前上一步，成右弓步；

圖 6-41

同時右手持劍從下向左後向上再向前劈劍，劍刃向上，劍尖向前，高與胸平；左手訣劃至頭左側上方，手心向上；目視劍前。（圖 6-41）

【要點】連續向前上兩步成右弓步，劍從左後向前在身左側劃一立圓，再向前劈出，力達劍身。

17. 斜步斬截

身向左轉約 90°，隨之左腳向左後方斜角（西北角）撤一大步，右腿不動，腳尖略內扣，重心偏於左

圖 6-42

腿，成左弓步；同時右手劍在身前從右向上向左向右下劃弧，向右腿外側下截劈劍，劍刃斜向下，劍尖向右側下方；左手訣劃至左側頭上方，手心向上；目視右側劍。（圖 6-42）

【要點】上步走斜角，右手劍在身前劃一斜立圓後，向右下側斜劈劍。

18. 翻身右獨立劈劍

接上式，身向左轉約 90°（西北），左腳尖外擺，右

腳向前上一步，重心偏於右腿，成右弓步；隨上步右手持劍略內旋從右腰側向前直刺，劍刃向上，劍尖向前，高與胸平；左手訣同時反手向前撩，然後劃至左側頭上，手心向上，目視劍前（圖6-43）。

上動不停，右腳尖回扣，身向左轉約180°（東南），右腿站穩，左腳提起成右獨立步；隨之右手劍略外旋提劍從右後向上向前（東南）劈出，劍刃向上，劍尖向前，高與肩平；左手訣隨轉身先向上向左後劃弧，然後從左胸前向上穿至左側頭上，手心向上；目視劍前（圖6-44）。

【要點】上步刺劍，轉身劈劍，身隨步轉，劍隨身運，身劍合一，動作流暢。

圖6-43　　　　　　　　　圖6-44

19. 進步撩劍

左腳向前落步（東南），右腳向前上一步，左腳跟進半步，重心偏於左腿，成右虛步；隨上步右手劍從上向左後向下向前劃弧反手撩出，虎口向下，劍刃斜向上，劍尖向前下方，略低於右膝；左手訣按於右腕內側；目視劍前。（圖6-45、圖6-46）

圖 6-45　　　　　　　　　圖 6-46

【要點】連續向右前斜角上兩步，右手劍從左向前劃立圓反手撩劍，力道劍刃。此式也可以右上步成右弓步反撩劍式。

20. 勾掛扯旗

接上式，兩腳不動，身微左轉，隨之右手劍從前向左後向上掛劍，右手位至左側腰上，劍尖斜向上；左手訣按於右腕內側。（圖 6-47）

上動不停，身向右轉，隨之右腳向右後斜角撤一步；同時右手外旋劍走下弧，從上向右下向上勾掛，右手位至

圖 6-47　　　　　圖 6-48　　　　　圖 6-49

右肩外側，略低於肩，劍尖斜向上；左手訣按於右腕內側。（圖 6-48）

上動不停，右腿站穩，左腳提起成右獨立步；同時，右手持劍變內旋向上托劍至頭頂上方，劍刃向上，劍尖向前（東）；左手訣按於右腕內側；目視身前。（圖 6-49）

【要點】右手劍左掛右勾，要走出身形，身劍相合；獨立步面向東南。

21. 纏膝炮劍

接上式，兩腳不動，身向左轉 90°（東北）；同時右手劍從上向左下經左膝外，劍尖向下再向上纏掛；然後左腳向前（東北角）下落，隨之右腳跟進半步，重心偏於右腿，成左虛步；右手劍同時向前刺出，手腕擰勁，手心向右，劍身平，劍刃朝上，劍尖向前，高與肩平；左手訣劃至左側頭上，手心向上；目視劍前。（圖 6-50、圖 6-51）

【要點】擰身纏劍，獨立步要穩；上步刺劍，右手腕要向外擰轉前刺。

圖 6-50　　　　　　圖 6-51

22. 上步橫劍

身向右轉 90°（東南），隨之左腳向右側橫邁一步，不停，右腳向右前方上一步，腳尖外撇，兩腿交叉屈膝略下蹲成剪子股式，重心略偏於右腿；隨上步右手持劍手心向上，劍尖向右劃撥，然後右手腕內翻，劍尖從右向左再向右在面前雲劍一周，橫劍於腹前，手心向下，右手劍柄至右膝上，劍尖朝左；左手訣按於右腕內側，手心向下；目視身前。（圖 6-52、圖 6-53）

【要點】上步雲領，擺步扣劍橫抹，動作瀟灑流暢。

圖 6-52

圖 6-53

圖 6-54

23. 上步崩（刺）劍

接上式，身向左轉約 45°（東），隨之左腳向前一步，右腳向前跟進半步至左腳後 20～30 公分處，重心偏於右腿；同時右手劍略外旋向前直劍刺出，劍刃朝上，劍尖向前，高與胸平；左手訣按於右腕內

側；目視劍前。（圖 6-54）

【要點】上步刺劍動作整齊一致，力達劍尖。

24. 回身橫劍

身向右轉約 90°（南），隨轉身左腳原地扣步（腳尖回扣）；同時右手持劍外旋，手心向上，使劍尖向右下方劃撥（圖 6-55）。

上動不停，身繼續向右轉約 135°（西北），隨之右腳向前上一步，腳尖外撇，左腳隨之跟進半步，兩腿交叉屈膝略下蹲成剪子股式，重心略偏於右腿；轉身後，右手內旋扣腕橫劍於腹前，手心向下，位至右膝上，劍尖朝左；左手訣按於右腕內側；目視身前（圖 6-56）。

【要點】劍隨身轉，回身橫劍先劃後扣橫抹於身前，動作聯貫，不可間斷。

圖 6-55　　　　　　　圖 6-56

25. 上三步右弓步平刺

接上式，身微左轉，右腳向前墊步，左腳向前上一步，右腳再向前上一大步，成右弓步；右手外旋隨上步向前平劍刺出，手心向上，劍尖向前，高與胸平；左手訣按

圖 6-57

於右腕內側；目視劍前。（圖 6-57）

【要點】連續向前上三步，平劍刺出，力達劍尖。

26. 回身下刺　　27. 撤步劈劍　28. 勾掛

29. 右獨立推劍　30. 換影　　　31. 右弓步刺劍

32. 拗步劈劍　　33. 退步斬截　34. 擺柳

35. 左轉身上步崩劍

以上第 26～35 式動作及要求與第 5～14 式相同，惟方向相反。

36. 退步斬截

圖 6-58

接上式，身向左轉約 90°（南），隨之左腳向左撤一大步，右腿不動，右腳尖稍內扣，重心偏於左腿，成左弓步；同時右手持劍先外旋再內旋從右向上向左向

右下於身前劃一立圓，劃至右腿外側，手心向下；左手訣劃至左側頭上，手心向上；目視劍前。（圖6-58）

【要點】右手劍先從右向左在身前劃一立圓，再向右下方截劍。

37. 收勢

接上式，兩腳不動，重心微向右移，右手持劍從右下向上劃至面前，右手外旋在面前劍走一平圓，然後右手劍交於左手。（圖6-59）

左手握劍使劍柄朝上向右上方劃擺，然後向下向左劃至身體左側，反手持劍，劍身輕貼與左臂外側。（圖6-60）

右手訣向下向右向上弧形劃至胸前，下落於右大腿外側，手心向內，指尖向下；同時左腳收回至右腳內側並步，立正還原；劍尖朝上，恢復預備式姿勢。（圖6-61）

【要點】此式交劍時要右運，左劃，兩手臂要左右劃弧，以腰運臂，劍走弧形。立正還原，氣沉丹田，神氣內斂，身體放鬆。

圖6-59　　　　圖6-60　　　　圖6-61

第三節　形意連環棍

　　形意連環棍是形意門的傳統棍術套路，各流派多有傳承，因師承不同，各地練法也不完全一致。本節介紹的這套形意連環棍，源自津門形意拳大師張鴻慶先生。

形意連環棍

　　這套形意連環棍動作古樸，招式簡練，較好地保留了古傳形意拳的風格特點。全套棍法動作清晰，步法靈活，身法多變。特別是在步法上，進退連環，走轉擺扣，擰腰轉胯，翻身跳躍，跌宕起伏，環環相扣。

　　形意連環棍突出了劈、戳、捅、點、掃、擺、撩、雲、截、推、撥、掄以及舞花等多種棍法，具有很強的技擊實用性。

　　學習形意連環棍要有一定的形意拳基礎，有了充盈的內氣，棍法演練自然會沉穩靈活，勁力完整順暢。此套棍法熟習後，可以在此基礎上任意盤走變化，生化出多種棍法招式，習者可自悟之。

1. 預備式

　　兩腳並步站立（面南），右手拇指、食指持棍，中指、無名指、小指抵於棍上，棍垂直立於身右側；左手輕貼於左大腿外側，頭正頸直；兩眼平視前方。（圖6-62）

圖 6-62

【要點】精神集中，呼吸自然。

2. 上步撩棍

身向左轉 90°（東），左腳向前上一步，右腳不動，重心偏於右腿，成左三體式；同時兩手握棍使棍把向前下方撩擊，把高不過腹，棍梢劃至右肩後方；目視棍把前。（圖 6-63）

【要點】上步撩棍，力到棍把前端。

3. 上步劈棍

右腳向前上一步，左腳跟進半步，重心偏於左腿，成右三體式；同時左手滑握棍把至腹臍左側；右手滑至棍身，兩手握棍隨上步向前劈棍，棍梢高與肩平，力達棍前端；目視棍梢。（圖 6-64）

【要點】兩手握棍要鬆活，劈棍時棍要緊。

圖 6-63　　　　　　　　　圖 6-64

4. 進步戳棍

右腳向前上一大步，左腳隨之跟進半步，重心偏於左腿，成右虛步；同時，右手活把略向後滑，左把不動，兩手握棍向前戳擊，棍梢高與胸平；目視棍梢。（圖

6-65）

圖 6-65

【要點】右腳上步時，要盡量上一大步，向前蹬勁，後腳蹬勁，丹田催動，兩膀用力，力貫棍梢。

5. 舞花回身

左腳向前上一步，腳尖回扣，身向右轉約 90°（東南），同時右手滑至棍身，左手握把後端，兩手活把握棍，使棍梢從前向右下劃。（圖 6-66）

上動不停，身繼續右轉約 135°（西），隨之右腳隨轉身向左腿後撤一步，左腳不動，重心偏於右腿；同時兩手活把持棍隨轉身向身右側滑立圓，右手持棍身劃至右肩後上方，棍梢斜向上；左手把劃至右腋下；目視身前。（圖 6-67）

上動不停，身向左轉約 45°，左腳向前上半步，腳尖

圖 6-66   圖 6-67   圖 6-68

外撇，右腳不動，重心偏於右腿；同時，兩手活把持棍隨
身左轉劃立圓；兩手臂在身左側交疊，右手臂在外，手心
向下；左手臂在內，手心向上，棍梢劃向左下方；目視身
前。（圖 6-68）

【要點】舞花是雙手活把握棍隨身、步轉，左右旋轉
雙臂舞棍劃立圓；熟練時要求周身協調，棍輪不露身形，
有防護周身、擋截敵方槍械進攻之用。

6. 上步劈棍

右腳向前上一步，左腳
跟進半步，重心偏於左腿，
成右三體式；同時，兩手握
棍使棍前端從左下向上向前
劃立圓向前劈棍，左手捋至
後把端位至腹左側，右手持
棍中部，棍梢高與肩平；目
視前方。（圖 6-69）

圖 6-69

【要點】棍走立圓向前掄劈，兩把用力，使棍勁貫至
棍前端。

7. 右獨立步捅棍

右腳向前上半步，左
腿屈膝提起，腳尖內扣成
右獨立步；右手活把，左
手握把後端向前捅棍，棍
梢高不過頭；目視前方。
（圖 6-70）

【要點】獨立步要穩，

圖 6-70

圖 6-71

提左膝與捅棍同時動作。

8. 轉身橫掃

身向左轉約 180°（東），隨之左腳下落，成左弓步；同時，隨轉身兩手握棍從後向前橫掃，力到棍身前部，高與胸平，左手握把後端，位至左腰側，右手活把滑至棍身中部；目視前方。（圖 6-71）

9. 退步蓋劈棍

圖 6-72

左腳向後撤一步，兩腿屈膝略蹲成歇步；同時，兩手持棍使棍在身體右側從前向右下再向上向前劃立圓向前掄轉蓋劈，右手稍向前滑握棍身，棍梢至身前，高與肩平，力達棍前端，左手隨著撥轉棍把至右腋下；目視棍梢。（圖 6-72）

【要點】掄棍時握把要活，棍走立圓，蓋劈有力。

10. 上步戳棍

左腳向前上一步，右腳跟進半步，重心偏於右腿成左三體式；同時，左手持把從下向上向前撩戳，把後端向前，高與胸平，右臂屈膝彎肘，棍身順架與右臂肘上，棍梢折向右肩後；目視身前。（圖 6-73）

【要點】兩手持棍前
戳後折，棍身要平。

11. 上步橫撥棍

右腳向前上一步，左
腳不動，重心偏於左腿，
成右三體式；同時，左手
握棍帶把至左腰側，手心
向下，右手活把滑至棍
身，手心向上握棍，向身
前橫棍，棍至身前時，兩
把擰勁，使棍身前端有一
向右橫撥勁，棍梢高與肩
平；目視身前。（圖6-74）

圖6-73

【要點】上步橫棍，
柔中寓剛，橫棍至身前
時，以身帶棍兩手合力有
向右撥攔之勁。

圖6-74

12. 上步舞花棍

身向右轉約45°，右腳外擺，左腳上步；同時，兩手
活把持棍使棍梢從前向右下劃，右手持前把劃至右下方，
左手持後把劃至左上方；目視左前方。（圖6-75）

上動不停，身向左轉約90°，左腳外擺，右腳向前上
步；同時，兩手持棍隨轉身使棍在身體兩側劃立圓，右把
從右下向上劃至左下方，手心向下，左把劃至右腋下，手
心向上，棍梢至左下方；目視右前方。（圖6-76）

【要點】步法要活，兩把要活，掄棍舞花，棍要貼身

圖 6-75　　　　　　　　圖 6-76

走立圓。

13. 上步劈棍

　　右腳向前上步，左腳稍向前跟步，重心偏於左腿；同時，兩手活把持棍使棍梢從左下向上向前掄轉前劈，棍梢高與肩平，力達梢前端，右手在前持棍身，左手在後握把，位至左腹側；目視棍梢。（圖 6-77）

　　【要點】前腳上步，後腳即跟；掄劈有力。

圖 6-77　　　　　　　　圖 6-78

14. 上步下戳棍（鐵牛耕地）

右腳向前上步，左腳稍向前跟步，重心偏於左腿；同時，兩手持棍向前下方戳棍，右手握棍身，左手握棍後把於左腹前，小臂緊貼左腹；目視前下方。（圖 6-78）

【要點】此棍欲擊對方前膝及小腿，故此動作右把偏低，左把略高，用勁要沉穩有力。

15. 轉身獨立掄劈

身向左轉 90°（西北），隨之左腳外擺，右腳向左腳前扣步。（圖 6-79）

上動不停，身再向左轉 90°（西南），同時左手握後把上提至左胸前偏上，手心向外，右手持棍身，棍梢位至右下方；目視身前。（圖 6-80）

圖 6-79　　　　　　　　圖 6-80

上動不停，身繼續向左轉 90°（東南），隨之左腿屈膝提起，腳尖內扣，成右獨立步。

隨之兩手活把持棍劃棍，使棍梢從右下向上向前掄劈，棍梢略高於肩，右手持前把在棍中節偏後，位於左膝外偏前，手心斜向外，左手持後把劃於左胯外側，手心向

圖 6-81

圖 6-82

下；目視前方。（圖 6-81）

【要點】上步擺扣清楚，棍隨身轉，擰腰轉胯獨立步要穩，化身掄劈，力到棍前端。

16. **上步推擋**（炮形棍）

左腳前落（東南），右腳向左腳前上一步，重心偏於左腿，成右三體式；隨上步兩手活把，右手單手握棍中節，左手撒把，棍梢從前向左下劃，倒向左下方，然後左手握下把，右手把不動，兩手合力向身前推出，棍身微斜立，棍梢朝下，右手把略高於肩，左手把略高於腹；目視身前。（圖 6-82）

【要點】上步倒把，屈膝鬆胯，塌腰鬆肩，周身合力，推擊有力。

17. **盤步雲棍**（蛇形棍）

右腳向後撤一步，隨之左腳向右腿後倒步，兩腿屈膝下蹲成盤步，右腳尖外撇左腳跟離地；同時，左把撒開，右手單把持棍手外旋，使棍梢從下向上向右向後劃弧；上動不停，右手內旋棍梢從右後向左向前劃弧雲棍，右手把劃至身前，手心向下，棍梢高不過頭，左手劃至右腋下握後把，手心向上；目視身前。（圖 6-83、圖 6-84）

圖 6-83　　　　　　　　　　　　圖 6-84

【要點】盤步要穩，雲棍兩手把要活，步法輕盈，棍法自然，身法步雲棍，一氣呵成。

18. 上步掄劈

左腳向前上一步，腳尖外擺，隨之右腳向前上一步，重心偏於左腿，成右三體式；同時，兩手握棍使棍梢從右前方向左劃弧，再向後向右向前雲棍一圈；上動不停，兩手持棍從右上向前掄劈，右手握棍身，左手握把後端，棍梢高與肩平；目視棍梢。（圖 6-85、圖 6-86）

【要點】雲棍在頭前劃一逆行圈，上步掄劈與雲棍不要間斷，一氣呵成。

圖 6-85　　　　　　　　　　　　圖 6-86

19. 上步舞花

身向右轉約 45°，右腳外擺，隨之左腳向前上步，重心偏於右腿，成左虛步；同時，兩手活把持棍，棍梢從前向右下劃弧，右手持前把劃至右下方，左手持後把劃至左上方；目視前方。（圖 6-87）

上動不停，身向左轉 90°，左腳外擺，右腳向前上步，成右虛步；同時，兩手持棍隨轉身棍在身體兩側劃立圓，右把從右下向上劃向左下方，手心向下，左手把劃至右腋下，手心向上，棍梢劃至左下方；目視右前方。（圖 6-88、圖 6-89）

【要點】步法清楚，兩把要活，棍隨身轉，棍走立圓。

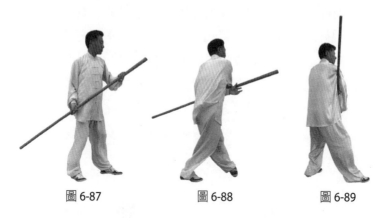

圖 6-87　　　　　圖 6-88　　　　　圖 6-89

20. 套步掄劈

右腳向前上步，左腳隨之向右腳後插步，右腿前弓，腳尖外撇，重心偏於右腿，上體左轉再微右轉；同時，兩手持棍沿身體左側使棍梢從左下方向上向右前下方掄劈，右手滑至棍身中節偏後，左手持把後端至腹前；目視棍梢。（圖 6-90）

【要點】擰身套步身要穩，下劈棍與套步同時到位。

21. 翻身下劈

身微左轉，重心右移，左手把向上領勁；同時右腳蹬地，左腳提起，身體騰空向左旋轉360°，兩足同時落地，右足在前，左足在後，重心偏於右腿，

圖 6-90

成右重左輕的半馬步；隨翻身雙手持棍使棍梢從右下方向左向前劃立圓劈棍，右手在前握棍身中節，左手在後握把後端位至左腰側，棍梢高與肩平；目視棍梢。（圖6-91、圖6-92）

【要點】翻身掄劈棍走立圓，落地要穩，掄劈有力。

圖 6-91

圖 6-92

22. 回頭望月

右腳尖外撇，左腳向前上一步，重心偏於左腿；同時，左手持棍後把向身前橫擺，棍把前端高與胸平，棍梢

擺至右肩後，右小臂屈肘托住棍身；目視把前。（圖6-93）上動不停，右腳向前上一步，腳尖外撇，上體向右擰轉，右腿前弓，左腿後蹬，腳跟微離地，重心偏於右腿；同時，兩手把在身前右上左下相疊，然後右手單手握棍使棍梢從後向前再反手向下向右後撩棍，棍梢高與膝平，左手撒把劃向左側頭上方，手心向上；目視棍梢。（圖6-94）

【要點】上步擺棍兩把要活，上步轉身後撩棍，棍走下弧線。

圖 6-93　　　　　　　圖 6-94

圖 6-95

23. 化身橫擺

身向左轉 90°，左腳向前上步，腳尖外撇；同時右手反把向前撩棍，使棍梢從後劃向前，左手接把後端屈臂於右腋下。（圖6-95）

上動不停，身繼續向左轉180°（西），隨之右腳向左腳前扣

步，左腳隨轉身向前（西）再上一步，右腳不動，重心移向左腿，成左弓步；隨轉身右手持棍使棍梢從前向左、向右再向前在頭前平劃一圈，然後右手把外旋使棍身前端向前橫擺，手心向上，左手滑至後把端，位至左腹側，手心向下，棍梢高與肩平；目視棍梢。（圖 6-96、圖 6-97）

【要點】身隨步轉，棍隨身運，轉身橫棍，力達棍身前端。

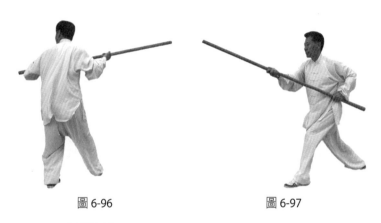

圖 6-96　　　　　　　　　圖 6-97

24. 震腳折打

重心前移，同時右手握棍領勁使棍梢向右側橫擺，左把略上提；隨之左腿站穩，右腳屈膝提起向前蹬出，高與髖平；目視前方。（圖 6-98）

上動不停，右腳回落震腳，左腳向前上一步，成左弓步；同時，兩手把右上左下於胸前交疊向前折打，右把在前，握棍身中節，手心向下，左手握把後端屈臂於右腋下，手心向上；棍梢向前，高與胸平；目視棍梢。（圖 6-99）

【要點】擺棍蹬腳要聯貫，蹬腳有力，震腳要沉氣至腳底，折打要乾脆。

圖 6-98

圖 6-99

25. 返身折打

身向右轉 180°（東），隨轉身右腳外擺。（圖 6-100）

左腳向前上一步，重心偏於右腿，成左虛步；同時，兩手倒把，右手滑至後把，左手倒至前把，手握棍身，兩手持把，左手把領勁隨轉身使棍梢從下向上向右後劃立圓向身後擊棍，力達棍梢，兩手臂在身右側交疊，左把在上，右把在下，棍梢劃向右肩後；目視身後。（圖 6-101）

圖 6-100

圖 6-101

【要點】棍隨身轉，兩把要活，棍劃立圓，後擊有力。

26. 轉身橫掃

左腳外擺，同時兩手倒把，右手滑至棍身中節，左手倒向後把；右腳向前上步扣腳，身向左轉 180°（西）。（圖 6-102）

轉身後左腳向前上一步，右腳不動，成左弓步；同時兩手持棍使棍梢從後向前橫掃，右手在前，左手握後把位至左腹側，棍梢高與肩平；目視身前。（圖 6-103）

【要點】轉身擺扣步要清晰，兩把要活，掃棍有力。

圖 6-102　　　　　　　　圖 6-103

27. 退步蓋劈棍　　28. 上步戳棍　　29. 上步橫棍

30. 上步舞花　　　31. 上步劈棍　　32. 上步下戳棍

33. 轉身獨立掄劈　34. 上步推擋　　35. 盤步雲棍

36. 上步掄劈　　　37. 上步舞花　　38. 套步掄劈

39. 翻身下劈　　　40. 回頭望月　　41. 化身橫擺

42. 震腳折打　　　43. 返身折打　　44. 轉身橫掃

以上第 27～44 式動作及要點與第 9～26 式相同，惟行進方向相反。

45. 順風扯旗

接上式，重心前移，右腳向左腳內側上步，腳尖點地。（圖 6-104）

稍停，再向右後撤步成右弓步；同時，兩手持棍，右手順把棍梢領勁向右後劃弧，再反手從右腦後向左向前再向右側劃一圈，棍梢劃至右側上方，右手把反手握棍劃至身右側偏上，左手屈臂劃把至右腋下，手心向上；目視棍梢。（圖 6-105）

【要點】右腳進退步要活，兩手持棍在頭上反手雲棍一圈，棍梢一端向右側撥打。

46. 收勢

左腳撤步至右腳內側並步；同時右手收棍至身右側持立，左手收至大腿左側自然下垂，然後身體慢慢直立起身；兩眼平視前方，恢復預備式姿勢。（圖 6-106）

【要點】收勢要沉穩，全身放鬆，氣沉丹田。

圖 6-104　　　　　圖 6-105　　　　　圖 6-106

1. 薛顛：《形意拳術講義》，民國十八年十月出版，北平公記印書局印刷。

2. 姜容樵：《形意母拳》，北京：中國書店 1984 年版。

3. 李天驥、李德印：《形意拳術》，北京：人民體育出版社 1981 年版。

4. 曹志清：《形意拳理論研究》，北京：人民體育出版社 1993 年版。

5. 尚濟：《形意拳技擊術》，太原：山西出版傳媒集團山西科學技術出版社 2013 年版。

6. 中國武術系列規定套路編寫組：《形意拳》，北京：北京體育大學出版社 1998 年版。

代後記

半個世紀的追求

——記天津漢沽拳師邵義會

在天津漢沽區武術圈內，提起邵義會老師，大家都知道他痴迷中華武術，是個幾十年如一日刻苦用功的練家子。

邵義會的家族，與中華武術素有淵源。其先祖邵益謙，1403 年遠離家鄉浙江紹興府山陰縣，就任順天府海防千總，率軍隊聚墩台、居恆城，以防日倭海盜侵犯，後世居漢沽營城繁衍後代至今。到邵義會父親這一輩，其父、大伯、叔叔都酷愛武術。

邵義會九歲時，其叔叔就教其習練少林拳，那時因年幼拿不動刀槍，叔叔就給他做木刀木劍讓他鍛鍊。十一歲時，家裡人給他請了一位寧河縣蘆台鎮的拳師王慶福老師（傅劍秋弟子）到家中教授少林拳械。

三年後，父親又把他託付給唐山開灤趙各莊礦的張蘭

普老師深造。張蘭普老師是宋真石（姚馥春弟子）的高徒，曾得到河北固安名拳師郭孟申（董海川再傳弟子）、遵化汪廣生（姚馥春弟子）的真傳，其楊式太極拳、太極長拳、形意拳、八卦掌、少林拳諸藝頗有造詣，是唐山地區很有影響的武術家。在跟隨張蘭普老師三十年的習武生涯中，邵義會學習了少林六合門、楊式太極拳、太極長拳、八卦掌、形意拳等拳藝。

張蘭普老師是影響邵義會一生的恩師，當年張老師不但傾心教授他拳技，還經常向他講做人的道理，師父囑咐他：「年輕時要多學、多看、多練、多悟，不但要學習本門的東西，別家的好東西也要學。不要故步自封，要永遠虛心好學，博採眾家，到老時要由博返約，有自己的東西。」

邵義會牢記恩師教誨，多年來不管生活中遇到多少困難，也不放棄武術；在學好本門拳術基礎上，還經常走出家門，求師訪友，學習切磋拳技。

第二個對邵義會有重要影響的師父是石家莊的馬虹先生。1994 年，邵義會拜在馬虹先生門下系統地學習陳式太極拳拳理、拳法和多種推手功夫，先後十年。這十年間為了提高自己的陳式太極拳技，邵義會追隨師父到石家莊、北京、天津、滄州、密雲、焦作等地學拳，每到一個地方，除了跟大班學習外，老師還抽時間單獨給他吃小灶，師父常鼓勵他：「你年輕，基礎好，只要肯下工夫一定能練出來。」馬虹先生親筆手書「惟精惟一，乃武乃文」送給他，這副條幅成了邵義會畢生之追求。

回憶跟馬虹老師學拳那十年，邵義會說那時每天堅持

練拳三個小時，風雨無阻。2002 年至 2006 年他退休期間，每天堅持練拳五六個小時，其餘時間就是學習師父的拳理論述，書寫練拳心得筆記。也就是在那個時期，他打下了堅實的陳式太極拳基礎。

第三位對邵義會人生有深刻影響的是吳桂忠老師。吳老師是寧河縣豐台鎮褚廣發先生（張鴻慶、唐維祿的高徒）的得意門生。20 世紀 70 年代，吳老師在漢沽已經是很有名氣的拳師了。20 世紀八九十年代，邵義會和吳老師在一個工廠上班，和吳老師的侄子吳會祥是要好朋友，80 年代末，邵義會在吳會祥的引薦下，開始系統地向吳老師學習張鴻慶傳形意拳。

張鴻慶是寧河縣潘莊鎮人，民國初年就在天津中華武士會追隨李存義先生學習形意拳、八卦拳，並深得李存義先生信任，李存義先生把武士會內一些雜務事都交給張鴻慶料理。李存義去世後，張鴻慶自己在天津河北區借用友人大車店的三間廂房辦起天津第 25 國術館，並自任館長和教練。直到 1952 年，張鴻慶才離開天津城返回寧河老家。

張鴻慶傳形意拳與別人所傳有所不同，他教人五行拳主張慢練，不用力。教人用形意八字二十四法反覆規範動作，有了基礎後要進一步摸勁、調呼吸（採用逆腹式呼吸），再練形意內功、講胎息。他告誡弟子：「練形意拳不要整天想著打人，練拳首先要練好自己的身體，身體練不好，別的什麼也談不上。」

張鴻慶在天津辦武館教形意拳有一套科學的教學方法。從樁功起步，到形意五行拳、十二形拳各種練法、用

法、單操法、交手法，都很有講究。更重要的是張鴻慶還傳了一種丹田功法（煉丹法），用此功練拳，能使操拳者丹田內氣充盈，精神飽滿，內勁大增，練中有養，有事半功倍之效。

褚廣發與唐維祿是同鄉，早年跟隨唐維祿先生學形意拳，得到唐維祿青睞，是唐維祿晚年收的重要弟子。褚廣發後來被唐維祿推薦到張鴻慶門下，褚廣發到天津張鴻慶的武館幫師父做事、學拳。學習師父的形意拳獨特練法、形意內功，學習龍形八卦掌。

後來由師父引薦還向尚雲祥學了單操手、趙子龍十三槍，學習傅劍秋的程傳四門龍形掌，劉鳳春的八卦三十二掌，孫祿堂的八大掌，薛顛的象形術五法，是蘆台、漢沽兩地有名的形意、八卦掌拳師。

吳桂忠老師深得褚廣發真傳，尤其對張鴻慶傳形意拳、丹功和盤身掌、盤身刀、薛顛傳象形術五法等頗有研究。晚年吳桂忠老師把自己終生所學，毫不保留地傳授給了跟他多年學藝的邵義會。

有同門人對吳老師有意見，覺得老師偏愛邵義會，吳老師對他們說：「我也想多教點東西給你們，可是你們能下工夫練嗎？我教義會，他肯下苦功夫練，他能守住老祖宗傳下的東西。」

邵義會是有心之人，他牢記當年跟隨馬虹師父學藝時師父「善學、善記、善悟」的教誨，多年來所學的東西大多都有筆記，他一邊學習，一邊整理師父們傳下的東西。現在他已經整理了各位老師傳授的各種功法和拳械套路四十多冊（手寫本），約三十萬字；並且自繪草圖三千多

幅。多年來，他在《武林》《少林與太極》《精武》《武魂》《搏擊》等武術期刊上發表了五十餘篇練功心得和論文。邵義會現為中國武術六段，2010 年被中國太極拳文化研究基地授予「太極拳名師」稱號，其事蹟入編《中國太極拳優秀人才名錄》一書。

2012 年 1 月，邵義會退休後，每天上午練拳，下午整理筆記，書寫文稿。2015 年，邵義會開始《張鴻慶傳形意拳練用法釋秘》一書的編著，向喜愛形意拳的朋友們系統地介紹張鴻慶先生的真實故事和先生所傳形意拳的多種練用法奧秘。

2012 年 9 月，邵義會以張鴻慶形意拳傳人的身分，受邀參加天津有關組織舉辦的「紀念中華武士會百年學術會」。他在發言中講到：

整整一百年前，中華武術界一批豪傑志士，在孫中山先生倡導的「尚武精神」影響下，在民國政府的支持下，在天津成立了中華武士會。武士會以「傳習中國固有之武術，鍛鍊國民之體魄」為宗旨，大力提倡在民間傳播中華傳統武術。在以後的數十年間，中華武士會的會員們肩負歷史重任，時刻不忘振興民族精神，特別是在十四年抗戰時期，中華武士會的成員或是親臨前線英勇殺敵，或是深入部隊將中華武術以最實用、最簡潔的形式傳授給前線將士，用他們的大刀在著名的喜峰口長城抗戰、北京盧溝橋保衛戰中痛殺日本侵略者，使中華武術在那個特定的歷史時代顯示了極大威力。著名的《大刀進行曲》就是那個時代震撼國人的民族之聲。

邵義會說，他有幸生長在天津這塊雲集了眾多中華武

林志士的熱土上，從小到大耳濡目染了前輩賢人俠士的奇
聞軼事。在自己生活了幾十年的寧漢家鄉，可以說到處都
可以聽到老人們對中華武士會俠士們當年懲惡揚善、勇鬥
日寇、殺敵報國事蹟的經久傳頌。邵義會說：「我本人的
體內也流淌著先祖抗倭守疆、盡忠報國的熱血基因。」

　　邵義會表示，作為中華武士會的傳人，一定要繼承前
輩尚武愛國的民族精神，為振興中華實現中國夢盡心盡力
做點事情，今後自己的任務就是兩條：一是要堅守住中華
傳統武術這一寶貴遺產；二是傳承後人，使之薪火相傳，
發揚光大。

　　　　　　　　　　　　　　　　　王　欣

國家圖書館出版品預行編目(CIP)資料

張鴻慶傳形意拳練用法釋秘 / 邵義會著.——初版，
——臺北市：大展出版社有限公司，2024.05
面；　公分（形意‧大成拳系列：16）
ISBN　978-986-346-462-4（平裝）
1.CST：拳術 2.CST：中國
528.972　　　　　　　　　　　　　　113004728

張鴻慶傳形意拳練用法釋秘

著　　者｜邵義會
責任編輯｜胡志華

發 行 人｜蔡森明
出 版 者｜大展出版社有限公司
社　　址｜臺北市北投區（石牌）致遠一路 2 段 12 巷 1 號
電　　話｜（02）28236031，28236033，28233123
傳　　真｜（02）28272069
郵政劃撥｜01669551
網　　址｜www.dah-jaan.com.tw
E - m a i l｜service@dah-jaan.com.tw
登 記 證｜局版臺業字第 2171 號

承 印 者｜傳興印刷有限公司
裝　　訂｜佳昇興業有限公司
排 版 者｜菩薩蠻數位文化有限公司
授 權 者｜北京科學技術出版社
初版 1 刷｜2024 年 5 月

定　　價｜500 元